La vida real

CÓMO PREPARARTE PARA LOS SIETE DÍAS
MÁS DIFÍCILES DE TU VIDA

La vida real

CÓMO PREPARARTE PARA LOS SIETE DÍAS
MÁS DIFÍCILES DE TU VIDA

Título original: *Real Life. Preparing for the 7 Most Challenging Days of Your Life*,
Publicado por: Free Press en 2008.

AGUILAR

De esta edición:
D. R. © Santillana Ediciones Generales, S.A. de C.V., 2009.
Av. Universidad 767, Col. del Valle.
México, 03100, D.F. Teléfono (55 52) 54 20 75 30
www.editorialaguilar.com

Argentina
Av. Leandro N. Alem, 720
C1001AAP Buenos Aires
Tel. (54 114) 119 50 00
Fax (54 114) 912 74 40

Bolivia
Avda. Arce, 2333
La Paz
Tel. (591 2) 44 11 22
Fax (591 2) 44 22 08

Colombia
Calle 80, n°10-23
Bogotá
Tel. (57 1) 635 12 00
Fax (57 1) 236 93 82

Costa Rica
La Uruca
Del Edificio de Aviación Civil 200 m
al Oeste
San José de Costa Rica
Tel. (506) 220 42 42 y 220 47 70
Fax (506) 220 13 20

Chile
Dr. Aníbal Ariztía, 1444
Providencia
Santiago de Chile
Telf (56 2) 384 30 00
Fax (56 2) 384 30 60

Ecuador
Avda. Eloy Alfaro, N33-347 y Avda. 6
de Diciembre
Quito
Tel. (593 2) 244 66 56 y 244 21 54
Fax (593 2) 244 87 91

El Salvador
Siemens, 51
Zona Industrial Santa Elena
Antiguo Cuscatlan - La Libertad
Tel. (503) 2 505 89 y 2 289 89 20
Fax (503) 2 278 60 66

España
Torrelaguna, 60
28043 Madrid
Tel. (34 91) 744 90 60
Fax (34 91) 744 92 24

Estados Unidos
2105 NW 86th Avenue
Doral, FL 33122
Tel. (1 305) 591 95 22 y 591 22 32
Fax (1 305) 591 91 45

Guatemala
7ª avenida, 11-11
Zona n° 9
Guatemala CA
Tel. (502) 24 29 43 00
Fax (502) 24 29 43 43

Honduras
Colonia Tepeyac Contigua a Banco
Cuscatlan
Boulevard Juan Pablo, frente al Templo
Adventista 7° Día, Casa 1626
Tegucigalpa
Tel. (504) 239 98 84

México
Avda. Universidad, 767
Colonia del Valle
03100 México DF
Tel. (52 5) 554 20 75 30
Fax (52 5) 556 01 10 67

Panamá
Avda Juan Pablo II, n° 15. Apartado
Postal 863199, zona 7
Urbanización Industrial La Locería -
Ciudad de Panamá
Tel. (507) 260 09 45

Paraguay
Avda. Venézuela, 276
Entre Mariscal López y España
Asunción
Tel. y fax (595 21) 213 294 y 214 983

Perú
Avda. San Felipe, 731
Jesús María
Lima
Tel. (51 1) 218 10 14
Fax. (51 1) 463 39 86

Puerto Rico
Avenida Rooselvelt, 1506
Guaynabo 00968
Puerto Rico
Tel. (1 787) 781 98 00
Fax (1 787) 782 61 49

República Dominicana
Juan Sánchez Ramírez, n° 9
Gazcue
Santo Domingo RD
Tel. (1809) 682 13 82 y 221 08 70
Fax (1809) 689 10 22

Uruguay
Constitución, 1889
11800 Montevideo
Uruguay
Tel. (598 2) 402 73 42 y 402 72 71
Fax (598 2) 401 51 86

Venezuela
Avda. Rómulo Gallegos
Edificio Zulia, 1°. Sector Monte Cristo.
Boleita Norte
Caracas
Tel. (58 212) 235 30 33
Fax (58 212) 239 10 51

Primera edición: Abril de 2009.

ISBN: 978-607-11-0183-9
Traducción: Gerardo Hernández Clark
La cubierta es una adaptación de la edición original.
Diseño de interiores: Ma. Alejandra Romero I.

Impreso en México

ÍNDICE

DEDICATORIA

A mi esposa, Robin, y a mis hijos Jay y Jordan,
quienes me han motivado para superar los días más difíciles.

A mi madre,
quien ha enfrentado más días difíciles de
los que ninguna mujer merece
y a quien ningún miembro de la familia oyó quejarse jamás.

A todos ustedes, que han salido adelante y
han vivido para compartir y aplicar su historia.

ACLARACIÓN

Las anécdotas contenidas en este libro ilustran problemas comunes y no reflejan necesariamente personas ni situaciones específicas. No se han utilizado nombres auténticos.

Como todos los libros, éste contiene las opiniones e ideas de su autor. Su intención es ofrecer material útil e informativo sobre los temas tratados. Se vende en el entendido de que ni el autor ni el editor pretenden ofrecer terapias ni servicio médico, psicológico ni de ninguna otra clase en este libro. El lector debe consultar a su médico, psicólogo o profesional capacitado antes de adoptar cualquiera de los conceptos de este libro o de sacar conclusiones de él. Por la naturaleza de este libro, su contenido es de carácter general, mientras que la situación de cada lector es única. Como todos los libros de estas características, el propósito de éste es ofrecer información general más que abordar situaciones individuales, cosa que los libros, por definición, no pueden hacer.

El autor y el editor no se hacen responsables de ningún problema, pérdida o riesgo, personal o de otra clase, en que se haya incurrido como consecuencia, directa o indirecta, del uso y aplicación de cualquiera de los contenidos de este libro.

AGRADECIMIENTOS

En primer lugar, gracias a mi esposa, Robin, por estar conmigo en mis mejores días y en los más difíciles. Tu fortaleza y resistencia han sido una gran motivación para mí en el tiempo que llevamos juntos. En los momentos más difíciles, al perder a algún ser querido, tu garbo, aplomo e incluso tu vulnerabilidad fueron y siguen siendo modelo y brújula emocional de nuestra familia. Me siento bendecido por tu luz.

Como siempre, gracias a mis hijos Jay y Jordan, por creer en su papá y apoyarlo siempre. Espero haberles transmitido todo lo que comparto en este libro para enfrentar esos días que preferirían omitir. Ambos me motivan, me enorgullecen y hacen que me sienta optimista con respecto al futuro. Y a mi nuera Erica, por traer un espíritu radiante y energía positiva a nuestra familia.

Gracias a Scott Madsen, que siempre merece mención: como siempre, nos dedicaste tus días, noches y fines de semana cuando había muchos otros lugares donde podías estar. Cuando me "desaparecía" para escribir, te hacías cargo de todo, por cual estoy profundamente agradecido.

Gracias también a Bill Dawson ("el orgullo de Tulia, Texas") por ser quien eres. Eres una persona única, y un amigo leal e inestimable. Tu apoyo en todos mis días, buenos y malos, a lo largo de los años, ha significado mucho para mí e inspiró muchas de las ideas de este libro.

Gracias al doctor G. Frank Lawlis, miembro de la American Psychological Association y presidente del consejo de asesores del programa *Dr. Phil*. Has sido mi amigo y compañero por más de 30 años, y tu apoyo, opiniones, entusiasmo y conocimiento enciclopédico de la psicología y del comportamiento humano han sido invaluables durante el trabajo de investigación y redacción de *La vida real*.

Gracias a Terry Wood y Carla Pennington, dos mujeres maravillosas del equipo de *Dr. Phil*, por su compromiso imbatible de difundir "el mensaje". Su pasión y apoyo a todo lo que hago permiten que proyectos como éste sean posibles e incluso divertidos. Apenas estamos empezando.

Además de sustentarse en mi entrenamiento y experiencia profesional, este libro también se apoya en las valiosas opiniones de algunos de los expertos más respetados en el mundo. Agradezco al doctor John T. Chirban, instructor clínico de psicología en la Harvard Medical School y miembro de la facultad del Cambridge Hospital; al doctor Barry S. Anton, profesor emérito de la University of Puget Sound; a la doctora Susan Franks, profesora adjunta de psicología en el North Texas Health Science Center en Fort Worth; al obispo T. D. Jakes, amado pastor en Potter's House, Dallas, y presidente de TDJ Enterprises; al doctor Harold C. Urschel, III, psiquiatra especialista en adicciones, del Urschel Recovery Science Institute; a Beth Clay, consultora de políticas de salud; y a Rich Whitman, director de La Hacienda Treatment Center.

Como siempre, un agradecimiento especial a mi amiga y colega Oprah. Si hace 12 años no hubiera tenido la visión, y si no hubiera apoyado mi trabajo desde entonces, *Dr. Phil* no existiría.

Gracias también a Carolyn Reidy, Dominick Anfuso y al grupo Simon & Schuster/Free Press por creer en la importancia de mi mensaje y por su compromiso por difundirlo.

Gracias a Michele Bender y Sandy Bloomfield, quienes aportaron su extraordinario talento editorial a este proyecto. Su compromiso resultó esencial, y este libro no sería lo que es sin su dedicación y trabajo. Son unas profesionales en toda la amplitud de la palabra, y se los agradezco.

Finalmente, quiero agradecer a mi equipo en Durpee Miller & Associates, Inc. Libros como *La vida real* no se escriben solos y requieren mucho más de lo que un autor podría lograr solo. Jan Miller nunca se cansa, nunca se distrae, nunca se detiene hasta que un libro queda lo mejor escrito posible. Sannon Marven, a quien por años he considerado mi arma secreta, es una mujer de profundidad y sabiduría sorprendentes. Su aportación a este libro es incalculable. *La vida real* es uno de los proyectos más desafiantes que he llevado a cabo, tal vez el más desafiante. Hubiera sido imposible sin la entrega de Shannon al organizar, editar y dar forma al manuscrito. Gracias también a los miembros de su equipo, Lacy Lynch, especialmente por su ayuda con el trabajo editorial, y Annabelle Baxter. Ambas superaron todas las expectativas en su trabajo de investigación y organización, y les agradezco mucho su apoyo.

INTRODUCCIÓN

Si por casualidad eres de las personas a quienes les gusta empezar los libros por el final, estamos en la misma frecuencia porque empezaré éste por el final. Te diré desde ahora cómo terminará. Tiene sentido hacerlo así, pues estas páginas introductorias son las últimas que redacto luego de más de un año de escribir sobre cómo podemos prepararnos tú, yo y nuestros seres queridos para los siete días más difíciles de nuestra vida.

Aquí está, pues, el epílogo: tal vez creas que después de sumergirme en el análisis de los detalles más escabrosos de los días más difíciles, tengo una visión pesimista de la vida. ¡Nada más lejos de la verdad! Tal vez la vida sea dura pero no somos víctimas, o al menos no tenemos que serlo. Este libro trata de la esperanza, la alegría, la fortaleza personal y, sobre todo, la tranquilidad. Estas características sólo pueden fortalecerse trabajando y reconociendo que has hecho el trabajo necesario para mantener tu "equilibrio vital" y para ayudar a tus seres queridos a mantener el suyo, frente a los vaivenes que siempre han formado parte de la vida, aunque una parte para la cual la mayoría recibimos muy poca preparación. El objetivo de *La vida real* es llenar ese vacío de información sobre cómo enfrentar los días más difíciles de nuestra vida.

Aunque la vida no siempre es cómoda, y de hecho puede ser francamente dolorosa, la amo absoluta e incuestionablemente, y estoy ansioso por saber qué me depara en los próximos años. He vivido en este mundo más de medio siglo y he visto mucho; de hecho, he visto más que mucho, y al igual que la tuya, mi vida no siempre fue divertida. No siempre ha sido fácil, y no he reaccionado siempre de la mejor manera, en especial en mi juventud. Sin embargo, me encanta vivir en este mundo y me siento agradecido por estar aquí. De hecho, considerando algunos de los días que he vivido, ¡me siento agradecido por *estar*!

Hasta ahora he vivido poco más de 21 mil días. No recuerdo los detalles de la mayoría de ellos, pero algunos destacan por haber sido magníficos y espectaculares. Muchos de estos días maravillosos pueden atribuirse a la buena salud, a una familia fantástica y piadosa, y a una profesión tan divertida que casi me siento culpable cuando me pagan por ejercerla... ¡*casi*!

Pero (siempre hay un gran *pero, ¿no?*) también hubo días que destacan por ser todo menos magníficos y espectaculares. Algunos los recuerdo por haber sido de los más difíciles de mi vida. Fueron días que amenazaron, se llevaron o destruyeron lo que más quería. Algunos parecían durar un mes, y otros hicieron que me cuestionara todo lo que pensaba sobre mí mismo y sobre el mundo. Fueron días que me hicieron sentir inepto, indigno e impotente, en especial cuando su influencia alcanzaba a mis seres queridos o se relacionaban con ellos. Si eres como yo, también te has preguntado al enfrentar esos días si algún día recuperarás el equilibrio, la alegría y la esperanza en un futuro. Si la vida puede ser tan dura, ¿por qué me apasiona y estoy ansioso por saber qué sucederá?

Porque estoy convencido de que todos, incluidos tú y yo, tenemos en nuestro interior (o, si no crees en los dones divinos, que podemos *adquirir*) la fortaleza y la sabiduría para enfrentar con éxito cualquier desafío que se presente en nuestra vida. Mi intención no es repetir un mensaje trivial, y ciertamente no estoy afirmando que el conocimiento del álgebra o de la geometría esté integrado en nuestro ADN. Pero si hablamos de las preguntas importantes de la vida, aquéllas sobre la supervivencia, la paz y la felicidad —sin importar cuán amenazadas estén—, creo que la capacidad para encontrar la verdad y las respuestas necesarias para hacer frente a las exigencias reside en nosotros, y que siempre ha sido así. Tenemos lo necesario para hacer esta vida maravillosa. Tenemos todo para superar el reto. Lo sé porque he aprendido a tomar distancia y verme, y ver a otras personas, triunfar en las horas más oscuras. Todos hemos visto personas ordinarias mostrar fortaleza y recursos extraordinarios al enfrentar desafíos abrumadores. La mayor dificultad para ser una de esas personas es imponerse al ruido, al desorden y a las distracciones de la vida que pueden enterrar y distorsionar la fortaleza y la sabiduría que hay en tu interior y que necesitas para salir adelante en los momentos más arduos.

La velocidad y la complejidad de la vida actual hacen muy difícil volver a ese lugar de nuestra mente y de nuestro espíritu donde podemos acceder a todo lo que somos y necesitamos ser. No hay nada que pueda sustituir el trabajo duro, la preparación y las estrategias bien pensadas para enfrentar tiempos difíciles.

De eso trata *La vida real*. Quiero ayudarte a acceder a las *mejores partes* de quien eres, especialmente durante las *peores partes* de tu vida. Piénsalo: si tienes una esperanza de vida promedio vivirás aproximadamente 78 años: 28 470 días. Algunos de ellos (esperemos que la mayoría) serán muy buenos; otros serán tan banales que parecerá que nunca ocurrieron; algunos más no serán gran cosa; y unos pocos (esperemos que muy pocos) serán realmente duros, lo suficiente para afectar tu opinión respecto a todos los demás días. La medida en que lo hagan dependerá de cuán preparado estés para enfrentar esos momentos críticos.

Sabes que tengo razón, y sabes que tú y tus seres queridos valen el tiempo y el esfuerzo que dediques a prepararte. En las páginas siguientes no "reinventaré la rueda"; me he esforzado conscientemente en no abrumarte con más información de la necesaria o de la que resulte práctica al enfrentar tiempos difíciles. Pude escribir cientos de páginas sobre cada uno de los siete días que elegí tratar aquí, cosa que muchos expertos han hecho, y muy bien. Si sientes que necesitas más información acerca de alguna de las crisis que analizo aquí —lo cual es perfectamente posible— hay abundantes datos al final del libro. Pero mi intención aquí es presentarte la información que, según mi experiencia, es la *esencial* para manejar las crisis, un día a la vez, sin tener que sumergirte en cientos de textos académicos (la mayoría de los cuales, de hecho, no fueron escritos para personas reales del mundo real). Algunos estarán en desacuerdo, pero yo creo firmemente en lo que he incluido aquí.

He usado verbos en mis oraciones y he intentado presentar información clara, concisa y práctica. Voy a identificar cuáles son algunos de los días más difíciles; te diré qué esperar cuando lleguen para que no te sientas sorprendido, desconcertado u horrorizado; y finalmente te propondré una estrategia para que tú o tus seres queridos vuelvan a días mejores. Aunque hay diferencias notables entre las estrategias sugeridas para vadear estos días difíciles, también hay mucho en común, ¡de modo que no tendrás que aprender siete planes completamente diferentes!

Mi deseo y esperanza es que cuando acabes de leer este libro tengas la tranquilidad de saber que eres una de esas personas preparadas para *todo* lo que pueda suceder en la vida. Esta preparación puede reportarte grandes beneficios e incluso permitirte guiar y ayudar a otras personas en tiempos difíciles.

1

PRESENTACIÓN

La vida es lo que te sucede mientras estás absorto
haciendo otros planes.
JOHN LENNON

Si somos afortunados, en algún momento de nuestra vida conoceremos personas que ejercerán en nosotros una influencia positiva y poderosa aunque, en ocasiones, inesperada. Pese a su sabiduría, no son individuos a quienes normalmente acudiríamos en busca de consejo. Uno de los que tuve la fortuna de encontrar fue un instructor de vuelo que conocí en los años sesenta, un hombre de quien yo esperaba aprender a pilotar y nada más; pero me equivoqué, pues resultó ser uno de los más grandes "regalos" que he recibido en mi vida.

Todo indicaba que Bill era simplemente un viejo "vaquero del aire", sin mucha educación formal y amante de todo lo relacionado con la aviación. No obstante, su contribución a mi vida rebasó por mucho los límites de esta disciplina, como comprobarás en este libro.

Yo era apenas un adolescente cuando empecé a tomar sus lecciones, pero él "vio" mi futuro en aquel avión. Cuando estaba a punto de terminar mi entrenamiento, me dijo que yo ya había realizado todas las prácticas, cumplido todos los requerimientos y que podría obtener mi licencia y remontarme a las alturas sin ningún problema. Pero entonces hizo una pausa y agregó algo que me llamó la atención. No he olvidado aquel momento a un lado del avión, en una pista de aterrizaje, en las afueras de un pueblecito del norte de Texas. "Phil", me dijo, "ya sabes lo básico; sabes despegar, aterrizar, dar algunas vueltas y, francamente, no eres nada malo. Pero creo conocerte y tengo la certeza de que necesitarás más que eso. Esto de la aviación no será un juego para ti; te enfrascarás y será algo más importante en tu vida que simplemente volar a casa de la abuela en una tarde despejada de domingo. Volarás llueva o truene, de día y de noche, y está bien, pero la realidad es que siempre que estás allá arriba suceden cosas. Puede ser algo que tú provoques por ser demasiado temerario o puede que simplemente estés en el lugar y el momento equivocados, pero lo más probable es que en algún momento enfrentarás una crisis en este avión. Cuando estás en el aire sólo te tienes a ti mismo. Debes confiar en lo que eres y si no te preparas con antelación podrías *morir* en el avión. Depende de ti. Es algo que puede presentarse, y en tal caso hay dos tipos de pilotos: los que están preparados y viven para contarlo, o los que no lo están y no sobreviven."

Bill no esperó mi respuesta; dijo lo que tenía que decir y se fue. De inmediato reconocí la importancia de su diatriba, sobre todo porque dijo más palabras de las que jamás le había oído decir juntas. Es importante destacar que yo era un adolescente en el peor sentido de la palabra: era un revoltoso y vaya que tenía el arrojo para realizar lo que se me metía en la cabeza. Pero por alguna extraña razón hice caso a su consejo. Mi entrenamiento no estaba ni lejanamente terminado porque yo no estaba ni lejanamente preparado para cuando las cosas se pusieran difíciles y, aunque entonces no lo sabía, se iban a poner muy, pero muy difíciles.

Adelantémonos cuatro años y varios cientos de horas de vuelo. Despegué en un magnífico monomotor poco antes de la medianoche (algunos considerarían esto una locura) tras una fuerte tormenta invernal que había azotado el Medio Oeste (algunos repetirían tal juicio). El vuelo comenzó igual que todos los que yo había realizado, pero terminó de manera muy distinta. Volaba a 10 mil pies de altura cuando, sin más, el motor se apagó. Y cuando digo se apagó, quiero decir *se apagó*. No petardeó ni nada, simplemente dejó de funcionar. Ni siquiera la luna iluminaba el cielo, que estaba completamente oscuro, y el suelo estaba cubierto por 50 cm de nieve recién caída que daba a todo el paisaje un aspecto unidimensional. No distinguía entre casas, campos o carreteras, ni veía el horizonte para orientarme. El silencio era ensordecedor y me hacía sentir completa y absolutamente solo. No podía estacionarme como si tuviera un problema automovilístico ni ponerme un salvavidas. Sólo tenía cinco minutos para hacer algo, esto es, 300 segundos. El tiempo corría y yo estaba cayendo; nada de "tal vez caiga", nada de "voy a caer": *estaba cayendo*. Mi supervivencia dependía de la gracia de Dios y de lo que yo hiciera en esos 300 segundos. No había tiempo para dejarse llevar por el pánico ni para llamar a tierra. Al recordar aquella experiencia pienso que se puso en marcha en mi interior una especie de piloto automático. Todas las habilidades que había adquirido se activaron súbitamente. Durante los ejercicios adicionales que realicé a instancias de Bill, practiqué aterrizajes de emergencia docenas y docenas de veces, a veces de día y otras en la oscuridad de la noche. Y en aquella cabina, cuando tomé conciencia de mi situación, me pareció escuchar su voz: "Primero vuela, luego navega, y al final comunícate… el tiempo corre". Me sentía muy solo pero me tranquilizaba saber que me había preparado perfectamente para esa situación en particular y la emergencia confirmaba que aquellos ejercicios no habían sido en vano. Era la hora de la verdad. Esa noche aprendí que hay situaciones de la vida que dependen de uno, de lo que uno guarda en sí.

Según una vieja broma entre pilotos (que no resultaba muy graciosa aquella noche), cualquier aterrizaje del que salgas caminando es un buen aterrizaje. Durante esos 300 segundos piloté aquel avión —convertido en planeador— con más concentración y determinación de las que había usado jamás en mi vida. Fue un "buen" aterrizaje porque salí caminando. Me gustaría decir que me alejé con aire arrogante como John Wayne en *The High and Mighty,* silbando y dando palmaditas sobre el ala del avión, pero la verdad es que estaba tan sobrecogido y espantado que se me dificultaba que mis piernas realizaran algo parecido a caminar. Esos cinco minutos cambiaron mi vida para siempre, pero lo que me permitió tomar las decisiones correctas en el momento justo fue la preparación que me condujo a esos cinco minutos. Si a Bill no le hubiera importado decir lo que pensaba, si no me hubiera animado y ayudado a prepararme para lo que venía, yo no estaría ahora tecleando estas palabras.

Ahora sé que el desenlace de aquella noche fría y oscura de invierno estaba determinado mucho antes de que yo despegara. Sobreviví no por suerte ni por ser un piloto diestro y audaz que desafió la muerte con gracia y osadía. Sobreviví porque escuché, porque me preparé; me alisté para la crisis antes de que sobreviniera. Aquella noche comprendí que si me preparaba para las emergencias y crisis que seguramente enfrentaría en mi vida, también podría, por lo menos, influir en su desenlace.

Espero que tú no enfrentes una crisis como la que yo viví aquella noche, pero ambos sabemos que aunque las que afrontes sean muy diferentes en forma y fondo, es posible que ya estén en camino. Y debes preguntarte: ¿estaré preparado? ¿Me habré alistado en beneficio mío y de mis seres queridos? Tal como mi experiencia en el avión, el desenlace dependerá de lo que hagas o dejes de hacer de aquí a que sucedan. Así pues, es momento de pensar en esos días que preferiríamos que pasaran de largo.

La vida real presenta problemas reales

A veces me gustaría predecir el futuro, incluso controlarlo, pero no puedo, y tú tampoco.

Nadie tiene tarjetas de "sal de la cárcel sin pagar", como en el Monopolio. Aunque he identificado siete de las crisis más comunes, es posible que tú tengas una lista de cinco o diez más. No hay un número mágico; sólo quise concentrarme en las que, según mi experiencia, es más probable que vivas personalmente o a través de un ser querido. Pueden ocurrir si apenas terminaste la primaria o si tienes un doctorado; si caminas en alfombras rojas o si te ganas la vida lavando alfombras; si estás en una gran ciudad y vives en la "vía rápida" o si estás en el campo y tu vida transcurre a paso de tortuga.

Todos debemos adaptarnos y sobrevivir a las situaciones que se nos presenten. Por desgracia, muchos simplemente reaccionan impulsivamente. Otros prefieren cerrar los ojos y creer que si no piensan en las crisis inevitables e innegables de la vida, éstas probablemente no sobrevendrán. Un buen ejemplo son las palabras de Scarlett O'Hara: "No quiero pensar en eso ahora; me volvería loca. Lo pensaré mañana". Bueno, querida Scarlett, ese mañana llegará sin falta y, si no estás preparada, te llevarás un buen chasco. Esta estrategia (o, mejor dicho, ausencia de estrategia) puede tener un costo muy alto.

Aunque no nos guste pensar en eso, todos sabemos que la vida es impredecible. No podemos dar por hecho que si ayer estuvo soleado, hoy no lloverá. Una parte de nosotros siempre está al pendiente y no importa cuán bien vayan las cosas, siempre tenemos un pensamiento persistente: ¿sucederá lo inevitable? Y la respuesta es "sí". No es que yo sea pesimista, soy realista y soy un *coach*, y digo esto para que cuando suceda tengas la tranquilidad de estar preparado.

Si yo hubiera esperado hasta aquella noche a 10 mil pies de altura para formular un plan, hubiera sido demasiado tarde. Me gustaría que cuando llegue uno de estos siete días, tú digas: "Me he preparado para esta crisis. Estoy en una encrucijada: puedo dejarme llevar por el miedo y derrumbarme, o puedo utilizar mis habilidades y mi preparación para manejar este día. La elección es mía." Obviamente, sólo podrás decirlo si te preparas, si previenes. El momento para pensar qué harás cuando estés en aguas agitadas es cuando estás en aguas tranquilas, porque en esos siete días estarás muy ocupado física, mental y emocionalmente como para empezar a planificar.

LOS MONSTRUOS VIVEN EN LA OSCURIDAD

Yo no creo que la vida sea buena o mala, justa o injusta; la vida simplemente es. Tampoco creo que el mundo esté contra mí, ni que la vida sea una bomba de tiempo que estallará en mis manos tarde o temprano. Quiero que además de sobrevivir a esos días, al final tengamos nuevas herramientas, nuevos conocimientos y una mejor idea de cómo llegamos ahí, de manera que si estábamos actuando mal, podamos modificar nuestro comportamiento y que si algo ocurrió sólo porque sí, podamos capear el temporal y salir fortalecidos. Las herramientas que presentaré te permitirán hacer todo lo anterior y te permitirán ser más exitoso como esposa o esposo, madre o padre y miembro de tu comunidad. Es un conjunto de habilidades que todos deberíamos aprender pero que rara vez, si acaso, se enseña. Debería ser parte de la educación de todos los jóvenes, pero en la mayoría de los casos no lo es.

Quiero que además de sobrevivir a esos días, al final tengamos nuevas herramientas, nuevos conocimientos y una mejor idea de cómo llegamos ahí, de manera que si estábamos actuando mal, podamos modificar nuestro comportamiento y que si algo ocurrió sólo porque sí, podamos capear el temporal y salir fortalecidos.

Mi objetivo no sólo es ayudarte a salir adelante sino permitirte dar esta ayuda a tus hijos, sean pequeños o adultos, en sus propias familias. No tenemos que vivir angustiados esperando la llegada de estos siete días ni de ninguna otra crisis. No tenemos que vivir con miedo si tenemos un plan y le dedicamos un tiempo a identificar nuestras carencias y a desarrollar habilidades para sobrellevar las crisis *antes* de que las necesitemos.

Quienes viven en una constante zozobra tienen buenas razones para sentirse angustiados: son conscientes de sus carencias. Una mujer me dijo que sentía como si fuera por la vida sentada en el borde de una de esas sillas metálicas plegables. Temía que tan pronto se sintiera emocionada por la vida, algo le arrebataría la silla. Supongo que tiene carencias en su capacidad para sobrellevar las crisis y que, en el fondo, sabe que no está preparada para los desafíos que podría enfrentar. No es la única. Muchos vivimos de esta manera por temor a lo desconocido. Como no vemos lo que se avecina, a veces imaginamos lo peor. Pero, ¿qué pasaría si pensáramos en lo que casi seguramente sucederá, si lo reconociéramos y lo examináramos lo mejor posible? Nadie sabe exactamente lo que ocurrirá en su vida, pero, ¿no sería útil saber al menos cómo serán siete de los días o crisis que muy probablemente enfrentaremos? ¿No es mejor prestar atención a estos días *antes* de que lleguen, que esperar y enfrentar la conmoción, la angustia y la confusión, además de todo el estrés que genere la crisis en sí?

Los primeros instantes de una crisis pueden resultar cruciales. Piensa en lo que ocurre entre un asaltante y una víctima desprevenida. Cuando nos asaltan, la principal ventaja del atacante sobre nosotros son esos primeros segundos cuando se nos acerca y empuña un cuchillo, apunta una pistola o suelta un golpe. El asaltante cuenta con ese tiempo de aturdimiento para realizar sus fines. Ahora imagina lo que ocurriría si supiéramos que el asaltante está a punto de atacarnos. Si lo viéramos caminando hacia nosotros no contaría con esa ventaja. Por supuesto, sería imposible permanecer en completa calma en esta situación —o en las grandes crisis que abordaremos en este libro—, pero la diferencia es que no nos dejaríamos llevar por el pánico ni nos derrumbaríamos, ni frente al asaltante ni frente a los siete días más difíciles de nuestra vida.

Quiero que te sientas seguro para enfrentar cualquier situación que se te presente, pero sobre todo que vivas todos los días con esa sensación de confianza. Es parte de lo que llamo *actitud del enfoque*, que describiré en detalle en el capítulo siguiente. Los monstruos viven en la oscuridad, pero una vez que enciendes las luces puedes decir: "Bueno, puedo manejarlo". Y puedes hacerlo. Sé que puedes y quiero que tú también lo sepas.

Los siete días más difíciles de nuestra vida

Por lo general, ni nuestra educación formal ni nuestras experiencias cotidianas nos proporcionan la información necesaria para manejar crisis o resolver problemas, ni siquiera para *reconocer* problemas. La mayor parte de este libro se basa en mis opiniones y experiencias relacionadas con lo que ha funcionado para distintas personas que enfrentan estos siete días, así como para mí mismo. Pero no lo escribí en un vacío, pues la mayoría de mis opiniones, si no es que todas, están respaldadas por estudios científicos. Si bien no descubrí información inédita para descifrar el "código de la vida", tampoco me hizo falta.

Como todos mis libros, éste trata de personas reales que enfrentan problemas reales. Cuando empecé a escribirlo, me interesó saber la opinión de las personas sobre cuáles son los principales problemas que encaramos actualmente. Con el fin de identificar las situaciones más estresantes y días más difíciles para algunos de nuestros amigos y vecinos, realizamos un sondeo en línea a través de www.dr.phil.com, con más de mil encuestados. Les preguntamos cuáles eran para ellos los sucesos más estresantes, con base en el nivel de interferencia que provocaban en su vida, en una escala de cero a 100 por ciento (cero significaba que el suceso no interfería en absoluto; 100 significaba que interfería completamente).

¿Estás de acuerdo con la valoración siguiente? En capítulos posteriores analizaremos la relación entre acontecimientos estresantes como éstos y sus posibles consecuencias. Los 15 sucesos que producen un nivel de interferencia mayor a 75 por ciento, en orden de importancia, son los siguientes:

Posición	Suceso estresante[*]
1	Ejecución de hipoteca o de embargo[†]
2	Muerte de familiar cercano
3	Diagnóstico de enfermedad grave
4	Diagnóstico de enfermedad grave de un familiar
5	Enfermedad grave (crónica)
6	Muerte de cónyuge
7	Bancarrota
8	Cambio de situación financiera
9	Problema legal traumático
10	Separación
11	Crisis de identidad
12	Trastorno mental de un familiar
13	Divorcio
14	Lesiones graves
15	Muerte de amigo cercano

Los resultados de la encuesta concuerdan en gran medida con muchos estudios sobre el estrés realizados en el pasado y señalan aspectos que debemos vigilar pues, como veremos más adelante, estos acontecimientos acarrean consecuencias físicas y emocionales que pueden empeorar las cosas. Por ejemplo, los investiga-

[*] Téngase en cuenta que estas respuestas provienen de una encuesta en línea y no de un estudio científico. Aunque los resultados permiten realizar un análisis provechoso, tienen limitaciones (si el objetivo hubiera sido realizar un análisis predicativo, el método habría sido distinto). No obstante, sigue siendo un "reporte de campo" y, como tal, creo que resulta interesante.

[†] La razón de que la ejecución de hipoteca o de embargo ocupe el primer lugar es probablemente que la encuesta se realizó durante el publicitado *crack* del mercado de bienes raíces y no porque en realidad se le considere más grave que la muerte de un familiar o una crisis de salud. Sin embargo, ocupa el primer lugar según nuestros encuestados.

dores Holmes y Rahe realizaron en los años sesenta un estudio con una escala de estrés; sus resultados indican que las dificultades de carácter interpersonal, como la muerte del cónyuge o el divorcio, son las más estresantes y pueden relacionarse con enfermedades físicas. El estudio no aclara qué sobreviene primero, el suceso estresante o la enfermedad, pero en cualquier caso son problemas que vale la pena atender.

A continuación encontrarás la descripción de los siete días que decidí analizar en este libro. Si actualmente estás viviendo alguno de ellos reconocerás sus dolorosas descripciones. Como dije, los seleccioné con base en mis opiniones y observaciones sobre su potencial para interferir en la vida y la tranquilidad de las personas, y sobre la frecuencia con que los he visto ocurrir.

EL DÍA QUE TU CORAZÓN
SE HACE TRIZAS

Este día pierdes algo muy valioso y se te rompe el corazón. Podemos afirmar que nadie escapará a este día y lo más probable es que tú o tus seres queridos lo hayan vivido ya. También es factible que lo vivas más de una vez y que en cada ocasión sea distinto, dependiendo de qué sea lo que pierdas —un ser querido que muere, tu matrimonio, una amistad, tu carrera, el gran sueño de tu vida—, pero el común denominador es el sentimiento de tristeza, aflicción o dolor persistente que puede hacer que te retuerzas.

El día que descubres que te has traicionado a ti mismo

Es uno de los más difíciles porque te das cuenta de que has vivido sin valentía ni rectitud. Finalmente admites que has vivido bajo el yugo del miedo y que éste prácticamente determinó todas tus decisiones. Comprendes que te has traicionado y que has traicionado tus sueños por temor al fracaso o a contrariar a las personas cuya opinión aprecias. No puedes hacer con orgullo un recuento de tu vida porque ni siquiera ha sido tu vida: ha sido de alguien más o de todos los demás… de todos excepto tuya. Has defraudado a tu yo verdadero.

El día que te descubres incapaz de hacer frente a las exigencias de la vida

La adaptabilidad es la capacidad de arreglárselas en este mundo. En este difícil día, esa capacidad se derrumba. Te sientes completamente agobiado mental, emocional y físicamente, ya sea que el cataclismo se relacione con lo financiero o simplemente con el hecho de que no puedes seguir viviendo como si todo estuviera bajo control, porque no es así. Este día estás abrumado y sientes que no tienes opciones. Sientes que las exigencias te ahogan y que no puedes hacer nada para mantenerte a flote.

El día que el cuerpo se colapsa

No nos gusta pensar que podemos enfermar, pero los problemas de salud son uno de los hechos inevitables de la vida. Las probabilidades de que tú o tus seres queridos los enfrenten son muy elevadas. Incluso si llevas una vida saludable y no sufres accidentes, en algún momento tu cuerpo se desgastará. Como en todos estos días, la actitud de tu enfoque será crucial cuando tú o un ser querido reciban el diagnóstico de una enfermedad grave o mortal, sufran lesiones o padezcan cualquier otro problema de salud.

El día que la mente se colapsa

Este día reconoces que tu condición mental o emocional, o la de un ser querido, está en problemas y sientes dolor, vergüenza, miedo y confusión. Nuestra sociedad no es tan abierta a los problemas mentales como a los físicos, por lo que las dificultades para encontrar soluciones pueden resultar sobrecogedoras, por decir lo menos. Esta búsqueda puede resultar tan ardua como el problema mismo, debido al sufrimiento y al miedo al qué dirán. Es sorprendente que el tema de la salud mental no se discuta abiertamente en este país, pues es uno de los aspectos más importantes de nuestra existencia y determina, de una u otra manera, toda nuestra vida. Los problemas de salud mental pueden manifestarse de diversas maneras: desde ansiedad y depresión, hasta las menos frecuentes pero más graves como la incapacidad de distinguir la realidad de las fantasías, ilusiones o alucinaciones.

EL DÍA QUE LA ADICCIÓN TOMA LAS RIENDAS

Basta echar una mirada a los titulares de los periódicos para comprobar que las adicciones están extendiéndose como un reguero de pólvora. En el pasado, los drogadictos se concentraban en callejones oscuros y otras zonas sórdidas de la ciudad, pero ahora pueden estar en cualquier parte, desde un dormitorio suburbano hasta la sala de juntas de una gran corporación. Ya a nadie sorprende escuchar acerca de una madre de familia o de un empresario adictos. En parte, esto se debe a la facilidad con que pueden conseguirse las drogas: pueden obtenerse con el clic de un ratón. El alcoholismo también aumenta en proporciones alarmantes. Las adicciones, propias o de un ser querido, pueden tomar el control de tu vida y destruirla fácilmente.

EL DÍA QUE PIERDES EL RUMBO Y NO TIENES RESPUESTA A LA PREGUNTA: "¿POR QUÉ?"

Es el reto de encontrar la razón de tu vida; no tanto saber quién eres, sino *por qué* eres. Puede ser una crisis de fe o el sentimiento de haber perdido el rumbo o la razón de vivir. ¿Qué caso tiene? ¿Cuál es tu propósito en la vida? Es ese sentimiento de insignificancia. El tiempo es finito y tenemos una cantidad limitada de él para dejar huella. ¿Qué harás? Si no encuentras una razón de vivir debes examinar este aspecto y conectarte con algo que te estabilice cuando nada de lo que te rodea tiene sentido. Puede ser redescubrir tu fe, unirte a una causa en la que siempre has querido colaborar o simplemente ser el mejor padre, mentor, empleado, hijo o amigo que puedas ser.

Cuando enfrentes los retos de estos siete días, o cualesquiera que se te presenten, y seas capaz de cruzar al otro lado, te sentirás triunfante y fortalecido. Podrás mantener la frente en alto aun cuando todo a tu alrededor esté derrumbándose.

La vida no es una cadena interminable de éxitos

La realidad es que, pese a nuestras mejores intenciones y más fervientes deseos, la vida no siempre es fácil. No es una cadena interminable de éxitos para nadie. La vida es como el viento en un túnel aerodinámico: a veces llega como una suave brisa y otras como un huracán categoría cinco. Aunque las tormentas de la vida no siempre tengan finales felices, al menos aprenderás a manejarlas e incluso puedes terminar en una situación mejor de la que tenías. No menos importante es que serás capaz de guiar a tu familia y de conservar la calma en medio de la tormenta.

Si tienes creencias religiosas, puedes decir que cuando sobrevenga una crisis rezarás a Dios y Él te salvará. Eso tiene sentido, pero también debes poner manos a la obra. Aunque yo dirijo mi vida con base en la fe, puedo decirte que también utilizo todos mis recursos para ayudarme. Creo que esa es la razón por la que Dios me los dio. Lo que quiero decir es que no importa de dónde provenga tu fortaleza, tu obligación es luchar con todas tus fuerzas para alcanzar la mejor situación posible en este mundo. No importa si crees que provienen del ADN o que son un don de Dios, lo importante es que posees recursos que vas a necesitar, en especial durante esos siete días, y mi intención es que aprendas a movilizarlos.

Mantén la frente en alto

Somos el producto de lo que aprendemos y si no enfrentáramos desafíos, no creceríamos mental, física, emocional ni espiritualmente. Siempre he dicho que sería una pena enfrentar adversidades y no aprender de ellas. Así al menos nos habrán enseñado algo. No estoy afirmando que al cambiar tu actitud de enfoque o diseñar un plan evitarás los problemas o sortearás los desafíos que la vida tiene para ti. Eso no ocurrirá. Tampoco digo que eludirás esos siete días. Esto tampoco ocurrirá. Es posible que enfrentes las mismas adversidades esos siete días, pero reaccionarás de manera distinta.

Andarás por la vida de otra manera. Imagina dos personas que recorren de noche un callejón oscuro. Una ostenta cinta negra en artes marciales y la otra no cuenta con ese entrenamiento. El contraste entre la experiencia de ambos es enorme. Mi objetivo con este libro es proporcionarte las herramientas necesarias para caminar de manera confiada y enérgica, no con una actitud de bravuconería sino de confianza en tu preparación.

2

ACTITUD DEL ENFOQUE

Reza, pero sigue remando hacia la orilla.
PROVERBIO RUSO

Nadie puede reparar tu vida; la vida se maneja, no se cura. Espero que, en general, tu vida marche bien, pero siempre puedes aprender a manejarla mejor. Lo más seguro es que cuando termines de leer este libro, enfrentes los mismos problemas que tenías antes de empezarlo. Si tu matrimonio iba mal, seguirá mal y hasta puede que peor. Si tenías una profesión sin futuro y tenías sobrepeso, conservarás la misma profesión y el mismo peso. Más aún: al empezar a leer era prácticamente seguro que enfrentaras algunos o todos estos siete días en algún momento de tu vida y seguirá siendo así. Leer este libro no te permitirá modificar los problemas que ya tienes ni evitar los que están más adelante.

Lo que sí cambiará es algo más importante que cualquier situación o problema específico: tú. Cambiará tu capacidad para manejar tu vida y ver las cosas desde la perspectiva correcta; entenderás por qué actúas de una manera y no de otra, y adónde te lleva todo eso. Pero lo más importante es esto: analizarás y decidirás conscientemente si conservas o cambias la actitud con la que enfrentas la vida. Esto es importantísimo porque dicha actitud puede determinar el curso de tu vida.

Aprenderás algunas habilidades muy importantes que te permitirán solucionar el problema y no contribuir a él. En vez de concentrarte —u obsesionarte— en las cosas que no puedes controlar, aprenderás a no sentirte víctima, incluso en esas situaciones en que nos sentimos como si nos hubieran sacado de la carretera de un golpe. Deseo que comprendas que tus sentimientos no son resultado de lo que ocurre en tu vida sino de la manera en que *decides* responder. Hablaremos de esto más adelante, pero quiero aclarar desde ahora que ni con todo el optimismo del mundo se puede hacer que los problemas desaparezcan. Ojalá fuera tan sencillo, pero no lo es.

Hablemos entonces sobre tu muy particular "actitud de enfoque". Todos sin excepción, lo sepan o no, la tienen. Tú la tienes aun si no eres consciente de ella. Apuesto que si lo piensas cuidadosamente la identificarás, pues es una parte muy importante de lo que eres. Cada persona ve el mundo y la vida de diferente manera: algunas son víctimas y otras, victimarios; algunas dan y otras toman; algunas son pasivas mientras otras son muy agresivas. Las categorías, descripciones y dicotomías son infinitas.

Parto de aquí porque si tu "actitud de enfoque" no está funcionando en aguas tranquilas, serás un desastre cuando enfrentes uno de esos siete días. Las preguntas fundamentales son: ¿Cuál es tu actitud de enfoque? ¿Te funciona? ¿Como describirían tu actitud de enfoque quienes te conocen de cerca? ¿Produce los resultados que deseas o impide que tengas lo que más quieres y necesitas? ¿Cuál es su origen y cuándo fue la última vez que intentaste modificarla? Tu actitud de enfoque influye en todo lo que haces y sientes; es un filtro a través del cual observas el mundo; es el compendio y la esencia de la estrategia con que enfrentas la vida. También influye profundamente en la manera en que los demás reaccionan frente a ti y definen tu lugar en este mundo. Recibes lo que das. Si nunca te has sentado a pensar cuál es tu filosofía de vida, tu estrategia, tu enfoque particular, es momento de hacerlo.

Todo depende del cristal
con que se mire

Estoy convencido de que la realidad no existe, sólo la percepción. No hay noticias buenas o malas; nuestra interpretación las hace buenas o malas. Es una función de tu punto de vista; tu percepción y tu interpretación de cómo influye en ti una experiencia cualquiera.

La manera en que interpretas y reaccionas a los sucesos de tu vida es una elección, en ocasiones completamente automática. Tu respuesta habitual puede ser analítica, emocional o quizás personalizas todo, desde un congestionamiento de tránsito hasta el aumento en la tarifa de la electricidad. Tus respuestas e interpretaciones tienen un origen e influyen en la conversación permanente que tienes contigo mismo sobre lo que ocurre y lo que sentirás al respecto. Pero lo importante es que tu respuesta actual a las personas y los sucesos está determinada, en buena medida, por información añeja que debes analizar para comprobar que no sea obsoleta y no esté saboteando subrepticiamente tus planes. Es una elección. Conocer el origen de tus decisiones y ser capaz de anticipar tu respuesta a una situación puede ayudarte a comprender e identificar tus "pautas". De eso quiero hablar aquí, de cómo esos filtros que has adquirido a lo largo de los años determinan la manera en que respondes a ciertas palabras, gestos, actos y acontecimientos.

Conocer el origen de tus decisiones y ser capaz de anticipar tu respuesta a una situación puede ayudarte a comprender e identificar tus "pautas".

¿Cómo desarrollaste tu actitud de enfoque y cómo puedes tomar conciencia de ella? (Y, si es necesario, ¿cómo puedes modificarla?). Una pequeña parte de tu actitud de enfoque está formada por tendencias hereditarias; el resto es el resultado de todos los sucesos, experiencias y consecuencias que has vivido, y de la manera en que has aprendido a responder y a interpretarlos. Una buena parte de tu actitud de enfoque es emocional, pero las emociones no se producen automáticamente ni por arte de magia. Vale la pena analizar lo que mis antecesores en el campo del pensamiento racional han denominado la "anatomía de una emoción".

Las cuatro partes principales de la anatomía de una emoción

1. Se produce un acontecimiento y lo percibimos mediante los sentidos: vista, oído, olfato, tacto o gusto. Mil personas distintas pueden percibir el mismo suceso de mil maneras. Cualquier detective de policía sabe que las declaraciones de los testigos oculares rara vez coinciden o son exactas. Cada uno mira a través de diferentes cristales (experiencias pasadas).

2. Clasificamos el acontecimiento adjudicándole un significado; por ejemplo: vemos una figura de autoridad como una amenaza

porque tuvimos un padre abusivo o usamos recuerdos placenteros como ese sentimiento "rico" de cuando disfrutamos un pastel de cumpleaños o el olor del mar porque pasamos veranos maravillosos en la playa durante la niñez.

3. Tenemos una respuesta emocional a partir de lo que nos decimos sobre el acontecimiento en nuestro diálogo interno, esa conversación perpetua en nuestra cabeza. El diálogo se repite tantas veces que puede volverse automático y operar sin que seamos conscientes de él.

4. Respondemos externamente a partir de las emociones que elegimos mediante nuestro diálogo interno.

La anatomía de una emoción es compleja. Voy a mostrar cómo se manifiesta con un ejemplo de la vida real: el padre de Ann abandonó a la familia cuando ella tenía tres años. (Inicio del "acontecimiento"). Sin apoyo de su marido, a la madre de Ann apenas le alcanzaba el dinero, por lo que durante los siguientes cinco años Ann peregrinó de una casa de adopción a otra. Por desgracia, cada una era peor que la anterior. Dormía en catres sin cobijas, en habitaciones llenas de otros niños adoptados, tenía pocas pertenencias y, en algunos casos, tuvo que luchar por cosas básicas como comida caliente o ropa limpia. Si se quejaba o cuestionaba algo, era castigada con abuso físico o verbal. Cambiaba de escuela con tanta frecuencia que nunca pudo establecer amistades verdaderas y su madre entraba y salía de su vida de manera impredecible.

Ann adjudicó un significado a cada uno de estos sucesos, estableciendo "hechos" a partir de sus experiencias. (Segunda parte de la anatomía: clasificar y "archivar" cada acontecimiento para futuras consultas). Estos hechos moldearían en el futuro su punto de vista y expectativas sobre cómo las personas la tratarían y cómo debía comportarse para evitar un trato negativo. La ausencia de una rutina y de una persona que le proporcionara cuidados —además del trato violento que recibió desde muy temprana edad— la prepararon para futuros problemas con la intimidad y las relaciones. Aunque ocasionalmente encontró padres adoptivos que tipificaban esa clase de "santos" que se sacrifican por niños necesitados, sus experiencias tempranas ya habían puesto los cristales en su lugar. Juzgaba emocionalmente a las personas por lo que le había ocurrido e iba por la vida manteniéndose distanciada emocionalmente de los demás.

Como era de esperarse, Ann creció sintiendo que la única persona en quien podía confiar era ella. (Tercera parte de la anatomía: el diálogo interno se repitió día tras día y sus juicios infantiles continuaron hasta su vida adulta). Sabía que si necesitaba algo debía ingeniárselas para obtenerlo. También decidió que debía mantener el control de su mundo y no estar sujeta nunca más a los caprichos de otros. Como resultado, tan pronto terminó la escuela empezó a trabajar como vendedora de campo, donde no tendría que enfrentar las presiones típicas de las reglas y los supervisores de oficinas. (Parte final de la anatomía de una emoción: el diálogo interno aviva las emociones, lo que se refleja en conductas que completan el ciclo). Su desempeño se convirtió en su moneda (es decir, en lo que ella valoraba): dejó que sus ventas hablaran por ella, lo que en cierta forma le funcionó. Su empuje le ganó el respeto y la admiración que creía merecer, pero lo que *no* ganó fue el amor y la confianza que le faltaron de niña, que era lo que en realidad deseaba bajo esa fachada de autosuficiencia. Su profesión la mantenía tan ocupada que siempre contaba con una excusa para echarse atrás cuando sus relaciones se estrechaban demasiado y nunca aprendió a estar en pareja o a dar y recibir amor en una relación comprometida. Ann está viviendo la vida exitosa que siempre soñó, pero se siente lisiada emocionalmente porque lo hace a través de los cristales de su niñez. Como nunca revisó ni corrigió la información sobre la falta de fiabilidad de las personas y sobre el dolor que podrían causarle, no tiene nadie con quien compartir sus alegrías ni sus dolores más profundos.

Como dije antes, la anatomía de una emoción no es sencilla. La actitud de enfoque de Ann fue resultado de múltiples factores y si sus respuestas a sus percepciones tempranas hubieran sido diferentes (es decir, si el paso hubiera tomado otro camino) sus experiencias hubieran generado una respuesta muy distinta. Pudo interpretar que sus vivencias en las casas de adopción significaban que si era una "niña buena" y no se quejaba ni hacía olas, no sería lastimada. Si hubiera elegido esta respuesta, su actitud de enfoque hubiera sido menos dinámica y más pasiva. En ambos casos hubiera cargado un pesado equipaje. Los cristales de Ann están directamente relacionados con la manera en que aprendió a procesar sus experiencias de infancia, adjudicando significados a los sucesos y respaldando mediante el diálogo interno sus conclusiones —no importa cuán equivocadas o incompletas fueran—, hasta convertirlas en su realidad por elección. Lo bueno es que no tenemos por qué vivir con las consecuencias de tener una información añeja y los cristales sucios: podemos identificar el origen de nuestros conflictos y revaluar los "hechos" que hemos tomado por ciertos desde tiempo atrás.

Ahora es buen momento para hablar de algo sobre lo que he escrito antes, la "Prueba de fuego con lógica", una serie de preguntas para analizar cualquier pensamiento o creencia y comprobar si no está envenenado el "manantial" de tu diálogo interno. Puede ser un juicio o una idea que te ha seguido desde situaciones pasadas o que simplemente adquiriste en algún momento del recorrido. Sea cual sea su origen, eres el único que puede decidir si debe seguir contigo. Revalúa tus pensamientos de manera regular con esta prueba de cuatro preguntas:

▶ **¿El pensamiento o creencia es un hecho verdadero?**
Recuerda que un hecho es distinto a una opinión. No importa si quieres creer que no te hace daño comer una caja de 12 donas glaseadas a la semana; el hecho es que sí te hace daño. Debes alinearte con la verdad si en verdad deseas realizar cambios duraderos en tu vida. En otras palabras, para tener salud debes enfrentar la verdad.

▶ **¿El pensamiento o creencia te favorece?**
¿Te beneficias cuando lo conviertes en una prioridad? En otras palabras, ¿sientes una satisfacción auténtica cuando le das importancia? Si se te dificulta decir sí, como a muchas personas, puede que estés diciéndote cosas que distorsionan tu percepción del mundo. Te unes a comités en los que no quieres participar y haces favores para los que no tienes tiempo —o ganas— de realizar. ¿Por qué? Porque algún lugar de tu diálogo interno está lleno de "debes". Esta clase de pensamientos envenena tu diálogo interno y puede orillarte a tomar decisiones basadas en el miedo al rechazo, las cuales, por supuesto, no te favorecen.

▶ **¿El pensamiento o creencia protege y mantiene tu salud?**
Al convertir ese asunto en una prioridad, ¿pones en riesgo tu salud? Por ejemplo, ¿preocuparte por él provoca un estrés crónico que puede afectar tu organismo y a la larga producir una enfermedad grave o incluso la muerte? ¿Cómo te afecta físicamente tu conversación interna? Si eres obeso, ¿la negación sobre tu estado te pone en riesgo de sufrir enfermedades cardiacas, diabetes o cáncer? Si te llamas "fracasado" o "inútil", ¿estás permitiéndote vivir una vida llena de estrés porque no consideras merecer algo mejor?

► ¿El pensamiento o creencia te proporciona lo que deseas? ¿Está funcionándote ese comportamiento? ¿Tu diálogo interno te ayuda a alcanzar tus metas o ha afectado negativamente tu capacidad de obtener lo que quieres? Por ejemplo, si tu madre solía decir que nunca serías tan bueno como tu hermana, es posible que crezcas creyéndote indigno. Aunque ahora eres adulto, sigues escuchando en tu cabeza la voz de tu madre: "No eres suficientemente bueno, no eres digno de recibir amor", y, como resultado, vives con el temor constante de perder tu empleo o a tu esposa. Aunque son temores infundados, dedicas gran cantidad de tiempo y energía a no perder esas cosas, en vez de esforzarte en conseguir lo que en verdad deseas.

Es importante realizar a menudo la Prueba de Fuego con la Lógica para no adquirir malos hábitos de pensamiento o malos cristales.

Priorizar con una actitud de enfoque saludable

Nuestra actitud de enfoque está relacionada no sólo con la vida diaria sino con las experiencias más trascendentes, entre las que están los siete días más difíciles de nuestra vida. Para desarrollar un plan que nos permita sobrevivir intactos a esos días debemos entender la importancia que tiene la perspectiva, la responsabilidad y la acción para generar las experiencias que deseamos. Entonces podremos establecer una actitud de enfoque que nos beneficie.

VIVIR CON PERSPECTIVA

La gente dice: "Nunca he conocido a nadie que en su lecho de muerte haya deseado pasar más tiempo en la oficina". ¿Por qué? Porque en esos últimos momentos de la vida nos damos cuenta de qué es lo que en verdad importa. Es la perspectiva suprema. Por desgracia, en ese momento es demasiado tarde para hacer algo. Conocemos ejecutivos tan ocupados en ganar dinero que destrozan un buen matrimonio y una familia antes de darse cuenta de que ya eran ricos. Tenían lo que realmente importa en la vida, pero lo desaprovecharon porque desconocían la definición correcta de moneda. Su "ingreso" era monetario, no familiar.

Mi padre me dijo justo antes de morir que una de las mayores lecciones de la vida sería la capacidad de reconocer los momentos y las decisiones críticas *en el momento en que suceden* y no al final de la vida, cuando es demasiado tarde para hacer algo. Me dijo que si yo quería contribuir al bienestar de las personas, un buen lugar para empezar sería ayudarlas a identificar esos momentos que cambian la vida, en el momento mismo en que ocurrieran.

Una perspectiva correcta es indispensable para adquirir una actitud de enfoque productiva. Coloca un marco alrededor de los problemas y establece un contexto. Conozco personas que *creen* tener problemas porque sus hijos no ingresaron al jardín de niños correcto o porque un compañero de trabajo habla mal de ellas a sus espaldas. Pero entonces le diagnostican cáncer a su cónyuge y entonces en verdad tienen problemas. Ya no les importa si su hijo está en el jardín de niños más "padre" o si cuchichean sobre ellas cerca del garrafón de agua. Esto pierde importancia porque su vida fue forzada a adquirir perspectiva. Lo que deseo es que revises tu actitud de enfoque *antes* de que recibas un golpe en la cabeza y descubras que no estabas preparado.

Para estar preparado debes decidir de qué se trata *en verdad* tu vida, cuáles son tus auténticas prioridades, qué es lo que en verdad te importa. ¿Qué es el éxito para ti? ¿Con qué te identificas y a qué dedicas tu tiempo, energía y dinero? En el capítulo 10 encontrarás un ejercicio que te ayudará a profundizar en este tema. Todo esto debe estar claro en tu mente y en tu corazón; sólo así podrás mantener los pies en el suelo y tu brújula sensible a la dirección que quieres seguir cuando enfrentes uno de estos siete días. Si no tienes claro quién eres y dónde quieres estar, puede resultar terriblemente difícil mantener el equilibro durante una de estas crisis.

Para estar preparado debes decidir de qué se trata en verdad tu vida.

Por ejemplo, entre las cosas que yo valoro más en mi vida están mi relación personal con Jesucristo; mantener, proteger y nutrir a mi familia; mi salud, y ser un miembro responsable y activo de la sociedad. Después de esto, valoro mi profesión y estudiar los temas importantes de la vida en beneficio de quienes se interesan en ellos. El tema de la perspectiva se reduce a esto: si una cámara se descompone a mitad del programa o un invitado no llega, pongo esas situaciones en un marco mayor. ¿Mi esposa y mis hijos estaban bien antes de que la cámara se descompusiera? Sí. ¿Mi casa era cálida y acogedora? Sí. ¿Estaba orgulloso de mi contribución a la sociedad? Sí. Así, en una perspectiva más amplia, una cámara descompuesta puede producir frustración momentáneamente, pero en última instancia no es tan grave. No obstante, para ver las cosas de esta manera debes tener una actitud de enfoque con una perspectiva equilibrada.

LAS PALABRAS SON MUY PODEROSAS PORQUE CREEMOS LO QUE NOS DECIMOS

Las palabras son muy, muy poderosas y nuestro lenguaje influye en nuestra capacidad para ver las cosas en perspectiva y, por tanto, en nuestra actitud de enfoque. Esto es cierto en nuestras conversaciones con otras personas y en nuestro diálogo interno. Las palabras están cargadas de emociones; por cada pensamiento que concebimos o palabra que pronunciamos, tenemos una reacción fisiológica. Nuestras palabras nos provocan respuestas viscerales, en especial las negativas, que parecen gritar más fuerte que las positivas. Y mientras más extremo es el lenguaje negativo, más fuerte grita. Si dices que una película es la peor que has visto jamás, lo sentirás con más intensidad que si sólo hubieras dicho: "Esa película es mala". Asimismo, si dices: "Esto es lo peor que me ha pasado jamás", te sentirás más afectado que si dijeras: "Esto es malo pero no es el fin del mundo". A lo que quiero llegar es a que no es conveniente tener una manera melodramática, histriónica o exagerada de hablar contigo mismo sobre la vida.

Por ejemplo, yo procuro evitar palabras como "horrible", "desastroso" o "catastrófico" cuando se me poncha una llanta o quedo atrapado en el interminable tráfico de Los Ángeles cuando voy retrasado. Claro que me molesto; son situaciones incómodas, pero no catastróficas, desastrosas ni horripilantes. No obstante, con frecuencia escucho que las personas utilizan estas palabras para describir situaciones que de ninguna manera son tan graves y lo hacen porque no tienen una actitud de enfoque apropiada. Conozco parejas cuyas bodas no salieron como esperaban: uno de los novios bebió demasiado, la novia rasgó su velo o el autobús con sus invitados se descompuso bajo un aguacero. Estos sucesos les parecieron "devastadores", "una pesadilla" y "el peor momento de mi vida". Es cierto que sus bodas no fueron como de cuento de hadas, y no deseo trivializar su deseo de que todo saliera bien, pero "horrible" y "devastador" son palabras que yo oía en la unidad de quemados del hospital durante mi entrenamiento. Son palabras que pueden describir el huracán Katrina, los atentados del 11 de septiembre o muchas otras tragedias. No son descripciones apropiadas para un pastel de bodas derretido, un novio achispado o unos invitados empapados. Estas situaciones no se comparan con las cuestiones verdaderamente importantes de la vida y si esta clase de sucesos constituyen en verdad los peores momentos de tu vida, ¡felicidades! Si te hablas usando estos términos, careces de una perspectiva clara y realista.

No renuncies a tu poder

Una de las actitudes de enfoque más gravosas que puedes asumir es permitir que la opinión de los demás determinen tu autoestima o tu elección de lo que es importante. ¿Por qué? Porque si renuncias a tu poder en favor de un jefe, cónyuge, familiar, amigo o cualquier otra persona con quien trates, te pones en una posición muy vulnerable. La manera en que te sientas contigo mismo dependerá de cuán segura sea esa persona. Si es insegura y sólo se siente bien al rebajarte, te juzgará y criticará sin importar lo que hagas. Si permites que esto te afecte estás renunciando a tu poder en favor de alguien a quien no puedes controlar.

Por ejemplo, imagina que vas manejando rumbo al trabajo, disfrutando de una mañana soleada, un café y tu canción favorita en el radio. De repente, un tipo se te empareja y con gritos y gesticulaciones te deja claro que no estás avanzando a la velocidad que a él le gustaría. Aunque habías notado que alguien prácticamente iba montado en la defensa de tu auto, no habías reparado en cuán molesto estaba hasta que lo viste despotricar contra ti. De repente, sin más, el tipo desaparece. Aunque todo ocurrió en menos de un minuto, tú pasas el resto de la mañana pensando en él y sintiéndote molesto. ¿Por qué te hizo eso? ¿Por qué no simplemente te rebasó sin hacer tanta alharaca? No tenía que ser tan grosero. En todo caso, ¿qué hay de malo con tu manera de manejar? No ibas a paso de tortuga, ¿o sí? Desperdicias horas rumiando algo que ocurrió en un segundo con alguien a quien no conoces y que probablemente no volverás a ver jamás. Peor aún: permites que esa persona influya en cómo te sientes. Piensa esto: si te afecta tanto algo tan insignificante como la reacción de un extraño, ¡imagina lo que ocurrirá cuando una auténtica crisis toque a tu puerta!

Ahora bien, si eres una persona segura y sabes quién eres, la conducta de ese conductor grosero seguirá siendo molesta, pero también irrelevante. Podrás hacer caso omiso de ella y decir: "Esa persona debe estar sufriendo mucho". Y olvidarás el incidente. Continuarás con tu vida: tu autoestima y lo que es importante para ti lo determinas tú.

La palabra clave aquí es "tú". En el capítulo 5 hablaremos del "tú auténtico" en el contexto de una vida fundamentada en el miedo, pero lo menciono porque la manera en que te ves determina la manera en que te relaciones con el mundo. Si nunca me has oído usar esta expresión, diré en pocas palabras que el tú auténtico es el que está en la esencia misma de tu ser, en oposición al tú ficticio (el que el mundo te ha dicho que debes ser). Es la parte de ti que no está definida por tu empleo, función o papel, y es la combinación de todo lo que hay de único en ti. Una idea clara de lo que es importante para ti y de quién eres es como una vacuna contra los mensajes negativos del mundo: "Yo decido lo que es importante en mi vida. ¡Yo decido lo que pienso de mí!". Gracias a ella te das cuenta de que no necesitas agradar o ser incluido para sentirte bien contigo.

No estoy diciendo que sea fácil. No lo es. Es una de las cosas más difíciles que puedes intentar en tu vida, pero también una de las experiencias más liberadoras. Piénsalo: si la única persona que debes controlar para sentirte feliz, seguro y aceptado eres tú, todo en tu vida será más sencillo. Está bien que quieras agradar a los demás y que busques su aceptación, pero hay una enorme diferencia entre *desear* esa aceptación y *necesitarla*. En la vida debes distinguir entre desear y necesitar. Debes dar prioridad a lo que concuerda con tus valores sobre lo que es una simple preferencia. No te sabotees pensando que es egoísta concentrarte en tus necesidades. Si hay otras personas implicadas, sé sensible y negocia para que se satisfagan las de todos. Es diferente ser agresivo —proteger tus intereses a expensas de otro— a ser asertivo —proteger tus intereses pero no a expensas de los demás.

Yo me esfuerzo en no renunciar a mi poder y gracias a eso no vivo angustiado. La aceptación del resto del mundo simplemente no es una prioridad para mí. No podría hacer lo que hago ni tratar los temas que trato si no tuviera esta perspectiva, porque tengo muchos críticos. Si les permitiera determinar lo que pienso de mí, me retiraría y pasaría el resto de mi vida disculpándome. No lo hago porque creo en lo que hago. Si permites que tu autoestima la controlen los críticos (y todos los tenemos) pasarás mucho tiempo al margen de la vida. Debes decidir que para sentirte bien no es necesario agradar a todos, que todos te entiendan, estén de acuerdo contigo o quieran que tengas éxito. Mientras no tengas esta actitud de enfoque serás vulnerable. Si otras personas piensan que pueden controlarte, lo harán. A mí me critican todo el tiempo en mi programa y a través de mensajes en mi página de internet. Me dicen cosas como: "Doctor Phil, usted es un idiota. ¿Dónde se graduó, en Sears?". No me importa si la gente me critica y no voy a sustituir sus censuras con las mías. Sé cuáles son mis valores. Sé en qué creo. Eso es lo que importa.

Debes dar prioridad a lo que concuerda con tus valores sobre lo que es una simple preferencia.

Debes decir: "Me acepto con todo y mis defectos. No tengo un hueco que necesite llenar con su aprobación. Creo en lo que soy y en lo que hago, y si no es así deberé cambiar, pero ciertamente no necesito su aprobación para sentirme bien conmigo". Imagina esa libertad. Te aseguro que alcanzarla resultará invaluable cuando enfrentes uno de los siete días más difíciles de tu vida.

LA RESPONSABILIDAD CUENTA

Otro elemento fundamental de la actitud de enfoque es ser responsable. No puedes evadir la responsabilidad de cómo y por qué tu vida es como es. Si no te gusta tu empleo, eres el responsable. Si tienes sobrepeso, eres el responsable. Si no eres feliz, eres el responsable. Si deseas cambiar una situación, lo primero que debes hacer es reconocer tu participación en ella.

En la vida cotidiana y en medio de una crisis, la mejor manera de tomar el control de una situación es dejar de culpar a los demás y renunciar al papel de víctima. Mientras no reconozcas que no eres un pasajero en tu propia vida y asumas la responsabilidad por lo que está ocurriendo, seguirás buscando excusas en lugar de soluciones. Te quedarás estancado. Cuando tomas el papel de víctima desperdicias un tiempo precioso pensando: "¿Por qué me pasa esto a mí? ¿Qué hice para merecerlo?". No puedes quedarte en el *por qué* sin enfrentar el hecho de que está ocurriendo. Como ya sabes, yo aprendí de la peor manera que si estoy pilotando un avión en picada, de nada me sirve quedarme ahí preguntándome por qué está cayendo, a menos que me ayude a enfrentar el hecho de que *está cayendo*. Los segundos seguirán corriendo y yo estaré cada vez más cerca del suelo, ya sea que dedique mi tiempo a pensar qué injusta es la vida o que ponga manos a la obra y controle ese avión. De mi elección dependerán la manera en que el avión tocará tierra y mis probabilidades de sobrevivir. Ocurre lo mismo cuando caes en un bache en la carretera de la vida. Debes actuar y pensar en lo que harás *ahora*. Cuando tengas esta actitud de enfoque dejarás de esperar que alguien pilotee el avión por ti.

Mientras no reconozcas que no eres un pasajero en tu propia vida y asumas la responsabilidad por lo que está ocurriendo, seguirás buscando excusas en lugar de soluciones.

Si deseas cambios, si quieres aguantar el maratón de la vida —ya sea un divorcio, la pérdida de un ser querido, una crisis financiera o cualquier otro de los siete días— debes comprender que eres el creador de tu experiencia. Debes buscar en ti mismo la explicación de por qué tu vida es como es. Cuando asumes la responsabilidad de tu vida comprendes que la solución a los retos que presenta está en tu interior. Aun si te sientes enojado, herido o molesto, eres el dueño de esos sentimientos. Eres responsable de su presencia en tu vida. Debes saber que sólo tú tienes el poder de cambiar cualquier situación y decir: "Tengo el poder y, por tanto, la responsabilidad. Debo tomar las riendas y ocuparme en crear lo que deseo".

Uno de los mayores obstáculos para asumir la responsabilidad es la negación. Son pocas las personas que no se mienten a sí mismas: mentimos por omisión o por distorsión, y ambas son un gran problema porque es imposible cambiar algo si no lo reconocemos. Si te dejas llevar por el miedo o actúas como si una situación no estuviera ocurriendo, no asumirás la responsabilidad ni actuarás. Pero si dejas de negarla y sientes el dolor, harás algo. Si sufriste abuso en tu infancia, tú no eres el responsable, pero sí lo eres de cómo reaccionas y respondes a él ahora que eres adulto.

A continuación encontrarás algunas preguntas que te ayudarán a determinar qué tan responsable eres en tu vida y cuál es tu actitud de enfoque. Responde pensando en alguna situación que ya haya ocurrido. Sé sincero. Las respuestas son sólo para ti.

▶ ¿Con cuánta frecuencia piensas que una situación es injusta?

_____

_____

▶ Cuando alguien recibe el crédito por tu trabajo, ¿qué haces? ¿Te enfurruñas, intentas socavar a esa persona o te sientes satisfecho por haber aportado algo valioso? _____

_____

▶ ¿Qué has hecho con respecto a las experiencias injustas de tu niñez? ¿Has llevado ese resentimiento a tus relaciones adultas o has sacado provecho de esas experiencias?

_____

_____

_____

▶ Si te encuentras en una situación difícil, como estar casado con una persona abusiva o tener un jefe injusto, ¿qué haces? ¿Cruzas los brazos y esperas a que te rescate tu príncipe azul? ¿Albergas la esperanza de que la otra persona cambie? ¿O diseñas un plan para mejorar tu relación o renunciar?

_____

_____

_____

▶ Imagina que has dedicado la mayor parte de tu vida a una profesión que ya no disfrutas, pero hacer otra cosa exigiría mucho tiempo y/o dinero. ¿Continúas en esa profesión hasta que puedas retirarte y dedicarte a un pasatiempo que te agrade, o estudias y te preparas para dedicarte a otra actividad?

_____

_____

_____

Manos a la obra

Una de mis creencias fundamentales es que cada quien crea su propia experiencia de vida. Lo digo a menudo porque estoy convencido. Si vas en un auto a 120 km por hora sin agarrar el volante, las cosas terminarán mal para ti. No importa cuán bien intencionado seas, no importa si eres puro de corazón: tendrás un triste final. Lo mismo ocurre en la carretera de la vida. Si no agarras el volante y no eres proactivo terminarás mal. Debes identificar qué cosas son importantes y actuar en consecuencia. Haz algo al respecto. No digo que sea sencillo, pero si no actúas no obtienes nada. La vida recompensa la acción.

Para desarrollar tu actitud de enfoque debes ser proactivo. Mi padre decía: "Debes dedicar cinco por ciento del tiempo a pensar si hiciste un buen negocio o uno malo, y el 95 por ciento restante a pensar qué harás al respecto". Es cierto. Al enfrentar dificultades no debemos pasar demasiado tiempo preguntándonos por qué, sino qué: ¿Qué puedes hacer para que ocurra lo que deseas? ¿Qué acciones puedes llevar a cabo? ¿Qué gatillos puedes jalar? Si quieres que las cosas sean distintas debes actuar de manera diferente. Si no eres feliz con tu profesión o con tu matrimonio, seguramente sientes alguna clase de dolor emocional. La única manera de aliviarlo es poner manos a la obra. Debes estar dispuesto a dejar tu zona de comodidad y buscar algo distinto de lo que tienes. Hay un refrán que dice: "El tiempo cura todas las heridas". ¡Mentira! El tiempo no cura nada; es lo que *ocurre* durante ese tiempo lo que cura. Si deseas reducir tus niveles de estrés, si quieres enfrentar con éxito las crisis de la vida y esos siete días, debes ser proactivo.

Creo que yo soy así porque crecí en la pobreza. En mi niñez repartía periódicos y reunía alrededor de 10 dólares a la semana. Puede parecer poco, pero la diferencia entre algunos dólares y ninguno era enorme, pues a veces era la diferencia entre comer o irme a la cama con el estómago vacío. Había noches de tormenta, con aguanieve y vientos a 35 millas por hora, en que mi madre me decía: "Hoy no saldrás a recolectar tu dinero, ¿verdad?". ¡Por supuesto que sí! Todos se quedaban en casa en esas noches de tormenta; yo los encontraba en la puerta de entrada y me pagaban. Así podía comer todos los días. Debía concentrarme en los resultados. Si eres pobre puedes tener las mejores intenciones del mundo, pero no puedes ir a la tienda y decir: "Quisiera algo de comer, pero no tengo dinero. Quería recoger mi dinero hoy, pero no lo hice". No, debía actuar. Debía ser pragmático.

Más adelante, cuando abordemos los siete días, mencionaré algunos pasos centrados en la acción. Sin embargo, el simple hecho de leerlos o meditar acerca de ellos no servirá de nada. Es un comienzo, pero no te ayudará a superar una crisis. Lo que sí te ayudará es *hacer* esas cosas, ahora. Las intenciones no te servirán de mucho cuando descubras que una enfermedad pone en riesgo tu vida o estés hundido en deudas. Decir que buscarás una segunda opinión al recibir un diagnóstico de cáncer es diferente a hacer efectivamente una cita y visitar al segundo doctor. Tener la intención de elaborar un presupuesto no te ayudará a pagar las cuentas una vez que estés sumergido en las deudas. A las agencias de cobranza no les interesa si tienes la intención de enviarles un cheque. No les importa si estabas pensando en hacerlo. Lo que les interesa es que lo hagas. Sea cual sea el problema, la crisis o el desafío, no se resolverá por buenas que sean tus intenciones. Se resolverá cuando actúes.

Esta actitud de enfoque también evita que pierdas tiempo preocupándote por lo que no puedes controlar. La "Oración de la serenidad" que se utiliza en Alcohólicos Anónimos lo resume bien: "Dios, concédeme serenidad para aceptar las cosas que no puedo cambiar, valor para cambiar las que sí puedo y sabiduría para distinguirlas". En mi opinión, muchas personas se concentran demasiado tiempo en cosas que no pueden controlar. Como resultado, no disfrutan la vida en tiempos de tranquilidad y reducen sus posibilidades de supervivencia al enfrentar una crisis.

Tu actitud puede cambiar tu vida

No puedo predecir lo que ocurrirá en tu vida, pero si tienes una actitud de enfoque correcta, sin duda cambiará. Cambiarás el desenlace de los siete días más difíciles, así como los días intermedios. Estarás mejor preparado para lo que vendrá y te sentirás más seguro y confiado. Como resultado, tu relación con todo y con todos cambiará. Si actúas de forma diferente obtendrás resultados diferentes. Tus actos serán recompensados. Acumularás impulso. Encontrarás nuevas soluciones a los problemas y retos que enfrentes, y en vez de que la vida te arrastre, la enfrentarás y saldrás avante. En vez de demolerte te moldeará. Vivirás de otra manera día tras día. Conocerás una sensación de paz, calma y confianza que simplemente te sorprenderá. Y apuesto que reaccionarás de manera distinta cuando llegue cualquiera de esos siete días.

3
ESTRÉS
LOS DÍAS ENTRE LAS CIMAS Y LOS VALLES

La vida es dura. Después de todo, nos mata.
KATHARINE HEPBURN

La vida real es estresante. Si no lo sintiéramos así, no estaríamos viviendo en realidad. Hay días en que por su intensidad, ello puede dominar completamente nuestros pensamientos, sentimientos y conducta. Son los siete días más difíciles de nuestra vida. Pero antes de abordarlos quiero hablar de los días que están *en medio*. ¿Por qué? Porque aunque no representen una crisis pueden desgastarnos mental, emocional y físicamente gracias a dos factores, los *estresores* y el *estrés*. Es importante distinguir estos últimos y dejar en claro su significado antes de seguir adelante. El *estrés* es la reacción de nuestro cuerpo a las diversas exigencias; los *estresores* son las situaciones que enfrentamos. Para manejarlos debemos comprender la diferencia.

¿Qué es un estresor?

Los estresores son cosas que nos consumen, agotan, presionan y marcan. Nos desgastan mental, emocional y físicamente. Puede ser un matrimonio conflictivo o la presión de los suegros. Pueden ser los choques constantes con el jefe o la preocupación por una crisis financiera que acecha a la vuelta de la esquina. Puede ser el ruido de un niño gritón o de una aspiradora. Puede ser el tráfico o un viaje interminable en auto. Menciono sólo algunos, pero son innumerables los estresores que pueden causarnos problemas. No siempre es una gran crisis la que nos afecta física, mental o emocionalmente: puede ser el aluvión interminable de pequeñas exigencias que enfrentamos. Todos hemos escuchado historias sobre la tortura con agua. Una gota no es nada, pero si picotean tu cabeza una y otra y otra vez, pronto sentirás como si te golpearan con un ladrillo.

Además de estresores externos como el jefe, el matrimonio, los hijos y la situación financiera, hay otro que proviene de nuestro interior y de nuestro diálogo interno. Sí, ¡podemos ser nuestros peores enemigos! Aquí es donde entran en juego la autoestima y el diálogo interno negativo. Con frecuencia repito que la realidad no existe, sólo la percepción. Si tus percepciones se basan en un conjunto de creencias irracionales que has acumulado a lo largo de tu vida, puedes terminar en graves problemas. Esto es porque estás "picoteándote" desde dentro y créeme, ése puede ser un estresor muy fuerte. Por eso hablé de la actitud de enfoque y el pensamiento irracional.

Algunos de los expertos que influyeron en mí durante mi entrenamiento en el campo cognitivo y conductual sostenían que ciertas creencias irracionales pueden producir gran cantidad de estrés en nuestra mente y nuestro cuerpo. Lo bueno es que estas creencias se aprenden y pueden, por tanto, desaprenderse; pero debemos saber a qué nos enfrentamos.

Los siguientes son algunos patrones de pensamiento comunes en los que las personas pueden atascarse, según la descripción de Albert Ellis y Emmett Veiten.[1]

1. Deberización: "Debo triunfar y obtener aprobación".
2. Terribilización: "Hice _____, ¿no es terrible?".
3. Poca tolerancia a la frustración: "No puedo hacer _____, sería demasiado difícil".
4. Calificar y culpar: "No valgo nada porque cometí un error" o "El mundo es un asco".
5. Generalizar: tener una actitud de "siempre" o "nunca". "_____ es bueno para todos. A mí me funcionó" o "_____ es malísimo. Lo probé y no sirve".

Apuesto que ya identificaste otros pensamientos similares que te sabotean. Si es así, escríbelos. Resulta útil verlos... ¡cuestionándote desde el papel!

Nuestros pensamientos no parecen ser tan dañinos o poderosos como cuando los mismos mensajes provienen de alguien más, pero lo son. Nuestro cuerpo responde de igual manera a los estresores internos que a los externos, pues normalmente creemos lo que nos decimos. Un diálogo interno y un sistema de clasificación que generen estrés pueden convertirse en una forma de vida, una que puede agotar cada gramo de energía.

¿Qué es el estrés?

El estrés es la reacción del cuerpo y la mente a las exigencias de los estresores. Mientras más estresores haya en nuestra vida, mayor puede ser la reacción y el agotamiento de la energía. Si permanecemos en este estado con demasiada frecuencia, podemos incluso advertir las consecuencias: mentalmente nos volvemos ineficientes, emocionalmente nos volvemos impredecibles y físicamente nos hacemos más susceptibles a enfermar. Recuerda: aún no estoy hablando de las grandes crisis. Estoy hablando de los pequeños detalles que pueden acumularse día tras día. Es como un pequeño agujero en el fondo de una embarcación: en algún momento, ese agujero la hundirá.

Debes manejar tus estresores y tu estrés de manera que la situación no te rebase cuando enfrentes una crisis.

Imagina que colocas una tabla de madera de 12 cm de ancho, 5 cm de espesor y 3 m de largo sobre un par de caballetes para aserrar. Ahora imagina que le pones encima bloques de cemento. La tabla empezará a combarse, pero si retiras los bloques inmediatamente, regresará a su forma original. Por el contrario, si los quitas después de una semana, la tabla se combará definitivamente. Si colocas bloques de cemento sobre la curvatura, escucharás los crujidos de las fibras que se quiebran. Aunque no se parta en dos, estará dañada por la carga crónica; no será tan resistente como era. Las posibilidades de poder restaurarla después de combarse y antes de quebrarse son bastante altas, pero una vez que se quiebra ya no hay arreglo. Los crujidos los producen la madera que se quiebra por el peso. Lo mismo ocurre con nuestro cuerpo.

Aunque no puedas identificar en tu vida un estresor importante, como esos suegros difíciles o llamadas constantes de los cobradores, tus actividades cotidianas —incluso las que disfrutas— son estresores y pueden provocar estrés. Cierta vez que pregunté a una mujer dónde vivía, me contestó: "En una Suburban blanca". Cuando le pregunté qué quería decir, explicó: "Tengo tres hijos en tres escuelas diferentes. Uno canta en el coro, otro estudia danza y el otro juega futbol. Yo soy agente inmobiliaria y siempre voy a las carreras de una propiedad a otra con un cliente o a recoger a uno de mis hijos para llevarlo a alguna parte antes de salir corriendo a recoger y llevar al segundo. Mientras tanto, hablo con mis clientes por el teléfono celular." Añadió que al final del día llegaba arrastrándose a la cama pero no podía dormir por estar planeando el día siguiente. Me atrevería a decir que muchos llevamos vidas similares que hacen que los actos de equilibrismo en la cuerda floja parezcan fáciles comparados con los que realizamos en nuestra vida diaria.

El simple hecho de generar la energía necesaria para un estilo de vida como éste provoca una intensa reacción física del cuerpo que al cabo del tiempo tiene consecuencias. El colibrí es el animal de sangre caliente que más energía consume, con una frecuencia cardiaca de hasta 500 latidos por minuto. Bate sus alas alrededor de 50 veces por segundo, lo que explica por qué sólo vemos una imagen borrosa de ellas cuando vuela. Esta necesidad de producir una gran cantidad de energía para sostener el peso explica en parte que viva sólo de seis a 12 años. Compara esta expectativa de vida con la de la tortuga gigante de las Galápagos, animal muy lento que avanza tranquilamente a una velocidad de 0.25 km por hora y tiene una frecuencia cardiaca de seis latidos por minuto. Gracias a este gasto mínimo de energía, ¡tiene una expectativa de vida de 177 años! Aunque nosotros no vamos por la vida a toda velocidad como un colibrí, el gasto de energía que realizamos tiene un gran efecto en nosotros.

Si no descargamos ese estrés ni permitimos al cuerpo volver a su estado normal estamos poniendo nuestro cuerpo —y nuestra vida— en riesgo. No sólo nos sentiremos más acelerados y tensos día tras día, sino que todas las reacciones acumuladas pueden influir en nuestra manera de enfrentar esos siete días más difíciles. Te aseguro que si estás en este estado de excitación crónica y se presenta una dificultad importante, te quebrarás más fácilmente que una tabla nueva. Debes manejar tus estresores y tu estrés de manera que la situación no te rebase cuando enfrentes una crisis. Debes prepararte lo mejor posible para resistir la tormenta.

El cuerpo bajo estrés

Los animales necesitan de la habilidad de "tensarse" al enfrentar amenazas y los humanos también lo hacemos el encarar los desafíos de la vida. Ello permite que nuestro cerebro y nuestro cuerpo reúnan en un instante todos sus recursos —nuestros mejores pensamientos, nuestra fuerza física y toda nuestra concentración— para sobrevivir. Esta respuesta no puede dejarse encendida como si se tratara de la lumbre bajo una cacerola de agua. Se le llama de "lucha o huída", y una buena manera de entender lo que ocurre cuando tenemos una reacción de estrés es pensar en un conejo y un lobo. Imagina que el conejo está mordisqueando el pasto cuando advierte que un lobo está acercándose. El conejo sabe que si no reacciona rápidamente se convertirá en la merienda del lobo. De repente se produce una modificación en la fisiología del conejo y su cuerpo prepara todo lo que tiene para enfrentar la amenaza. Su corazón late más rápido, su presión sanguínea y tensión muscular aumentan y su cuerpo libera una cascada de hormonas energizantes. Sus pulmones se preparan para inhalar más oxígeno. Los sistemas que no son necesarios —como el digestivo, reproductivo e inmunológico— detienen sus funciones para conservar cada gramo de energía y permitir al conejo correr lo más rápido posible. Su cerebro se concentra totalmente en el enemigo y elimina por completo las sensaciones de dolor y cualquier distracción. Gracias a esta respuesta de excitación y estrés, puede correr como una flecha a su madriguera. Una vez que está dentro y sabe que el peligro ha pasado, su fisiología vuelve a la normalidad.

En este caso la excitación es benéfica porque mueve al conejo a actuar. Un estímulo o excitación aguda puede ayudarnos también si necesitamos llevar a nuestro hijo al hospital luego de un accidente, escapar de un atacante o incluso deslizarnos en una emocionante aunque imponente pista de esquí. De hecho, hay un punto en que las reacciones de estrés resultan vigorizantes y positivas. Todos las experimentamos al equilibrar en nuestra vida la familia, el trabajo, las actividades recreativas, los compromisos sociales, etc. Tal vez disfrutas tu profesión y te gusta participar en actividades divertidas en el trabajo, la iglesia o el centro comunitario, y eso es bueno. No tener nada que hacer puede ser un estresor tanto o más tóxico que un aumento de responsabilidades. Sin embargo, hay un momento en que el exceso de estresores, incluso los divertidos, inclina la balanza y nos pone en riesgo. Si te parece extraño que hable de actividades positivas que provocan la acumulación de estrés tóxico, recuerda las veces que has regresado de las vacaciones o de pasar la Navidad en casa de la abuela con toda la extensa familia y has dicho: "¡Uf!, me alegra estar de vuelta en el trabajo. ¡Aquí podré descansar un poco!".

—◆◆◆—

La reacción del cuerpo al estrés, en especial si es crónico, no es algo que pueda tomarse a la ligera. Puede reducir nuestro tiempo de vida. Incluso puede matarnos.

—◆◆◆—

Volviendo al ejemplo del conejo y el lobo, ¿qué pasaría si atraparas al conejo de modo que no pudiera escapar del lobo? Sabiendo que el lobo está cerca, el conejo estaría en un estado constante de estrés. Las respuestas fisiológicas que describimos antes no cesarían y una exposición prolongada a ellas podrá provocar daños serios a su cuerpo y sistema inmunológico. Incluso en niveles bajos, el estrés continuo puede provocar que todas las partes del aparato corporal del estrés (pulmones, cerebro, vasos sanguíneos y músculos, incluido el corazón) desarrollen de manera crónica un desempeño disminuido o acelerado, lo que a su vez produce toda clase de problemas mentales, emocionales y físicos.[2] Puede volvernos temperamentales, cínicos o deprimirnos,[3] y[4] todo lo cual afecta nuestras relaciones.[5] Puede provocar cansancio crónico, perturbar el sueño, afectar la memoria y acumular tensión muscular que a su vez produce dolores de cabeza o espalda, espasmos y calambres. Muchos estudios científicos muestran que la reacción del cuerpo a los estresores puede afectar al sistema inmunológico, la fertilidad y las funciones sexuales, trastornar el sistema digestivo, incrementar el riesgo de padecer problemas glandulares, obesidad, hipertensión, ataques cardiacos, derrame cerebral, osteoporosis, úlceras, cáncer, esclerosis múltiple, lupus, problemas respiratorios (como el asma) y aumentar el dolor en padecimientos como la artritis. La lista de las consecuencias negativas del estrés podría continuar indefinidamente,[6] y [7] pero queda claro que la reacción del cuerpo al estrés, en especial si es crónico, no es algo que pueda tomarse a la ligera. Puede reducir nuestro tiempo de vida. Incluso puede matarnos.[8]

El índice de estrés

Probablemente no hace falta que te diga que los niveles elevados de estrés no son buenos para la salud. Pero el hecho de que lo *sepas* no significa que *estés haciendo* algo al respecto. He observado innumerables veces esta conexión entre el estrés y los problemas de salud durante los años en que he trabajado en el campo de la conducta humana y sé cuán problemática puede ser. De hecho, como ya dije, levanté una encuesta en internet sobre qué sucesos estresantes habían vivido las personas en los cinco años anteriores al diagnóstico de una enfermedad. Luego de revisar todas las respuestas, descubrí que quienes habían enfrentado un estresor significativo presentaban una mayor incidencia de padecimientos como cáncer, enfermedades cardiacas, derrames cerebrales, diabetes y esclerosis múltiple, y tenían más posibilidades de sufrir adicciones, accidentes automovilísticos o accidentes graves en casa. ¿Significa esto que el estrés provoca estas enfermedades y problemas? No necesariamente, pero puede contribuir con otros factores como los genéticos, la exposición a toxinas en el ambiente u otras circunstancias de la vida.

Ahora bien, este grupo de personas tal vez no sea representativo de la sociedad en general y esta encuesta no cubra los requisitos de un estudio científico, pero los resultados me parecen muy sugerentes. También concuerdan con numerosas investigaciones —algunas de las cuales datan de la década de 1900— y con el sentido común. Los resultados mostraron que quienes viven con niveles elevados de estrés son más susceptibles a sufrir problemas de salud. Sería imposible mencionar aquí las innumerables investigaciones sobre el tema (y creo que preferirías no verlas), pero quisiera presentar un resumen muy general sólo para dar más detalles.[‡]

A continuación hablaré de tres categorías de estrés que se han estudiado repetidamente con resultados notables. Son el estrés por desconexión social, por desempeño y por pesimismo. Esto puede parecer aburrido al principio, pero revisa la información que he resumido. Apuesto que será una sorprendente llamada de atención para ti y para tus seres queridos. Prometo que no habrá examen sorpresa al final.

Estrés por desconexión social

Cuando hablo de estrés por desconexión social me refiero a la respuesta a situaciones como discordia matrimonial, divorcio o relaciones tensas con los amigos o la familia. Los estudios muestran que dichas circunstancias están relacionadas con una expectativa menor de vida[9] y con enfermedades como asma, hipertensión, úlceras y artritis reumatoide.[10] En mi experiencia, las mujeres son más sensibles al estrés por desconexión social, aunque los hombres sufren consecuencias más peligrosas. En la relación entre estos factores pueden influir cosas como la cantidad

---

[‡] La información proporcionada por los encuestados no fue confirmada. Aunque no pueden realizarse predicciones con base en ella, se ofrecen los resultados como material para la reflexión y evidencia de que una reacción aguda de estrés puede hacernos más vulnerables a los problemas de salud.

de conflictos y la sensibilidad de la persona.[§ y 11] Estos hallazgos se reflejaron en mi encuesta, lo que muestra que ciertos sucesos estresantes como la muerte o la separación de cónyuge estaban relacionados con una mayor incidencia de enfermedades en los siguientes cinco años.

Debo decir que ninguno de estos descubrimientos me sorprendió, pues he observado este vínculo entre el estrés por desconexión social y la enfermedad en muchas personas a lo largo de los años. ¿Significa esto que si has vivido alguna o todas estas experiencias estás condenado a sufrir problemas de salud? No, pero puede significar que tienes más riesgo de padecerlos y que necesitas aprender a manejar el estrés.

Si deseas más información sobre el vínculo entre el estrés y los problemas de salud encontrarás más detalles en la "Guía de Recursos", así como en las "Notas", pero apuesto a que ya vas entendiendo.

Estrés por desempeño

Esta categoría incluye el estrés laboral y el académico, por los cuales las personas se sienten presionadas a tener una elevada productividad y a cumplir con exigencias de tiempo. También puede referirse al trabajo doméstico cuando un ama de casa intenta realizar demasiadas actividades y siente que se critica su desempeño. Se calcula que cada día un millón de personas se reportan enfermas al trabajo debido al estrés.[12] Asimismo, numerosos estudios muestran que el estrés en el trabajo produce un incremento en la tasa de padecimientos como resfriados, enfermedades cardiacas, obesidad (síndrome metabólico) e hipertensión.[13] Un estudio

---

[§] Los estudios clínicos, en especial los relacionados con los desacuerdos maritales, muestran una relación muy específica entre estos conflictos y la reducción de la inmunidad, lo que se traduce en una amplia gama de enfermedades.

demostró que quienes experimentaban agotamiento en el trabajo eran casi 1.8 veces más propensos a desarrollar diabetes tipo 2,[14] y otro encontró que quienes habían sufrido un ataque cardiaco y luego experimentaban estrés crónico en el trabajo tenían el doble de riesgo de padecer un segundo ataque.[15] Aparte de toda esta investigación, es de sentido común. Incluso podemos ver cómo quienes afirman sufrir estrés en el trato con sus jefes y compañeros de trabajo envejecen más rápido. Sólo observa a la mayoría de los presidentes estadounidenses, quienes seguramente tienen un trabajo muy estresante. Mira una fotografía del día que asumen la presidencia y otra de su último día de funciones, cuatro u ocho años después: parece que envejecen 20 años.

Respecto al estrés académico, las investigaciones muestran que los alumnos que están estudiando para exámenes en los que su carrera está en juego —como los de medicina y derecho—, presentan más casos de herpes simple, depresión y hepatitis B.[16] Estos resultados tampoco me sorprenden, pues las personas en tales situaciones suelen perder de vista la importancia de cuidarse.

Estrés por pesimismo

Con pesimismo me refiero a una actitud en la cual no se tiene fe o esperanza, se niegan los recursos disponibles y no se planifica para el éxito. Me refiero a quienes consideran que el futuro sólo guarda consecuencias negativas. Desconfían de sus amigos, del gobierno y de su lugar de trabajo, y tienen un concepto muy pobre de su entorno y de sí mismos. Esta actitud tiene consecuencias negativas en el cuerpo debido a las reacciones fisiológicas que genera.

El estrés por pesimismo es una categoría amplia que engloba patrones de pensamiento de hostilidad, resentimiento y desesperación. Se le relaciona con varias clases de padecimientos, en especial cardiovasculares. Por ejemplo, un estudio realizado con varones de 40 a 55 años demostró que quienes mostraban niveles elevados de hostilidad tenían 42 por ciento más posibilidades de morir que los demás.[17] Otra investigación observó durante 10 años a personas que habían sufrido algún problema cardiovascular. Descubrieron que las personas en quienes predominaban las emociones negativas eran más propensas a sufrir otro problema cardiaco que quienes tenían una visión más positiva.[18] Otros estudios sobre el estrés por pesimismo han incluido pacientes con sida en nivel avanzado y con infecciones virales correlacionadas.[19] Mi interpretación de este estudio es sencilla: la mala actitud, la negatividad y los niveles elevados de estrés aumentan el riesgo de padecer problemas de salud.

A menudo he escuchado entre los psicólogos historias de pacientes cuya negatividad parece haber afectado su estado físico. Por ejemplo, un colega me contó sobre Julie, cuya madre y abuela habían muerto a los 60 años de un ataque cardiaco. Julie creía que tendría un destino similar pese a toda la información acerca de lo que las diferenciaba. Su alcoholismo y mala alimentación reforzaban su idea de que no tenía control sobre su destino, de manera que nunca intentó romper el círculo vicioso. Murió de un ataque cardiaco el día de su cumpleaños número 60. Supongo que se demostró que tenía razón.

Una vez más: ¿significa esto que padecerás estas enfermedades si viviste alguna de estas circunstancias, si enfrentas estos estresores o si tienes esa actitud? No necesariamente, pero son varias las evidencias de que el estrés puede afectar tu vida de más maneras de las que imaginas. Considera si necesitas reducir los estresores que hay en tu vida para proteger y prolongar esa vida.

La velocidad de la vida

Comparada con la de hace sólo dos generaciones, la velocidad de la vida actual, y la fricción que genera, se ha disparado hasta las nubes. También lo han hecho nuestros niveles de estrés. Si lo sientes así, no estás solo, ni mucho menos. Un estudio reciente realizado por la Anxiety Disorders Association of America[20] encontró que casi la mitad de los empleados estadounidenses experimentan estrés o ansiedad persistente y excesivamente en su vida diaria. Parece lógico; me atrevo a decir que vivimos en una de las épocas más estresantes que ha habido, al menos en lo que a la velocidad de la vida se refiere. Nuestro ritmo y estilo de vida acelerados han sido observados en la ciudad de Nueva York, donde las personas caminan 10 por ciento más rápido que hace 10 años[21] para tratar de cumplir en sus compromisos y horarios, una clara señal del estrés que vive nuestra sociedad.

¿Por qué ahora? Actualmente somos bombardeados con más información, datos, decisiones y opciones que nunca. Los beneficios de todo esto son evidentes, aunque los perjuicios pueden no serlo tanto. Nuestro mundo inalámbrico es bueno para los negocios y ayuda a que las familias separadas se mantengan en contacto, pero estar conectado 24 horas al día, los siete días de la semana, vía BlackBerry e internet, no siempre resulta saludable. Nos hace sentir la necesidad de estar en contacto y conectados en todo momento, y ansiosos cuando debemos apagar nuestros aparatos electrónicos. La otra desventaja de la tecnología es que nos ha condicionado a obtener todo en segundos y cuando eso no ocurre nos sentimos estresados. Admítelo: cuando tu computadora se tarda minutos, en vez de segundos, en bajar un archivo, te sientes irritado, y cuando la cola del supermercado avanza lentamente, tu ritmo cardiaco aumenta.

Tal vez pienses que tu vida no es estresante o que éste no es un tema importante, en especial si es la única vida que conoces. Hemos aceptado estas cosas como una realidad de la vida y estamos tan acostumbrados al ruido blanco del estrés zumbando en el fondo que ya ni siquiera lo notamos. Pero lo que intento mostrarte es que no necesitas resignarte a que las cosas siempre serán así. Tal vez vivas en una casa donde los niños siempre están gritando, cuatro o cinco televisiones siempre están retumbando, los perros siempre están ladrando, las cuentas siempre se están apilando y tu esposo está ebrio la mitad del tiempo. Tal vez tienes 20 kg de sobrepeso, ¡y así es como vives! Pues bien, es una locura. Te aseguro que esos irritantes y estresores influyen en la calidad de tu vida.

En psicología hablamos de agresión reflexiva en respuesta al estímulo aversivo, que es la reacción inmediata e involuntaria que ocurre cuando los humanos o los animales están estresados. Un ejemplo es colocar 20 ratones en una jaula en la que sólo caben cómodamente 10. Debido a esta aglomeración, los animales, normalmente dóciles, se volverán agresivos y empezarán a morderse entre sí. Si a la aglomeración añadimos un fuerte ruido, la agresión y las mordeduras aumentarán. La reacción de agresión reflexiva es instintiva, es decir, ocurre de manera automática, sin pensarla, en respuesta a una situación. Lo mismo puede ocurrirnos cuando el ruido blanco del estrés está zumbando en el fondo de nuestra vida. Nos sentimos irritados y agotados. No pensamos con claridad y disminuye nuestra capacidad para resolver problemas y comunicarnos. Hablamos bruscamente con nuestro cónyuge y alzamos la voz a los niños. No creo que la elevada tasa de divorcios en la actualidad sea una coincidencia, pues el divorcio puede ser una consecuencia directa del estrés. Es como cuando tenemos la piel quemada por el sol. Alguien puede pasar y rozarnos, y nosotros gritamos y saltamos. No es porque esa persona haya hecho algo terrible sino porque estamos hipersensibles, porque hemos llegado al límite de nuestra resistencia.

Calcula cuánto estrés tienes

Siempre he dicho que no puede cambiarse lo que no se reconoce. El siguiente cuestionario te ayudará a evaluar cuánto estrés tienes. Revisa y marca el nivel de estrés que experimentas actualmente.

1. ¿Con qué frecuencia sientes que no estás cumpliendo bien con las exigencias que se te hacen?
   Siempre _____ Casi siempre _____ A veces _____ Casi nunca _____

2. ¿Tienes dificultades para conciliar el sueño o permanecer dormido?
   Siempre _____ Casi siempre _____ A veces _____ Casi nunca _____

3. ¿Evitas el contacto con amigos, familiares y compañeros de trabajo?
   Siempre _____ Casi siempre _____ A veces _____ Casi nunca _____

4. ¿Sientes que trabajas más y obtienes menos resultados?
   Siempre _____ Casi siempre _____ A veces _____ Casi nunca _____

5. ¿Te da miedo tomar decisiones?
   Siempre _____ Casi siempre _____ A veces _____ Casi nunca _____

6. ¿Te sientes ansioso?
   Siempre _____ Casi siempre _____ A veces _____ Casi nunca _____

7. ¿Te sientes tenso?
   Siempre _____ Casi siempre _____ A veces _____ Casi nunca _____

8. ¿Te sientes nervioso?
   Siempre _____ Casi siempre _____ A veces _____ Casi nunca _____

9. ¿Te sientes inquieto e incapaz de relajarte?

   Siempre _____ Casi siempre _____ A veces _____ Casi nunca _____

10. ¿Sientes que eres hostil y te enojas por cosas sin importancia?

   Siempre _____ Casi siempre _____ A veces _____ Casi nunca _____

11. ¿Culpas a los demás por todo?

   Siempre _____ Casi siempre _____ A veces _____ Casi nunca _____

12. ¿Criticas los esfuerzos de los demás?

   Siempre _____ Casi siempre _____ A veces _____ Casi nunca _____

13. ¿Otros miembros de tu familia tienen problemas de estrés y sientes que tú eres el responsable?

   Siempre _____ Casi siempre _____ A veces _____ Casi nunca _____

14. ¿Se te dificulta hablar sobre problemas relacionados con el estrés con tus familiares y amigos?

   Siempre _____ Casi siempre _____ A veces _____ Casi nunca _____

15. ¿Peleas constantemente con las personas "por todo y nada"?

   Siempre _____ Casi siempre _____ A veces _____ Casi nunca _____

16. ¿Pasas menos momentos satisfactorios con tu familia y amigos?

   Siempre _____ Casi siempre _____ A veces _____ Casi nunca _____

17. ¿Te sientes triste y deprimido sin razón aparente?

   Siempre _____ Casi siempre _____ A veces _____ Casi nunca _____

18. ¿Sufres síntomas físicos de estrés como hipertensión, tensión muscular o fatiga?

   Siempre _____ Casi siempre _____ A veces _____ Casi nunca _____

19. ¿No estás tomando el tiempo necesario para relajarte y permitir que tu cuerpo y mente se recuperen del estrés?

   Siempre _____ Casi siempre _____ A veces _____ Casi nunca _____

20. ¿Eres consciente de estar experimentando estrés y de que está afectando tu vida de manera negativa?

Siempre _____ Casi siempre _____ A veces _____ Casi nunca _____

Calificación

Si marcaste "Siempre" o "Casi siempre" en más de cinco respuestas, lo más probable es que estés padeciendo mucho estrés.

Si marcaste "Siempre" o "Casi siempre" en al menos una, debes actuar antes de que las cosas empeoren, pues lo más probable es que lo hagan.

Si no controlas el estrés reduciendo la carga y permitiéndote recuperarte, serás más propenso a padecer una crisis. Puedes disminuir drásticamente las consecuencias negativas si te esfuerzas en acallar el ruido, desmontar los ladrillos y permitirte recuperarte con regularidad. La clave es atacar el problema desde dos frentes. Primero, reduciendo el número de estresores a los que estás expuesto; y, segundo, aprendiendo a controlar tus reacciones de estrés. Por desgracia, no a muchos nos enseñaron en la escuela o en la casa a enfrentar el estrés. Esto me resulta sorprendente dada la enorme influencia que en la actualidad puede tener en nuestra salud. Como no quiero que se me acuse de gritar "¡fuego!" sin proporcionar un extinguidor, a continuación encontrarás algunos consejos para detener en seco al estrés. Haz que esto esté en tu lista de actividades para esta semana o este mes. Escribe lo que hiciste y cómo te sentiste después.

———◆———

¡Puedes estresarte si no te desestresas!

———◆———

Estrategias para combatir el estrés

▶ **Perdónate**

No pierdas el tiempo flagelándote por los errores del pasado. Los errores son experiencias de aprendizaje: aprende de ellos y sigue adelante. Cuando los deportistas profesionales de éxito hablan sobre sus derrotas dicen que aprendieron algo y que utilizan lo aprendido para mejorar. No se flagelan ni permiten que la derrota los distraiga (si lo hicieran, no serían deportistas profesionales por mucho tiempo).

▶ **Controla conscientemente tus reacciones**

Categoriza y establece prioridades de manera que no reacciones desproporcionadamente a problemas pequeños. No reaccionamos a lo que ocurre en nuestras vidas; reaccionamos a los valores y los "cristales" que utilizamos para percibir lo que ocurre. Como mencioné, creo que no hay buenas o malas noticias, sólo noticias. Todo depende de quien las recibe. Agravar un pequeño inconveniente mediante nuestra percepción puede convertirlo en un problema más grande de lo que debe ser y mandar tu nivel de estrés hasta las nubes. Recuerda: las palabras que utilizas también afectan el nivel de estrés. Si dices: "Ocurrió una catástrofe en el trabajo" o "Mi vida es una pesadilla", tu cuerpo reaccionará a eso. El nivel de estrés aumenta porque, como dije antes, creemos lo que nos decimos.

▶ **Haz ejercicio con regularidad**

Según los Centers for Disease Control and Prevention,[22] ejercitarse regularmente significa realizar al menos 20 minutos de actividad física intensa tres veces a la semana, o 30 minutos de actividad física de intensidad moderada cuatro o más días a la semana. El ejercicio libera en el torrente sanguíneo "hormonas del bienestar" llamadas endorfinas, las cuales reducen la presión sanguínea, relajan los músculos y despejan la mente.[23] Además, si el estrés ha provocado que comas de más y subas algunos kilos, el ejercicio puede ayudar a quemar las calorías extra.

► **Practica técnicas de relajación como la visualización y la relajación muscular progresiva**

A muchas personas les funciona escuchar un CD de relajación porque les ayuda a seguir la técnica de relajación muscular. Puede ser más sencillo que una voz te guíe en el ejercicio a tener que recordar todos los pasos. Requiere concentración, pero con la práctica será cada vez más fácil. Aquí hay una manera de iniciar el proceso:

Concéntrate en tus pies y relaja cada uno de los dedos, de manera que cada músculo descargue toda la tensión que mantienes en los pies. Exhala el estrés y siente cómo la tensión abandona tus pies. Ahora concéntrate en tus piernas y permite que descarguen toda la tensión conforme exhalas de nuevo.

Ahora concéntrate en tus caderas y descarga cualquier dolor, incomodidad o estrés que puedas tener ahí. Exhala y libera la tensión conforme te relajas más y más.

Muchas personas elaboran un guión propio para relajarse, lo cual es maravilloso. Lo más importante es que con sólo realizar estos ejercicios de relajación por 15 minutos, unas pocas veces al día, reducirás tus niveles de estrés. Tal vez pienses: "Sí, me sentiré bien durante esos 15 minutos, pero, ¿luego qué?". La respuesta es que los efectos de la relajación pueden durar horas. Es como vaciar una cubeta que está recolectando el agua de una gotera. Cuando la vacías, tarda horas en llenarse otra vez. Ocurre lo mismo contigo: cuando vacías tu cubeta de estrés, puede tardar horas en llenarse de nuevo.

▶ **Respira hondo al menos una vez al día**
La manera más sencilla de hacerlo es colocar una mano sobre el abdomen para sentir cómo se eleva y desciende, señal de que se está respirando con la suficiente profundidad para descargar el estrés. Una de las mejores técnicas de respiración consiste en contar hasta siete al exhalar y de nuevo hasta siete al inhalar. La respiración regular ayuda al cuerpo y a la mente a resistir al estrés. Repite el procedimiento durante al menos 15 minutos. Una de las señales del estrés es la "respiración de conejo" mencionada antes, la cual envía mensajes de estrés al cerebro. Al respirar de manera regular enviamos un mensaje que armoniza el cuerpo. Las investigaciones muestran que estas técnicas de respiración favorecen la recuperación de los pacientes que han sido sometidos a cirugía.[24]

▶ **Repite varias veces al día una afirmación significativa para ti**
Las afirmaciones positivas pueden combatir el diálogo negativo que promueve la insatisfacción creciente y el estrés. Si no prestas atención a todas las cosas maravillosas que hay en tu vida en este momento, será más difícil que las recuerdes cuando ocurra algo malo. Esto puede provocar una sensación de aislamiento y que sientas lástima por ti mismo, lo que a su vez generará más estrés. Te recomiendo que tú mismo inventes tus afirmaciones, pero algunas de mis favoritas son: "Puedo enfrentar lo que sea", "Soy suficiente" y "Estoy preparado". Busca una frase que te funcione y repítela al menos 100 veces al día; verás que tus niveles de estrés disminuyen.

▶ **Evita cantidades excesivas de alcohol, cafeína, grasas y azúcar**
Todas estas sustancias generan estrés en tu metabolismo y envían tus niveles de energía y tu estado de ánimo a un viaje en la montaña rusa.[25] La capacidad de conservar un buen nivel de

energía y la fuerza para mantener una actitud positiva y el estrés bajo control dependen en gran medida de que el cuerpo reciba un buen combustible. Las proteínas y las carbohidratos complejos son los mejores alimentos para combatir el estrés.[26] Se ha demostrado que el pescado y el huevo mejoran la capacidad de hacer frente al estrés,[27] mientras el agua es un nutriente esencial para pensar bien. Frutas y verduras están llenas de vitaminas y nutrientes que también ayudan a manejar el estrés.

▶ **Duerme adecuadamente**
Cuando estamos descansados nos resulta más sencillo concentrarnos y tenemos la energía necesaria para todo lo que debemos hacer. Inicia la rutina de dormir al menos siete horas cada noche. Si se te dificulta conciliar el sueño, presta atención a lo que comes antes de acostarte y revisa que no haya demasiada luz o ruido en tu habitación (por increíble que parezca, hasta la luz de un reloj digital o de una videograbadora puede perturbar el sueño). No obstante, en la mayoría de los casos los problemas para dormir son resultado de la incapacidad para relajarse y descargar el estrés del día. Puedes utilizar un CD de relajación o utilizar un método propio. Consulta un psicólogo si el estrés te impide conciliar el sueño o permanecer dormido. Puede ser necesario consultar a un experto en sueño para determinar si tus problemas para dormir tienen causa física.

▶ **Reconoce y celebra algún logro al menos una vez a la semana**
Considero que es esencial tener una imagen positiva de uno mismo. Con frecuencia recordamos sólo nuestros errores y muchos tenemos una resistencia mental a celebrar nuestros éxitos. Aunque nadie vea tu logro, debes platicárselo a alguien

y crear una respuesta saludable. De esta manera te inocularás contra la acumulación de estrés y fortalecerás la confianza en ti mismo.

▶ **Ríe al menos una vez al día**

Los estudios muestran que la risa disminuye la presión sanguínea y nos ayuda a relajarnos.[28] Ve una película graciosa, asiste a un espectáculo de comedia o simplemente pasa un rato con tus hijos. Hazle un lugar en tu vida a la risa y te sorprenderás de lo bien que te sientes. Según algunas investigaciones, hay personas que se han curado de enfermedades graves simplemente viendo durante horas películas y programas graciosos.[29]

▶ **Toma un baño caliente**

Los saunas y baños térmicos se han usado durante años para neutralizar el estrés. Siéntate en una tina caliente, toma una ducha tibia y ve a nadar.

▶ **Distingue lo que puedes controlar y lo que no**

Esfuérzate en reconocer que hay cosas que simplemente no puedes cambiar. Es una pérdida de tiempo concentrarse u obsesionarse con personas y situaciones sobre las que no tenemos ningún control o incluso ninguna influencia. Para lo que sí puedes controlar, como tus respuestas internas y tus actos, el raciocinio es fundamental pues el estrés es una reacción interna que a menudo está determinada por lo que te dices a ti mismo sobre el mundo y sobre tu vida en él. Al tomar conciencia de tus reacciones internas adquieres un gran poder para cambiar, así que esfuérzate en hacerlo. Una vez que lo hagas, las situaciones y las demás personas te parecerán menos abrumadoras.

Tal vez algunos de los consejos anteriores carezcan de lo que se conoce como "validez aparente": tal vez los leas y digas: "Bah, tonterías. Está simplificando las cosas. Yo buscaba algo nuevo y exótico, como un medicamento milagroso o algo así". Si piensas así, créeme, estás equivocado. El manejo del estrés empieza con estos sencillos pasos, y la ventaja es que son sencillos y prácticos, ¡no difíciles, exóticos o costosos!

Palabras finales

Decidí hablar del estrés y de los estresores "cotidianos" antes de abordar los siete días por una razón muy importante. Para enfrentar un desafío mayor debes estar en buena forma, tener la mejor actitud y dominar todos los recursos a tu alcance. Si permites que una serie interminable de estresores cotidianos en tu matrimonio, familia, empleo, situación económica y estilo de vida te desgasten y agoten, estarás en desventaja en esos siete días. Por el contrario, si manejas tu vida activamente, enfrentas cara a cara las exigencias y dedicas tiempo y energía a nutrir tu mente y tu espíritu, estarás mejor preparado cuando enfrentes uno de los siete días. Cuídate ahora, pues necesitarás todo lo que hay en ti en esos días.

4

PÉRDIDA
EL DÍA QUE TU CORAZÓN SE HACE TRIZAS

> Al medir tu pérdida no pienses sólo en ella; si lo haces,
> parecerá intolerable; pero si tomas en cuenta
> todos los asuntos humanos,
> verás que obtienes consuelo de ellos.
>
> SAN BASILIO

En su manifestación más simple, la pérdida es la privación de algo que verdaderamente valoras, algo en lo que estás profundamente involucrado. Lo primero que muchos pensamos al escuchar la palabra es en la muerte, pero la pérdida de amor y de seguridad por un divorcio o de otros vínculos en los que estamos profundamente involucrados también figura prominentemente en este día en que el amor, el compromiso y la pérdida duelen tanto. La pérdida nos convulsiona porque estamos tan involucrados que la gravedad de todo se magnifica. Para complicar las cosas, frecuentemente nuestra autoestima está en función de nuestras relaciones, profesiones y aceptación social; una pérdida en cualquiera de estos frentes puede resultar devastadora.

Tal vez una de las realidades más tristes es que muy probablemente este día se repetirá en diferentes épocas y etapas de tu vida. A menos que mueras muy joven, no podrás escapar al día en que tu corazón se hace trizas. Mientras más personas ames en este mundo y más causas te apasionen, más vulnerable serás. Por eso es probable que recorras este camino más de una vez. La pregunta no es si sufrirás pérdidas, pues lo harás, sino cómo las enfrentarás.

A riesgo de parecer obvio, el viejo adagio que dice "nadie sale vivo de aquí" es absolutamente cierto. Quien nace debe morir. Nunca he visto que esto no se cumpla y sin embargo nos resistimos a aceptar esa realidad tanto como podemos por lo dolorosa que es. Sé que a nadie le gusta hablar de perder algo o alguien a quien ama. No es divertido pensar en estas cosas y mucho menos hablar de ellas. Después de todo, ¿para qué hacerlo si podríamos estar leyendo la última novela de Harry Potter, corriendo al aire libre o jugando pelota con los niños? Muchos preferiríamos pasar una hora en la silla del dentista a conversar sobre la pérdida de un ser querido o de algo que apreciamos profundamente. Desafortunadamente, es un hecho que muchas cosas de la vida, incluyendo la vida misma, no son para siempre. La vida es finita. Lógicamente, la pérdida es una de las colinas más empinadas que debemos escalar.

Puedes amar, fracasar y sobrevivir.

Nada de lo que diga en este libro puede cambiar esto, pero con un poco de reflexión y planificación podrás enfrentarlo con mayor gracia y equilibrio cuando se presente. Puedes amar, fracasar y sobrevivir. Puedes caer de rodillas y llorar. Puedes sentir un vacío espantoso, atroz, pero también recuperarte y llenarte de nuevo. Al parecer todos sobrevivimos, o al menos la mayoría. Lo que deseo es prepararte para que incluso ayudes a tus seres queridos cuando pierdan a alguien o algo querido para ellos.

¿Qué es la pérdida?

Aparte de los detalles específicos de tu pérdida, en este día tu corazón se hace trizas porque pierdes a alguien o algo que aprecias profundamente. Una manera útil (aunque inusual) de entender el inevitable dolor es reconocer que la pérdida, incluso la muerte de un ser querido, se siente como un rechazo, algo que la mayoría tememos. Aunque en teoría estemos de acuerdo con las palabras del poeta inglés Alfred Lord Tennyson: "Es mejor haber amado y perdido que jamás haber amado", en realidad hacemos todo lo que podemos para proteger nuestro corazón del dolor de la decepción y la pérdida. De hecho, normalmente estas palabras las dice quien intenta consolar *a otra persona*. Pocas veces las oigo de quien ha sufrido la pérdida.

De cualquier forma, creo en la cita de Tennyson. Para mí, lo más trágico sería que nada ni nadie te importara lo suficiente como para no resentir su pérdida. Una de las más grandes victorias de la vida es involucrarse y conectarse apasionadamente con algo o alguien. Si tienes éxito, esa conexión apasionada puede ser profunda, vasta, casi al grado de definir, en parte, qué y quién eres. Esta conexión puede ser uno de los hitos de tu vida, pero como en todo, hay un enorme inconveniente: mientras más alto llegues, más dolorosa será la caída. Si amas profundamente, si te involucras apasionadamente y pierdes el objeto de esa conexión emocional, sufrirás, así de simple.

PREPÁRATE PARA LO PEOR

Obviamente, nadie puede evitar que tu corazón dé un vuelco la noche en que tu hijo adolescente sale con sus amigos, el teléfono suena a la 1:43 a.m. y una voz desconocida pregunta: "¿Es usted la madre de...?". O si una sirena aúlla en las cercanías cuando tu esposo debió llegar a cenar hace una hora, o si sabes de un accidente aéreo, una carambola de 10 autos o un asalto a una gasolinera y tus seres queridos no están frente a tus ojos. Creo que todos hemos sentido ese nudo de temor en el estómago, y probablemente más de una vez.

Pero lo sorprendente es que a pesar de que dedicamos mucho tiempo y energía a preocuparnos por estas cosas, a pesar de que la pérdida es uno de los mayores desafíos que enfrentaremos y a pesar de que es una parte natural del ciclo de la vida, la mayoría nunca nos preparamos para hacerle frente. Es una de las situaciones para las que estamos menos preparados. Creo firmemente que debemos iniciar el diálogo sobre la pérdida, pues en este momento es casi tabú. Necesitamos pensar lo impensable. Parte del problema puede enfrentarse antes de que sobrevenga.

EXPECTATIVAS FRUSTRADAS

Uno de los aspectos más difíciles de los días de los que estamos hablando es que frustran nuestras expectativas. Si esperas A y obtienes A, o por lo menos te acercas con B o C, no te sentirás tan decepcionado. Todavía puedes seguir adelante aunque no puedas controlar la situación dolorosa. Puedes decir: "Bueno, sabía que esto se avecinaba, sabía que podía ocurrir y sí, duele. Pero no me dejaré llevar por el pánico. Sobreviviré y saldré adelante. La situación incluso puede empeorar y de hecho es peor de lo que esperaba, pero no estoy en estado de *shock* y creo que estaré bien". Pero si esperas A y obtienes Z, lo más probable es que no sepas qué hacer a continuación.

Nunca olvidaré la situación que vivió un conocido mío. Charlie acababa de llegar a casa del trabajo y supo que algo andaba mal cuando abrió la puerta y percibió el olor de galletas recién horneadas. Se dirigió a la cocina y encontró una carta recargada contra un plato con sus galletas favoritas: "No vayas al baño. Sólo llama al 911. Luego siéntate y espera. Lo siento. Te amo".

Charlie no llamó al 911. No llamó a algún vecino. Me llamó a mí. Apenas podía entender lo que me decía con su voz ahogada y quebrada por el pánico. No podía recuperar el aliento. "Mi esposa hizo algo terrible. Estoy seguro. No sé qué hacer". Y tenía razón. La que durante 27 años había sido su esposa, entró al baño de su hermosa casa en las praderas de California, se envolvió la cabeza con una toalla y se dio un tiro que le atravesó el cerebro.

El horror del momento sólo explicaba en parte por qué ese día convulsionó la vida de Charlie hasta lo más profundo. No sólo debía enfrentar el impacto del suicidio violento e inesperado sino también la realidad prolongada y fría de la muerte y la ausencia de su compañera de vida, la madre de sus hijos y la mujer al lado de la cual creyó que envejecería. La llevó de vuelta al este, a su lugar de origen, para enterrarla, y después del funeral se quedó unas semanas con la familia de ella. Cuando lo dejé en el cementerio, temí que estuviera en peligro, pero al menos estaría con familiares por un tiempo. Pero como no estaba preparado para enfrentar la conmoción de ese momento ni los oscuros días que le esperaban, Charlie cayó inmediatamente en un hoyo negro de pena y depresión. Experimentó una tormenta de ira, confusión, culpa, dolor y remordimiento. Cuando lo vi dos semanas después, dos semanas en que se rehusó a contestar llamadas mías y de otros amigos preocupados, *supe* que estaba en problemas. Todos tratamos de reanimarlo, de ayudarlo a salir de la pesadilla, pero era demasiado tarde. Lo habíamos perdido. Cayó tan profundamente en la depresión, la conmoción y el pánico que era como hablar con un muro. Evitó cualquier contacto conmigo y con su familia y amigos, y renunció a su empleo. Se apartó de sus hijos, dejándolos también a la deriva.

Recuerdo cuán impotente me sentía al ver a este hombre —alguien a quien respetaba profundamente— alejándose más y más cada día. Entonces me prometí que si algún día tenía la oportunidad de preparar a las personas para cualquier clase de pérdida o tragedia devastadora antes de que la enfrentaran, lo haría.

ENTONCES LLEGÓ MI OPORTUNIDAD…

He experimentado este día varias veces en mi vida, pero nunca tan intensamente como hace 12 años cuando murió mi padre. Para ser sincero, creí que yo estaba preparado. No fue así. De alguna manera es lógico que enterraremos a uno de nuestros padres, pero cuando esto ocurre la lógica no sirve de nada. Sigue siendo algo terriblemente doloroso, inesperado y difícil de aceptar. Puede ser muy difícil tanto si tenías una relación estrecha con la persona que perdiste como si no, e incluso tal vez más en este caso, pues si había distancia entre tú y ella probablemente había muchos asuntos emocionales sin resolver. Mi relación con mi padre tuvo terribles altibajos, pero nada de eso importó cuando enfrenté esta realidad. En ocasiones, esta clase de pérdidas nos golpea más fuerte cuando hemos tenido una relación difícil con la persona que fallece, en especial si es uno de nuestros padres. Aunque la pérdida de los padres forma parte del ciclo de la vida, la persona que perdiste puede ser la que siempre gritaba más fuerte en la sección de animadores de tu vida, una de las pocas que podía decirte: "No hay problema" y a las que le creías. Cuando mi padre murió, recuerdo haber pensado que había en el mundo una persona menos que me consideraba un campeón.

Con frecuencia aconsejo a las personas no dejar nada sin decir o sin hacer entre ellas y sus seres queridos. Lo hago porque a menudo damos por sentada nuestra existencia y la de quienes amamos. Por alguna razón nuestro cerebro desafía la lógica y nos hace creer que los tendremos para siempre. Ése no fue mi caso. A mi padre le diagnosticaron un defecto cardiaco y sabíamos que moriría pronto. Creo incluso que empecé a llorar su pérdida antes de que falleciera, pues el desenlace era inminente. Siguiendo mi propio consejo, me aseguré de no dejar nada sin decir entre nosotros. Esto incluía cosas positivas y negativas. La vida siempre aparenta cierta simetría. Él no había sido un padre perfecto y yo ciertamente no era un hijo perfecto. Él pasó muchos años bebiendo en exceso, como sólo un alcohólico crónico puede hacerlo, y esto provocó que nos distanciáramos. Yo necesitaba hablarle sobre las cosas que él había dicho o hecho que me habían lastimado, así como de lo mucho que había aportado a mi vida y de cuánto significaba para mí. También necesitaba que él me hablara de la frustración y el dolor que yo le había causado, de sus esperanzas y sueños respecto a mí y de cómo visualizaba el resto de mi vida. Reímos, lloramos, hablamos y escuchamos.

Creí que había sido un buen "soldado emocional". Ayudó. Fue un trabajo valioso. Me encantaría decir que es la respuesta mágica para aliviar el dolor de la pérdida y que fue suficiente, pero no es así. No me preparé para lo que ocurriría después de su muerte. Aclaramos las cosas entre nosotros y restablecimos nuestra comunicación, y lo hicimos juntos, como padre e hijo. Pero después de su último aliento, yo estaba solo. No me había adelantado lo suficiente para reconocer mi vulnerabilidad ni mi sentimiento de estar por primera vez en este mundo sin un padre. Sin nuestro patriarca, y siendo el único varón de la familia, enfrenté de repente nuevas tareas y responsabilidades. Más tarde ese día en la funeraria, experimenté una "gravedad" emocional desconocida. Mis padres estuvieron casados 50 años y no se habían separado desde el segundo grado escolar. Mi madre quiso estar un rato a solas en la habitación donde se estaba preparando el cadáver. Yo estaba esperándola en el corredor cuando de pronto abrió la puerta y salió dando traspiés. Apoyándose contra la pared y mirándome en un estado de confusión y perplejidad que yo nunca había visto. Lloraba y repetía una y otra vez una frase que nunca olvidaré: "No despierta. No despierta. No despierta". Debo decir que de ninguna manera me sentí bajo control en ese momento. No sabía qué decir ni qué hacer al ver a mi madre en ese estado de conmoción, negación y pena. No preví eso. Ahí en el corredor, viendo a mi madre repetir esas palabras con lágrimas en los ojos, me di cuenta de que no me había preparado tan bien como podía y *debía* haber hecho para lo que todos sabíamos que ocurriría. Y una vez más, tal vez por milésima ocasión, mi esposa Robin entró en acción, sabiendo instintivamente que la situación me había superado por mucho.

¿Significa esto que mi consejo de no dar la vida por sentada y no dejar que pase otro día sin decir o hacer algo es malo? De ninguna manera. El consejo no era malo, pero sí insuficiente. Supongo que en este capítulo lo que intento decir es, como diría Paul Harvey, "el resto de la historia".

Cómo apoyar a quienes lloran una pérdida

Cuando un ser querido enfrenta una pérdida es difícil saber qué hacer y qué no. Los siguientes consejos te ayudarán.

✧ Si lo consideras apropiado, habla sobre su pérdida. Tal vez pienses que es mejor evitar el tema —probablemente porque te provoca incomodidad—, pero puede ser justo lo que necesita.

✧ Escucha.

✧ Comunícate con frecuencia, por teléfono o correo electrónico.

✧ Apoya sin usar las palabras: tómalo de la mano, escúchalo o siéntate con él en silencio. Tu sola presencia puede ser de ayuda.

✧ Permite que la persona se sienta triste. No desestimes su dolor ni minimices su pena diciéndole que lo "supere".

✧ Si te parece apropiado habla de tus propias pérdidas, pero siempre pensando en la persona que está sufriendo.

✧ Actúa. No son necesarios gestos espectaculares. Normalmente donde necesitan ayuda es en actividades cotidianas como recoger a los niños en la escuela, ir al supermercado o realizar tareas domésticas como encargarse de sus mascotas.

Más de una manera de perder

Me gustaría decir que el dolor paralizante proviene sólo de las experiencias con la muerte en el ciclo de la vida; después de todo, el sufrimiento que producen es bastante. Sin embargo, la muerte no es la única manera de perder a quienes amamos. Puede ocurrir una noche mientras estás comiendo con tu esposo. Los niños ya terminaron y están jugando en el jardín o haciendo la tarea. Te levantas para limpiar la mesa, como lo has hecho cada día durante los últimos 10 años. Pero en esta ocasión, mientras levantas la platería, tu esposo dice unas palabras que jamás creíste escuchar: "Quiero el divorcio. Ya no te amo. De hecho, nunca te amé". De repente, tu universo se resquebraja. Tal vez la situación con tu esposo ha sido difícil durante años. Han tratado de solucionar las cosas. Han leído libros de autoayuda y han asistido a terapia individual y/o matrimonial. Pero después de mucho pensarlo y esforzarse, decidieron separarse. El hecho de que haya sido una decisión mutua y que sea lo mejor para ustedes dos y para la familia, no significa que será menos doloroso. De un momento a otro pierdes al compañero de tu vida, a la persona con quien esperabas mecerte en el porche durante su vejez. Tu plan de vida ha cambiado. Aunque sea para bien, la incertidumbre y el enorme hueco que se abre en tu vida puede hacerte temblar de miedo.

Como dije antes, el divorcio y la muerte pueden ser los más fuertes, los primeros en que pensamos al escuchar la palabra pérdida. Sin embargo, hay muchas, muchas otras causas por las que el corazón de una persona puede hacerse trizas; por ejemplo, el rechazo, el fracaso, la exclusión o el aislamiento. Pero debes recordar que no hay pérdida de la que no puedas recuperarte. Si perdiste algo que puede remplazarse, como un empleo, con el tiempo (y tal vez con ayuda) desarrollarás una estrategia para recrear lo perdido. Si perdiste algo que no puedes recuperar, tu reto está en incorporar esa verdad a tu realidad y aprender a vivir con la permanencia de esa pérdida. Lo importante en cualquier pérdida es que aprendas a concentrarte en las cosas que permanecen en tu vida.

Tengo una amiga que había trabajado en una empresa por 10 años. Tenía un puesto ejecutivo de nombre rimbombante que había obtenido a base de trabajo duro. Cierto día, la empresa anunció que todos los ejecutivos de su nivel debían presentar un examen para obtener su licencia de serie 7 (para la negociación de valores) y que en caso de no obtenerla podían ser degradados, transferidos, incluso despedidos. Mi amiga se puso a estudiar noche y día en un estado de gran angustia. Finalmente llegó el día del examen y pocos minutos después de terminarlo supo que lo había reprobado. Estaba conmocionada y devastada. En unos cuantos minutos, la calificación del examen barrió con todos los años de experiencia, éxitos y trabajo duro, o al menos así lo percibió ella. Sintió que habían trastocado su mundo y, peor aún, que lo habían hecho injustamente. Lo que quiero decir es que hay muchas maneras en que podemos perder, demasiadas incluso para enlistarlas, pero todas se relacionan con las cosas que consideramos valiosas.

Lo que no es

Ahora que hemos abordado la pérdida, y sobre todo las reacciones que puede suscitar en nosotros, quiero hablar de cómo se siente. Cada persona responde de modo diferente y no hay una manera correcta o incorrecta de actuar. Pero quiero destacar algunas cosas que nuestras reacciones no son, de manera que no empeoremos los tiempos difíciles clasificando o juzgando erróneamente dichas reacciones.

◆ **No es psicosis.** No estás volviéndote loco, aunque te lo parezca. Estás atravesando una etapa de duelo y todo lo que experimentas es parte de ese proceso. Tal vez te sientas aturdido y aislado, pero es una reacción natural a la experiencia de amar, involucrarse y perder.

◆ **No es necesariamente el inicio de una depresión clínica prolongada.** Puedes presentar síntomas de depresión como cambios en los hábitos alimenticios, dificultad para concentrarte, problemas para dormir, pérdida de interés en las cosas que te gustaban, agotamiento o falta de energía e irritabilidad. Sin embargo, son manifestaciones de una depresión reactiva relacionada con un suceso específico: tu pérdida. Si los síntomas persisten por más de unos cuantos meses y experimentas un deterioro funcional severo, sentimientos patológicos de falta de valía, pensamientos suicidas o síntomas psicóticos, debes buscar ayuda profesional y apoyo.

◇ **No es un defecto experimentar —ya sea dos semanas o incluso dos años después— sentimientos de ira, tristeza y muchas otras emociones.** Es normal. No hay un calendario que diga cuándo te sentirás preparado para seguir con tu vida. Todos somos únicos y debemos superar obstáculos distintos para adaptarnos a la pérdida. No sólo tienes derecho a sufrir, llorar o a tener otras respuestas de dolor; es saludable hacerlo. Muchas personas lo llaman "catarsis", una descarga de emociones reprimidas que puede reducir el dolor emocional.

◇ **El dolor por la pérdida no es un sentimiento que permanecerá sin cambio por el resto de tu vida.** No es el equivalente de una cadena perpetua (aunque a veces puede parecerlo). Debes creer que superarás esta época paralizante y mantener la esperanza de que el dolor evolucionará y aminorará. Debes ser paciente contigo mismo, pero también reconocer que sólo tú puedes tomar la decisión de ponerte de pie, poner un pie delante del otro y continuar con tu vida. Debes responsabilizarte de acercarte a las personas y a las demás partes de tu vida que apreciabas antes de tu difícil pérdida.

◇ **No es un castigo de Dios ni del Diablo.** No es personal. La pérdida es una parte natural del ciclo de la vida. Le ocurre a todas las personas sin importar su raza, religión o educación y ocurre en todo el planeta. Ésta es la razón por la que todas las culturas han creado rituales específicos para la pérdida relacionada con la muerte. La pérdida debida al rechazo o al fracaso también es, por desgracia, universal.

✧ **La pérdida no tiene que ser solamente un final, también puede ser un principio.** Puede que resulte difícil verlo ahora, pero una vez que la superas o al menos te adaptas para aceptar tu pérdida, ya sea por muerte, rechazo o fracaso, verás que todavía tienes mucho por vivir.

Como dijimos antes, aunque todas tienen en común el dolor, hay diferencias claras en la magnitud del efecto y en la gravedad de las diversas pérdidas. Por lo mismo, también hay algunas diferencias en los métodos para recuperarnos. Cuando enfrentamos una pérdida por muerte, nuestro reto puede ser aceptar, sanar y hallar la fuerza para seguir adelante. Para la pérdida de bienes materiales, estilo de vida y posición, las estrategias pueden consistir en recuperar o remplazar lo perdido, o establecer nuevos objetivos elegidos en una nueva definición del éxito.

Qué esperar

A continuación hablaré de los sentimientos que puedes experimentar al vivir alguna pérdida significativa. Algunos de ellos, como la ira y el pánico, son muy dolorosos. Pero —y éste es un "pero" muy importante— aunque al principio puedes sentir todos estos sentimiento difíciles y dolorosos, llegará un día en que dolerán un poco menos. Sea cual sea la pérdida que estés viviendo, puedes esperar que un día sentirás la esperanza de nuevo. Tú *puedes* sobrevivir. *Tienes* la fuerza para superar esto. Que un ser querido muera no significa que desaparecerá de tu espíritu y tu alma. Si sufres fracasos, puedes recuperar tu energía y el orgullo por tus logros.

Si tu pérdida es por la muerte de un ser querido, debes saber que la muerte es un cambio y no un final. Creo firmemente que tu relación pasará de lo físico a lo espiritual. Para mí esto es una verdad y no un simple discurso para hacerte sentir mejor. Puede que sigas "oyendo" la risa de tu padre difunto cuando escuchas algo que a él le hubiera parecido gracioso. Puedes "hablar" con tu padre o madre como si estuvieran aquí físicamente. Puedes sentir su presencia y escuchar en tu cabeza su sabiduría. Tienes a tu ser querido —ya sea tu padre, tu hijo, tu amigo u otro pariente— dentro de ti. Tienes el espíritu y la presencia de esa persona en ti y en tus recuerdos. Aprenderás a "escuchar" de manera diferente. Aprenderás a relacionarte con ellos de manera diferente. ¿Echarás de menos su presencia física, la calidez de su abrazo? Por supuesto. De ninguna manera intento trivializar la pérdida. Pero debes asumir el desafío de acercarte a lo que tienes, aunque no sea *todo* lo que a ti te gustaría. Martha Tousley, consejera de personas en duelo y enfermera psiquiátrica por más de 35 años, lo expresa con elocuencia: "El duelo es como un túnel largo y sinuoso cuya entrada se cierra tras de ti; la única manera de salir es atravesándolo".[1]

Si enfrentas una pérdida no relacionada con la muerte, puedes esperar sentir el rechazo y la desesperación abrasantes por un divorcio, un sueño que no se cumplió, el término de una amistad o por cualquier otra pérdida. Pero puedes sobrevivir. Puede sonar banal, pero has logrado llegar hasta aquí y mañana lo harás también. Debes reconocer que mientras estés vivo hay esperanza. Como dice el refrán: "Esto no se acaba hasta que se acaba".

Es importante que describas lo que sientes y piensas como "lo que ocurre en estas circunstancias" y no como el principio del fin.

Sea cual sea tu pérdida, quiero que conozcas todo lo que puedes enfrentar al vivirla para que digas: "Esto es exactamente lo que el doctor Phil decía en el libro. Así es como describió esta experiencia. *No estoy volviéndome loco.* Aunque ahora me parezca imposible, creo que el dolor y la confusión aminorarán y lograré superarlo". ¿Significa esto que tu pérdida no constituye un problema? No, pero al menos te permitirá decir: "No necesito cuestionarme. No necesito preguntarme si soy débil o quejumbroso, o si estoy loco o defectuoso". Esto último es fundamental. Es importante que describas lo que sientes y piensas como "lo que ocurre en estas circunstancias" y no como el principio del fin. No lo es. Es el principio de un proceso difícil pero muy necesario de duelo, curación y recuperación. Y sí, puede haber duelo por la pérdida de una carrera, un estilo de vida o un matrimonio. Repito: la gravedad es distinta pero es igualmente doloroso.

Muchos expertos llaman "etapas de duelo" a las reacciones a la pérdida (en especial por muerte de un ser querido) y hay varias teorías sobre el número de dichas etapas. Pero los humanos somos impredecibles, en especial en lo que se refiere a nuestras emociones. Aunque la experiencia del duelo es universal, nuestras reacciones son sumamente variadas. Las investigaciones más recientes y mi propia experiencia me dicen que en realidad no se atraviesan etapas sino que se experimenta una amplia variedad de sentimientos.[2] No se presentan en una secuencia determinada, y es poco común que un conjunto de emociones termine completamente antes de que empiece el siguiente. Lo más probable es que experimentes distintas emociones, quizás una tras otra, quizás tres a la vez. No hay una fórmula preestablecida, aunque sería más sencillo si la hubiera. La realidad es que no hay una manera "normal" de vivir el duelo. Todos tenemos reacciones y ritmos distintos. Permíteme repetir esto porque es sumamente importante: *todos tenemos reacciones y ritmos distintos.* No tienes que cumplir un horario y tampoco ganarás un premio si te recuperas en tiempo récord. De hecho, puedes dificultar el proceso si intentas apresurar su evolución natural y muchos expertos sugieren que experimentar a plenitud el duelo es benéfico.[3] ¿Son seis meses después de enviudar un tiempo adecuado para que una mujer se deshaga de las pertenencias de su esposo y empiece a salir con alguien más? No existe una respuesta correcta. Sé honesto contigo mismo y sabrás cuándo es el momento correcto, correcto *para ti.*

Pérdida por muerte

La muerte de un ser querido es algo horrible. Nos absorbe. Nos agobia por irreversible. Da una sensación abrumadora de que no hay marcha atrás. Dan ganas de decir: "Esperen. Permítanme explicarles. No me pueden hacer esto". Puedes experimentar pánico porque no estás preparado para lo definitivo de la muerte y todo parece derrumbarse. Te deja aturdido y sientes como si una tonelada te aplastara el pecho y no pudieras escapar.

Al principio puedes sentir como si vivieras en medio de la niebla, avanzando por la vida como en piloto automático. Si tus amigos y familiares te hacen preguntas sobre las acciones a tomar en relación con tu ser querido, hasta las decisiones más pequeñas resultan difíciles, en especial si se te dificulta concentrarte. Puedes preguntarte si estás viviendo una pesadilla. Mi suegra murió de manera completamente inesperada en la flor de la edad. Recuerdo haberme preguntado a la mañana siguiente, todavía adormilado, si esa dolorosa realidad no habría sido una pesadilla.

Puedes llorar tanto que se te resequen los ojos o sorprenderte de no llorar en absoluto. Ninguna reacción es adecuada o equivocada, sólo *es*. Si el segundo es tu caso, puedes sentir culpa por no derramar ni una lágrima por alguien a quien querías tanto. La gama de emociones que puedes experimentar es muy amplia. Puede ir de conmoción y aturdimiento hasta pánico, enojo y resentimiento. Esta última puede resultar sorprendente por dirigirse a alguien que acaba de morir, pero es muy común preguntarse: "¿Cómo pudiste irte? ¿Cómo pudiste abandonarme?". Pero sean cuales sean las emociones que experimentes, el dolor es muy profundo.

Como dije, todo esto puede magnificarse si teníamos asuntos emocionales sin resolver con la persona que murió. No dijiste lo que querías decir o no escuchaste el "lo siento" o el "te amo" que necesitabas desesperadamente. O quizás sí hubo una despedida, pero no como la planeaste. Muchos pensamos que tendremos este último momento en que expresaremos nuestros sentimientos a la otra persona y habrá una conclusión. Pero envolver una relación con un bonito moño antes de que alguien muera es más una fantasía de Hollywood que una realidad. Como mencioné, mi padre y yo conversamos intensamente antes de que muriera. Probablemente creímos decir el 110 por ciento de lo que queríamos, pero después de su muerte me di cuenta de que sólo habíamos cubierto un 80 por ciento. Hicimos un buen trabajo, pero aun así la irreversibilidad de la muerte es muy difícil de asimilar.

En este día puedes albergar pensamientos similares. Es difícil aceptar que tu nueva realidad es un futuro sin tu ser querido; el simple hecho de pensarlo puede hacerte sentir increíblemente vacío y solo. Puedes sentir que el anhelo de su presencia te consumirá. Como resultado, tal vez no quieras salir de la cama o desees permanecer a solas lamiendo tus heridas. Aunque no puedas desaparecer literalmente de la faz de la Tierra ni quedarte acurrucado bajo las cobijas, puedes apartar a los demás para distanciarte emocionalmente. Tal vez pienses que la soledad aliviará el dolor, pero pocas veces es así.

Puedes experimentar un vacío espiritual o sentirte traicionado por tu fe, así como amargura, ira y desencanto con tu religión. Después de todo, si el Dios en que crees es tan bueno, ¿cómo pudo llevarse algo que amas tanto? ¿Cómo pudo permitir que ocurriera una muerte violenta o sin sentido? Muchas personas experimentan este sentimiento doloroso y confuso, en especial cuando las víctimas son niños inocentes.

Tal vez pienses que la soledad aliviará el dolor, pero pocas veces es así.

No te sorprendas si con el correr de los días te sientes estresado y ansioso o si tus relaciones con amigos, familiares y compañeros de trabajo se tensan. Cuando tienes los nervios de punta, te sientes agotado emocionalmente y tratas de hacer frente a la pérdida, puede ser difícil relacionarte con quienes te rodean. No importa cuán buenas sean sus intenciones: sus palabras y actos pueden alterarte y fastidiarte.

Piensa en el caso de Judy, quien perdió a uno de sus hijos gemelos de 13 meses de edad. El niño se ahogó trágicamente en una alberca para bebés. Amigos y familiares intentaban consolarla diciéndoles cosas como: "Al menos tienes al otro bebé" o "Lo bueno es que eres joven y puedes tener otro niño". Ella sabía que sus intenciones eran buenas pero no podía evitar sentir ira y dolor cada vez que intentaban consolarla de esta manera. Era como si le dijeran que su precioso hijo era fácilmente remplazable.

Parejas que han vivido pérdidas

Si estás casado, la muerte de un ser querido puede influir poderosamente en la relación; de hecho, los problemas maritales reactivos son muy comunes. Aunque algunas tragedias pueden unirnos, otras pueden hacer lo contrario, en especial si cada uno tiene maneras diferentes de vivir el duelo. La pérdida de un hijo puede ser especialmente difícil para las parejas si uno culpa al otro o si reaccionan de manera distinta a la muerte del niño, algo de por sí inexplicable y difícil de asimilar. Como dijimos antes, cuando hay dos o más seres humanos bajo estrés, pueden atacarse instintivamente entre sí, reacción conocida como "agresión reflexiva en respuesta al estímulo aversivo". Por eso es fundamental que en estas situaciones ambos miembros de la pareja reciban por separado el apoyo de un profesional de la salud mental para iniciar y mantener un nivel elevado de comunicación y evitar que la relación sufra daño.

Es probable que muchas personas —desde amigos cercanos hasta simples conocidos— te aconsejen y den su opinión sin que tú lo solicites. Aunque algunos de esos comentarios pueden ser útiles, ten en mente que algunas personas intentarán imponerte sus ideas de lo que consideran "apropiado" para tu situación. Un empleador puede ser comprensivo pero considerar que debes recuperarte en los tres a siete días que da la empresa por muerte de un familiar. Al cabo de este tiempo, el periodo de gracia termina y algunas personas pueden esperar que vuelvas al trabajo como si nada hubiera pasado. No te impongas esta clase de presiones. Debes comprender que tu estado emocional puede ser incómodo o francamente molesto. Sé que esto es duro, pero es la verdad.

Cuando después de la muerte de un ser querido alguien nos pregunta: "¿Cómo estás?", una de las respuestas más comunes es: "Bien". Pero me pregunto cómo reaccionarían o qué dirían esas personas si respondiéramos: "¿Comparado con qué?" o "¿Con base en qué criterio?". Apuesto que la mayoría no sabría qué contestar. No digo que a esas personas no les interese cómo nos sentimos, pero creo que la mayoría de las veces equiparan la respuesta "bien" con la idea de que no somos particularmente emotivos. Para mí "bien" significaría que estás gritando a todo pulmón, llorando hasta que los mocos escurren por tu cara y sacando todas tus emociones de manera saludable y catártica. Por supuesto, esta reacción sería molesta para muchas personas, pero lo que hagas y sientas es *tu* decisión y eres el único que la puede tomar. La única limitación o advertencia sería no hacer algo autodestructivo, peligroso o perjudicial. No estoy sugiriendo que seas grosero con quienes quieren saber cómo estás, pues lo más seguro es que estén genuinamente interesados en ti y que deseen ayudar. Lo que digo es que tú debes elegir tu espacio emocional y los momentos para estar en él.

El día que enfrentes tu pérdida más personal será seguramente uno de los más solitarios. La pérdida de un ser querido es un dolor muy íntimo. Para empeorar ese sentimiento de desamparo, no te sorprendas si en algún momento sientes que las personas más cercanas a ti se apartan. Al poco tiempo puedes sentir que tu familia y amigos te abandonan. Pueden "desconectarse" de ti gradualmente o todos a la vez, no porque no les importes sino porque no saben qué decir o hacer. Si te ven, no saben si deben hablar del tema o no. No saben si mencionar el nombre de la persona y les preocupa si hacerlo sería como darte una puñalada en el alma. Si te ven de buen humor, temen entristecerte si hacen referencia a tu pérdida. No se dan cuenta de que mencionar a la persona es honrar su memoria o que tener un gesto amable cualquiera es mejor para tu corazón que evitar el tema. Es posible que subestimen actos como llevarte algo de comer o conducir tu auto, los cuales pueden aligerar mucho tu carga.

DISTRACCIONES

A menudo intentamos aliviar nuestro dolor distrayéndonos. Una manera es pasar horas preguntándonos *por qué* murió alguien o qué hicimos para merecer esto. Nos perdemos en los detalles de sus enfermedades, nos obsesionamos con los pormenores de un accidente y nos torturamos proyectando una y otra vez en nuestra mente las horripilantes imágenes.

Después de un largo periodo de enfermedad o sufrimiento, la muerte de un ser querido puede traer una sensación de alivio. Fue el caso de Maddy, cuya madre estaba en una residencia para enfermos desahuciados luego de combatir el cáncer en casa. Maddy dedicó gran cantidad de tiempo y energía a cuidar a su madre. También fue una carga emocional ver, sufrir y consumirse a alguien a quien amaba tanto y que había sido tan fuerte, independiente y enérgica. Cuando ocurrió el deceso, Maddy se sintió aliviada porque su madre ya no sufriría, pero también porque ella ya no tendría que cuidarla. Esto le provocó una enorme culpa. ¿Cómo puede alegrarte que tu madre, cónyuge, hijo o amigo muera?

La culpa también puede presentarse semanas o meses después de la pérdida, culpa por no haber salvado a tu ser querido o simplemente por seguir viviendo tu vida. En algún momento te sorprenderás riendo o relajándote. Es natural que en algún momento, después de una pérdida, empieces a sentirte mejor. También es natural sentirse culpable por ello. Tal vez pienses: "¿Cómo puedo estar aquí divirtiéndome cuando mi hijo está muerto?". Si descubres que pasó un día entero sin que pensaras en tu ser querido, puedes sentirte culpable por estarlo "olvidando".

Pero tu recuperación de una pérdida no significa que amaste poco. La profundidad, alcance y duración de tu duelo no son reflejo de cuánto amabas a la persona. Aquí no hay una correlación de uno a uno. Pensamos cosas como: "Si en verdad hubiera amado a Joe, yo sufriría más intensamente y por más tiempo". Esto sencillamente no es verdad. Es un error creer que si uno sufre dos años en vez de uno, es porque ama más a la persona. Simplemente no funciona así, y lo más probable es que a Joe no le gustaría que perdieras el tiempo languideciendo por algo que no puede cambiarse. Más bien le gustaría que lo recordaras y que celebraras todos los días de su vida en vez de obsesionarte con el de su muerte.

Pérdida por divorcio

Si enfrentas un divorcio puedes sentir muchas de las emociones que acabo de describir en relación con la muerte. Después de todo, tu relación ha muerto y puedes estar viviendo un duelo. Tal vez sientas una intensa ira que bulle en ti, lo cual es una de las maneras en que solemos expresar dolor, temor o frustración. La ira puede ser un mecanismo de protección si te sientes vulnerable, pues si estás a la ofensiva al menos no estarás en el papel del rechazado. Si tu cónyuge te engañó o te está dejando por otro, decir que te sientes traicionado sería quedarse corto.

Puedes sentirte absolutamente conmocionado. Imagina cómo se sintió Shari cuando su esposo le dijo no sólo que la dejaba, sino que se iba con otra mujer. Ella no podía creerlo. Los labios de él seguían moviéndose pero era como si alguien hubiera apagado el sonido. Shari lo miraba sin expresión, todavía aturdida por la sorpresa. "Ahora que los niños se han ido quiero continuar con mi vida. Brianna y yo nos amamos". Ella trababa de resistir la náusea que sintió cuando esta confesión de dos minutos convirtió su matrimonio de 22 años en una broma de mal gusto. Ya sea que tu historia termine con grandes expresiones dramáticas o con apenas una nota o llamada telefónica, probablemente sentirás como si alguien te golpeara en el estómago cuando descubras que tu vida cambiará *ahora mismo*.

En el divorcio, el sentimiento de rechazo puede ser muy intenso porque solemos medir el resultado de nuestros esfuerzos con la aceptación o el rechazo de los demás. En ocasiones, la reacción de una persona se convierte en el barómetro de nuestro valor (al menos en nuestra cabeza) y cuando el amor de nuestra vida nos deja, nuestras experiencias previas de rechazo se magnifican. Nos sentimos despreciables, insignificantes y menos que los demás. Puede ser peor si tu compañero te deja por alguien más. Esto puede a veces hacernos creer que estamos "defectuosos" y que si esta pareja no nos amó, ninguna lo hará.

Puedes sentir que estás marcado de por vida y que hay algo mal en ti porque no lograste mantener tu matrimonio. Si provienes de una familia que se enorgullece de no tener divorcios en su historia, la presión puede ser muy intensa.

Un número asombroso de mujeres me ha dicho que hubiera sido mucho más sencillo si el esposo que las dejó hubiera muerto, así que no te sorprenda tener pensamientos similares. Después de todo, si tu ex hubiera muerto, no tendrías que verlo con otra pareja ni tratar con él de nuevo. Si hay hijos, el contacto constante es inevitable y puede ser como morir mil veces y revivir el dolor de tu pérdida durante meses o incluso años.

Es posible que el miedo te abrume y puedes sentir temor a estar solo, en especial si tu relación fue tan larga que prácticamente no recuerdas cómo es estar sin la otra persona. Esto puede ser peor aún si tienes hijos. Miles de preguntas sobre tu nueva vida cruzarán por tu cabeza: ¿Cómo le haré para ser padre y madre a la vez? ¿Cómo los apoyaré? ¿Con quién vivirán? ¿Cómo puedo evitar que sufran daño emocional? La idea de criarlos y apoyarlos tú solo puede ser atemorizante; si no vivirán contigo, puede ser muy doloroso dejar de ser parte de una familia y ser soltero de nuevo.

Es difícil dejar una casa bulliciosa de niños para vivir solo. Es difícil cambiar las grandes cenas familiares por meriendas de cereal y sólo un bote de leche y una barra de mantequilla en el refrigerador. También da miedo darse cuenta de que tu situación financiera cambiará. Tal vez deberán dividir todo lo que poseen y para algunas parejas esta repartición es fuente de desacuerdos e interminables batallas. A menudo hay inequidad en el estándar de vida de los individuos; las mujeres suelen padecer más dificultades económicas que los hombres.[4]

Niños, ¿víctimas del divorcio?*

La vida no es fácil después de un divorcio y a menudo los hijos son quienes llevan la peor parte. Para minimizar el precio que deben pagar, es importante comprender y satisfacer sus necesidades más importantes en esta etapa. Las principales son:

---

* Phil McGraw, *Family First*, Nueva York, Free Press, 2004.

Aceptación y aprobación. Ésta será la mayor necesidad de tus hijos, en especial si son muy chicos, debido a que su pertenencia a la familia ha sido destruida. Los niños necesitan sentir aceptación y aprobación de ambos padres y tener el tiempo necesario para adaptarse a un nuevo estilo de vida en que los padres ya no viven bajo el mismo techo.

Certeza de su seguridad. La vida de tus hijos fue trastornada hasta lo más profundo, por lo que es fundamental hacerles ver que la seguridad que la familia siempre les había proporcionado continuará a pesar de los cambios en su vida.

Exención de culpa. Los niños a menudo se culpan por la disolución del matrimonio de sus padres. Pueden creer que es un castigo por algún mal comportamiento, por lo que es crucial dejarles en claro que no son los culpables.

Estructura y reglas. Mantén horarios y hábitos, y sigue haciendo cumplir las reglas. Ahora más que nunca los niños necesitan regularidad en sus vidas.

Un padre estable y capaz de hacerse cargo. Tal vez en este momento no te sientas valiente ni fuerte, pero debes dar esa imagen a tus hijos. Están preocupados y asustados, por lo que les tranquilizará saber que aún puedes tomar las riendas.

Tus hijos no son responsables de aliviar tu dolor. No los pongas en situaciones que no pueden controlar ni les pidas que solucionen problemas de adultos. Por otra parte, no olvides hablar con ellos de sus problemas. Pueden percibir tu emotividad, angustia, dolor o temor (dependiendo si tu pérdida fue por muerte, divorcio o está relacionada con tu vida profesional). Habla de sus sentimientos con respecto a los tuyos. Esto no significa que debas desahogarte o ventilar tus emociones con ellos. Sé sensible a su estado emocional y ayúdalos a enfrentarlos.

Es muy común montarse en lo que llamo el "autobús del resentimiento". Puedes sentir resentimiento porque tu cónyuge destruyó el ideal de familia perfecta en que creías. Puedes sentir resentimiento porque convirtió tu vida en un caos y, si se va con otra persona, porque está continuando con su vida mientras tú luchas por mantenerte a flote. Si te dedicabas al hogar, probablemente debas buscar un empleo y sientas resentimiento por no poder estar en casa con tus hijos. La idea de volver a trabajar puede ser aterradora si llevas tiempo fuera de la fuerza laboral. ¿Todavía podrás ganarte la vida con tus conocimientos o ya son obsoletos?

El sentimiento de pérdida también puede relacionarse con todo lo que tenía la pareja, incluyendo los amigos. Cuando te separas puedes perder algunos de ellos. Identificar cuáles amistades están de tu parte y cuáles no, puede resultar muy difícil mientras escudriñas los escombros de tu relación. De hecho, es posible que algunos miembros de tu familia no se muestren comprensivos ni mucho menos, lo cual puede ser especialmente doloroso.

Después de un divorcio puedes desarrollar lo que llamo "memoria selectiva". Es muy fácil que tan pronto te vas fuera de una situación irreconciliable, recuerdes sólo lo bueno. Con un poco de tiempo y distancia de por medio, puedes olvidar el molesto hábito de tu pareja de no pagar las cuentas o mentirte y concentrarte sólo en las cosas buenas y dulces que hizo por ti, por más esporádicas que fueran. Puedes recordar el inicio de su relación, los buenos tiempos o incluso imaginar a esa persona no como era sino como te hubiera gustado que fuera. Con esto puedes empezar a desear que la relación continúe o a racionalizar que en realidad la situación no era tan mala. Por desgracia, lo más probable es que desde el rompimiento no haya ocurrido nada que mejore la situación o resuelva los problemas auténticos. Si intentaras reconciliarte con tu cónyuge, sin que ambas partes trabajen por su parte con un profesional de la salud mental, es probable que lo hagas más por huir de la soledad que por buscar la compañía de alguien a quien verdaderamente extrañas. Es muy posible que si se juntan de nuevo, al cabo de unos días estén diciendo: "¡Claro! ¡Por esto todos los días durante los últimos tres años tuve ganas de amordazarlo!" No vuelvas en un momento en que te sientas débil y solo. Independientemente de quién se haya ido, una vez que estés fuera, permanece fuera, a menos que uno o ambos se ganen el derecho a volver.

La pérdida tiene muchas formas

Como todos sabemos, hay pérdidas que, aunque no son tan terribles como las provocadas por muerte o divorcio, pueden ser sumamente dolorosas. Las pérdidas de una amistad, de la custodia de un niño, de una profesión o un sueño, de la aceptación social, por mencionar sólo algunas, pueden ser un golpe muy fuerte. Por esto, muchas de las emociones que pueden experimentarse son muy similares, hasta cierto punto, a las descritas anteriormente.

En muchas de estas pérdidas que yo llamo de "la otra" categoría no tienes ningún control y te sientes desesperado, indefenso y confundido. En algunos casos puedes sentir que sufriste una injusticia. Te sientes completamente impotente, victimizado y enojado con quien aparentemente tiene el control de esa terrible situación: como el juez que no te dio la custodia de tu hijo o el amigo que inexplicablemente te traicionó. Sientes que estás a su merced y no sabes cómo actuar. El futuro parece oscuro e incierto porque sientes que vas a la deriva. En resumen: podemos llorar una amplia variedad de pérdidas, algunas con más intensidad que otras y el dolor parece implacable. Pero como ya he dicho y seguiré repitiendo, esos sentimientos no durarán por siempre. Sea cual sea la situación que enfrentes, hay algo que tú controlas: la manera en que permites que influyan en tu vida.

Si deseas más información sobre el duelo y la pérdida, consulta la Guía de Recursos al final de este libro.

De vuelta a días mejores

Una de las ideas más importantes que quiero expresar es que la esperanza renace siempre. Siempre hay otro día. Como mencioné antes, debes ser paciente contigo mismo. Date tiempo para aceptar lo ocurrido. Decídete a ponerte de pie por ti y por el resto de tu vida y sigue adelante. En ocasiones sólo tenemos que superar el "hoy". No necesitamos saber cómo haremos para continuar el resto de nuestra vida. Basta atravesar este momento y permanecer vivos, continuar en el juego, mantenernos concentrados en una razón para existir.

Puedes estar seguro de que el sol volverá a levantarse. Puedes estar seguro de que iluminará tu rostro. Volverás a respirar con facilidad. Sobrevivirás porque siempre lo has hecho, aunque nunca hayas reparado en ello. Has llegado hasta donde estás porque puedes hacerlo. A juzgar por los resultados, tienes la fuerza para enfrentar retos. En lo personal, creo que la tienes desde el momento en que naciste. Tus respuestas y conocimientos te han permitido llegar hasta aquí y llegarás más lejos. No quiero que seas como un robot. No quiero que *no* llores. Ni siquiera espero que no sufras. Puedes sentirte triste, deprimido incluso. Lo que sí quiero es decirte que todo esto es normal. A pesar de ello, sobrevivirás y, aunque haya sido difícil, al final serás más sabio y fuerte. Pero necesitas seguir poniendo un pie delante del otro. No puedes quedarte en posición fetal y esperar levantarte renovado un año después. Debes levantarte, darte un baño, peinarte. Maquíllate o rasúrate. Ve a trabajar. Ve a la iglesia. Debes continuar con tu vida porque apartarte de tu rutina y del apoyo de amigos y familiares sólo intensificará tu sufrimiento.

Puedes estar seguro de que el sol volverá a levantarse.
Puedes estar seguro de que iluminará tu rostro.
Volverás a respirar con facilidad.

No estoy diciendo que tu pérdida sea fácil de superar ni que el sufrimiento sea el precio que debes pagar por aprender, pero como de todos modos no puedes evitarla, vale la pena aprender algo de ella. Algo que te sirva para superar la pérdida cuando vuelvas a vivirla, algo que puedas transmitir a tus hijos para cuando este difícil día se presente en sus vidas.

Analicemos entonces tu plan de acción y cómo vas a sortear los escollos de esta difícil experiencia para seguir adelante. Como dije antes, puedes elegir el papel de víctima y ser parte del problema o puedes ser parte de la solución. A continuación encontrarás ocho acciones que debes poner en práctica para hacer lo segundo.

ACCIONES

▶ **Ajusta tus expectativas**
He mencionado los sentimientos que puedes experimentar como resultado de una pérdida: tristeza, cansancio, apatía e ira. El siguiente paso es aceptarlos como parte natural del duelo.

La muerte, el divorcio o cualquier otra pérdida que te haga sentir rechazado y solo no es una sentencia de dolor perpetuo y sí la superarás. Pero no te impongas expectativas genéricas ni permitas que otros lo hagan. Acepta que al principio puedes pasar por estas difíciles emociones y que tomará tiempo. Tal vez te sorprenda que, aunque amabas profundamente a una persona, eres incapaz de llorar o sólo te sientes atontado después de su muerte. Puedes sentirte totalmente desconectado de tus emociones y luego, de repente, en un momento cualquiera, te derrumbas. Recuerda que el duelo no es un proceso lineal con un inicio, una parte media y un final definitivo. Empezarás a avanzar a tu propio ritmo. Sólo asegúrate de que sea antes de que pierdas completamente el rumbo.

▶ Acepta lo que no puedes cambiar

Uno de los sentimientos más comunes que puedes enfrentar cuando un ser querido muere o te deja, o cuando tu corazón se hace trizas por cualquier otra pérdida, es el de no tener el control de tu vida. Queremos controlar la manera en que las personas y las cosas salen de nuestra vida porque deseamos seguir en posesión de lo que es importante para nosotros. Aunque no podemos tener ese control, tampoco somos víctimas o al menos no tenemos que serlo. Hay un momento en el proceso en que puedes y debes tomar las riendas y decidir cómo reaccionarás al duro golpe. Con seguridad, la situación no era la que querías, pero debes elegir activa y conscientemente concentrarte en lo que sí puedes cambiar. Puedes elegir tu reacción acerca de este momento, así como qué pensarás, qué sentirás y cómo vivirás en el futuro. Asimismo, debes elegir conscientemente la aceptación de lo que no puedes cambiar. Esto implica aceptar mental, emocional y espiritualmente la realidad de tu pérdida y dejar atrás un pasado que no puedes recuperar ni modificar.

Tal vez no te guste el hecho de perder a alguien o algo que amabas pero, por desgracia, *no tienes opción*. Nos guste o no, la mayoría de las cosas en esta vida no dura para siempre. Y, nos guste o no, la muerte es lo único seguro en este mundo. Nadie vive para siempre y no podemos elegir en qué momento nos iremos.

Ese tomar las riendas también implica tomar la decisión de abrazar lo demás que valoras en tu vida. Los tiempos pueden variar, pero en última instancia depende de ti aceptar y seguir adelante. El filósofo Friedrich Nietzsche observó: "El aumento de la sabiduría puede medirse con exactitud en la reducción de la amargura".

► **Busca la fortaleza en los demás**

Además de aceptar la realidad más temprano que tarde y de tomar las riendas, conviene también buscar fortaleza en los demás. Aunque parezca que estás solo y sientas que nadie entiende lo que estás pasando, habla con alguien que haya sufrido una pérdida similar o con alguien cuya presencia sea fuente de consuelo y fortaleza. En ocasiones, una persona compasiva puede ser de gran ayuda aunque no haya vivido una pérdida similar. El hecho mismo de que no haya pasado por eso puede brindar una muy necesaria objetividad a esas horas oscuras.

No olvides ser paciente con quienes no han pasado por lo que estás viviendo. Como ya dije, algunas personas, por más bienintencionadas o cercanas que sean, harán comentarios inapropiados como: "Fue lo mejor" o "Puedes abrir otro negocio". Respira profundo y recuerda que la mayoría de las personas no sabe qué decir. Sus palabras pueden resultar francamente molestas, pero probablemente su intención era mostrar que se preocupan por ti.

► **No te quedes atascado**

Es fácil quedar atrapado en la experiencia negativa y en las emociones que la rodean. Haz lo que debas hacer para desatascarte. Esto es diferente para cada persona, pero podría ser dar lo que tú más necesitas, como ayudar a otros, por ejemplo, a niños con necesidades especiales o ancianos. Puede ser tan sencillo como buscar un nuevo pasatiempo, buscar el apoyo de un consejero o hablar con tu médico sobre posibles tratamientos con antidepresivos o ansiolíticos. Algunas personas rehúyen de los medicamentos por temor de que modifiquen su personalidad o de que los necesiten de por vida. Sin embargo, el duelo puede producir desequilibrios químicos y la medicación puede ser el empujoncito inmediato que necesitas para seguir adelante en caso de que estés atascado. También ayuda pensar en todos los motivos que tienes para levantarte mañana y ser la persona que eras antes de la pérdida. A veces ayuda recordar tu propósito: "No voy a perderme porque hay muchos que dependen de mí, no sólo la persona que perdí". He hablado con innumerables mujeres que vienen a mí cuando han perdido un hijo. Como es de esperarse, a menudo parecen robots o incluso como zombis, pero el problema es que tienen otros hijos. Estos niños han sufrido la pérdida de su madre. No puedes hacer esto. Debes luchar y buscar el equilibrio; a veces necesitas desatascarte sólo porque te necesitan, pero eso es bueno.

—◦◦◦—

También ayuda pensar en todos los motivos que tienes para levantarte mañana y ser la persona que eras antes de la pérdida.

—◦◦◦—

A veces, realizar una actividad completamente nueva ayuda a iniciar y señalar una nueva era. Puede ser leer poesía, hacer ejercicio, buscar orientación espiritual, escuchar música, integrarse a un grupo de apoyo o realizar un viaje que siempre deseaste. Busca maneras saludables de aliviar tu dolor. Estás en una situación vulnerable, por lo que debes tener cuidado si en el pasado tuviste alguna adicción. No intentes reconfortar tu alma con alcohol, drogas o comida. No servirán. No vuelvas a caer en adicciones. En este momento eres sumamente vulnerable a estas cosas, así que desvíate si vas por ese camino. Si necesitas ayuda, consigue un consejero, amigo o grupo de apoyo que te ayude a sofocar esos deseos destructivos. La responsabilidad puede ser tu mejor protección en momentos de crisis.

▶ Considera que el tiempo es finito

La mayoría no pensamos en eso todos los días. Más bien creemos que el tiempo y la vida son eternos, que el amor es para siempre y que los demás mueren o nos dejan sólo cuando son viejos. No es así. Es muy sabio el refrán que habla sobre vivir cada día como si fuera el último. Esto no significa que debas ser imprudente o negligente, despilfarrar todo tu dinero o no planificar tu futuro. Sólo significa que no debes tomar esa actitud de "esas cosas sólo le pasan a los demás".

Con frecuencia, las personas no cultivan lo que aman cuando lo tienen enfrente. La canción *Cat's in the Cradle* de Harry Chapin lo expresa elocuentemente: el padre no tenía tiempo para su hijo cuando éste era pequeño; después, el hijo crece y no tiene tiempo para su padre. Debes despertar y comprender que no puedes ir por la vida creyendo que lo inesperado no te sucederá. Debes pensar que el tiempo es como dinero que debes gastar ahora y no esperar un día que nunca llegará. En lugar de pensar: "Tengo el próximo año", "Tengo el próximo verano", ¿por qué no tomas esas vacaciones, entrenas a ese equipo, visitas a tus padres *este* domingo? El comentario más común que escucho a quienes han perdido un ser querido es: "Hay muchas cosas que quería decir. Hay muchas cosas que quería hacer". No estarás aquí por siempre, como tampoco ninguna de las personas que amas.

▶ **Saca provecho de esta experiencia**
Esto es probablemente lo último en lo que quieres pensar ahora, pero conviene preguntarte qué aprendiste de esta experiencia. Tal vez te sientes más cerca de Dios o de tu familia o valoras más cada día porque sabes que la vida es imprevisible. Tal vez te liberaste de prácticas y limitaciones que te habían paralizado. Toda experiencia guarda algo valioso, sólo hace falta un poco de tiempo o mirarla más de cerca para descubrir qué es. Una manera de asimilar lo inevitable de tu pérdida, y que hay cosas que no controlas ni puedes cambiar, es maximizar lo que sí controlas, y una manera de hacer esto es pensar en lo que puedes obtener de esta experiencia.

▶ **Piensa en cómo te prepararás para tu muerte cuando estés en aguas más tranquilas**
Es muy difícil tener una plática familiar sobre la muerte, pero es necesario. Yo no sé si estaré vivo al final de esta frase. Lo entiendo. En verdad lo entiendo. Yo espero seguir vivo, espero morir viejo y en mi cama, pero sé que puede no ocurrir. Por eso es importante para mí planificar el futuro de mi familia y asegurarme de que tenga lo necesario económicamente y que mis dos hijos estén preparados para la vida. Mi padre no hizo nada de esto. Lo agarraron desprevenido, pero pudo estar mejor preparado en muchos aspectos. Aprendí una importante lección y hace 12 años empecé a planificar para lo inevitable.

He planificado cuidadosamente en términos de testamento y detalles financieros, pero también en otros aspectos. Por excéntrico que parezca, he grabado para mi esposa y mis dos hijos videos que no verán antes del momento debido. He cambiado los videos al paso de los años y, para decir verdad, tengo más que decir. No es divertido hacerlos. Nada divertido. Pero creo que se los debo a mis hijos, porque son para prepararlos para la vida una vez que me vaya, sea cual sea el momento en que eso ocurra. Hablo de lo que veo en cada uno de ellos, de mis sueños y esperanzas para ellos, de qué clase de hombres, esposos y padres espero que sean, qué clase de ciudadanos de la vida espero que sean. Hablo de cuánto deseo que cuiden de su madre. Quiero que sean capaces de enfrentar estas cosas en mi ausencia. Ya he hablado mucho con ellos sobre todo esto, pero quiero que puedan escucharlo de nuevo si lo necesitan. ¡Serán una especie de "apariciones" una vez que me haya ido!

Una manera de preparar a tu familia para cuando no estés es hacer hincapié en los aspectos espirituales de su crianza. En este caso, debes determinar en qué crees. ¿Tienes fe? ¿Crees en la vida después de la muerte? Yo no impuse mi fe a mis hijos, sólo los guié con el ejemplo. Me he asegurado de que tengan una vida espiritual activa y una conversación activa con el padre celestial mediante la oración. Creo que una relación con el padre celestial puede evitar que los niños se sientan completamente solos cuando pierden a sus padres, pues se sienten cuidados y protegidos. De esta manera, aunque mis hijos pierdan a su padre terrenal, nunca perderán a su padre celestial. Siempre supe que la relación de mis hijos con Él sería un reflejo de su relación conmigo. Si en nuestra relación pueden acercarse a mí en momentos de necesidad o dificultades, y hablar abiertamente, estarán preparados para buscar a su padre celestial y, mediante la oración, contarle lo que está ocurriendo. Sólo soy un suplente temporal del padre verdadero. Ahí está su fuerza y el lugar al que pueden acudir al sufrir una pérdida.

Y esto también puede ser un lugar para ti y para tu familia. En realidad no importa cuál sea tu religión. De una forma u otra, todas abrigan la idea de un ser supremo e infinito. Y ésta puede ser otra fuente de fortaleza y consuelo. Si crees en alguna clase de poder supremo, entonces sabes que tienes una razón para hacerlo, no sólo te muestras respetuoso porque sí. Lo considero un lugar de solaz para cuando me haya ido. Ésa ha sido mi filosofía; si tú no la compartes, ésta no será una de tus herramientas para enfrentar la situación. De ninguna manera intento forzarte a que adoptes la religión. Yo utilizo esta herramienta como preparación para mi deceso, pero si éstas no son tus creencias, continúa con el siguiente ítem.

▷ Celebra la vida
Mencioné esto brevemente pero quiero repetirlo porque es muy importante. Si alguien muere, es una trágica injusticia que pienses solamente en el día en que lo perdiste o en su enfermedad, accidente o muerte. Es igual con la pérdida de un sueño, una amistad u otra experiencia similar. No sólo es doloroso sino que no te ayuda en nada a sanar o a seguir adelante. Sí, puedes y debes llorar su pérdida, pero también celebrar su vida.

No cabe duda de que la vida de cada individuo debe recordarse por lo que aportó al mundo y por lo que nos dio en lo personal. Su ausencia se notará y se lamentará. Este proceso toma tiempo. Sin embargo, la vida no se detiene, y dudo que el último deseo de una persona pueda ser que quienes le sobreviven renuncien a su vida. Su deseo es que sigan adelante con más prosperidad y abundancia. ¿Cómo podría ser de otra manera?

Palabras finales

El pasado quedó atrás y el futuro no ha ocurrido. Adopta una nueva actitud y di: "El único tiempo que existe es el *ahora*; necesito vivir en el momento. Debo relacionarme con mis hijos, padres y cónyuge, y recordar que si desatiendo o doy por sentadas esas relaciones, pueden desaparecer. Mis sentimientos pueden desaparecer, sus sentimientos pueden desaparecer". Las cosas cambian. Las personas mueren. No creas que siempre estarán ahí. También debes preguntarte: "¿Ya dije e hice las cosas que me gustaría haber dicho y hecho si perdiera a un ser querido?". ¿Por qué? Porque si pasa otro día sin que digas y hagas ciertas cosas, no estás protegiendo tu persona, tu cordura ni tu futuro. Si sufriste una pérdida, permite que sea un recordatorio de la importancia de tu relación contigo mismo y con quienes siguen contigo en este mundo físico.

5

MIEDO

EL DÍA QUE DESCUBRES
QUE TE HAS TRAICIONADO A TI MISMO

Si no expresas tus propias ideas, si no escuchas a tu ser,
estás traicionándote a ti mismo. En nuestra sociedad, lo contrario
de la valentía no es la cobardía sino la conformidad.

ROLLO MAY

Tal vez te sorprenda que haya definido de esta manera uno de los siete días más difíciles. Pero cuando hablo de traicionar me refiero al día en que te das cuenta de que tú, como muchos otros, has permitido que el miedo —una fuerza poderosa que puede influir en las decisiones que tomas cada día— determine cómo vives, por qué haces lo que haces e incluso dónde lo haces. Obviamente, no estoy hablando de los miedos cotidianos como a las arañas, a las alturas o a hablar en público. Todos experimentamos miedos que nos recuerdan que somos humanos. Algunos son benéficos y su función es protegernos; por ejemplo, el miedo puede salvar tu vida si evita que atravieses un callejón oscuro a medianoche o que corras riesgos imprudentes en lo emocional, financiero o físico. No, el día del que hablo es mucho más grande: es en el que te das cuenta con horror de que el miedo dominó y sigue dominando tu vida. Que prácticamente cada una de tus decisiones importantes la tomaste para complacer, apaciguar o de alguna manera satisfacer las necesidades de todo mundo, excepto las tuyas. Es el día en que comprendes que has traicionado a tu vida, a tus sueños y a ti mismo porque tuviste miedo de decepcionar o contrariar a las personas cuya opinión valoras. Es el día que admites finalmente que has puesto tus necesidades y a ti mismo en una pausa permanente.

Si has permitido que el miedo domine tu vida, y ahora lo admites, seguramente reconocerás muchas de las siguientes situaciones. Veamos si te queda el saco. Puedes descubrir que hiciste decisiones porque te aterra lo que podría ocurrir si no tomaras la salida fácil. Puedes haberte conformado con lo que *no* quieres por temor a no poder lograr lo que sí quieres y al sufrimiento que esto podría generar. Puedes creer que más vale pájaro en mano que ciento volando. Puedes decirte "no" una y otra vez porque no quieres correr el riesgo de caer de bruces y dar pie a comentarios como: "¡Te lo dije!". En vez de luchar por lo que en verdad querías o soñabas, te dejaste llevar por la corriente o dejaste que otra persona —cónyuge, padres, amigos o jefes— te dijera qué debía gustarte y qué debías desear o hacer.

La lista de traiciones es interminable y abarca desde las decisiones más importantes —como aceptar una promoción que no deseas (no sólo odias el nuevo puesto sino que te obliga a mudarte a un lugar apartado que no toleras y tu esposa te presiona para que lo aceptes porque su hermana vive ahí)— hasta la ropa que usas, con quién sales o incluso el dinero que gastas en mantener las apariencias para satisfacer a otros. Por desgracia, la presión de grupo no es un fenómeno exclusivo de la adolescencia. Los adultos ceden a ella todos los días porque temen decir "no" a la mayoría o a la sociedad y hacer lo que en verdad piensan, sienten y creen. El peligro de una mentalidad temerosa es que nos paraliza y nos coloca en una "zona de comodidad" segura y predecible, pero haciéndonos perder un tiempo precioso de nuestras vidas, trabajando por lo que no queremos en lugar de por lo que queremos.

Es como ver un trasatlántico nuevo y hermoso atracado siempre en un puerto, sin zarpar al mar, que es donde debe estar. Tal vez esté un poco más limpio y reluciente que los que navegan y son azotados por las tormentas pero, ¿cuál es el objeto de su existencia? No fue construido para permanecer en un puerto, como tampoco tú naciste para dedicar los mejores años de tu vida a otras personas y no a ti mismo. Ya sabes de quiénes hablo: de las que no dejan de opinar sobre cómo debes vivir tu vida, pero al terminar el día, se van a su casa. Cuando esta existencia artificial se derrumbe, ¿dónde crees que estarán? Apuesto que no podrás encontrar a esos bocones por ninguna parte.

No estoy diciendo que eres el único que vive de esa manera. No lo eres. Creo que alrededor de 80 por ciento de las decisiones están influidas por el miedo. Por eso elegí este tema como uno de los siete días. Piénsalo: somos una sociedad de conformistas, programada por la generación entrometida que nos precedió y por una maquinaria de mercadotecnia que nos dice qué debemos comer, poseer, vestir, conducir y consumir para estar "bien". Tal vez debamos sopesar toda esta información, pero en última instancia debes tomar las decisiones para ti; de otra manera te estarías traicionando. Supongo que estoy hiriendo algunas sensibilidades, pero este libro se llama La vida real y por eso debo hablar con toda franqueza. No estoy sugiriendo que actúes con egoísmo; el mundo ya ha tenido bastante de eso. Lo que digo es que debes ser sincero contigo mismo al momento de elegir tu vida, siempre y cuando no lastimes o explotes a los demás. Conforme avances en este capítulo verás que es perfectamente posible vivir de esta manera.

¿Qué es una vida dominada por el miedo?

Cuando descubres (o admites) que el miedo está controlando tus decisiones y tus relaciones con los demás, puedes encontrar que se debe a una desconexión entre la persona que crees que debes ser y el "tú auténtico". El tú auténtico es el que está en el núcleo de tu ser, que está formado por tus dones, habilidades, intereses, talentos, ideas, conocimientos, virtudes y valores únicos, todos los cuales necesitan expresarse. Y esto se opone a lo que otros te programaron para sentir o hacer.

El tú auténtico es el que floreció sin empacho en las épocas de tu vida en que te sentiste más feliz y satisfecho. Es el que existía antes de que escucharas a los chicos "populares" hablar a tus espaldas y excluirte o antes de que oyeras a las personas burlarse de que eras gordo. Es el que existía antes de que quedaras marcado por el divorcio de tus padres o de que fueras abandonado por tu cónyuge o por tus hijos adultos; antes de que intentaras y fracasaras, o de que te acercaras y fueras rechazado. Es el tú que existía antes de que supieras que la vida es un deporte de contacto, y que cuando intentas algo lo más probable es que te derriben, y con fuerza. Es el tú que te exige ser más de lo que eres, que no se conforma ni traiciona. En algún lugar de tu interior, el tú auténtico está esperando que encuentres el camino de regreso, que te conectes de nuevo y vivas tu vida con honestidad y valentía. Esta vida es apasionada, no imprudente; es resuelta, no irresponsable.

Es el tú que te exige ser más de lo que eres,
que no se conforma ni traiciona.

SEÑALES DE UNA CRISIS DE AUTENTICIDAD POR MIEDO

Seguramente recuerdas un día en que hiciste lo que querías con tu vida: seguiste a tu corazón enamorado, tomaste la decisión de volver a la escuela o botaste el empleo de oficina que odiabas para dedicarte de lleno a tu sueño de actuar, escribir o poner un negocio. Te emocionaba pensar en tu futuro porque estabas inmerso en actividades y relaciones que te satisfacían y te hacían sentir vivo. Pero en algún punto del camino permitiste que ocurriera. Por alguna razón, permitiste que tus planes fueran sustituidos por la idea de otra persona acerca de quién deberías ser. Ése fue el origen de la crisis.

Quizás las primeras señales fueron pequeñas. Empezaste a sentirte incómodo en las áreas de tu vida en que estabas desconectado de tu verdadera naturaleza. Por ejemplo, la actitud manipuladora de tu jefe te molestaba pero no te atrevías a confrontarlo, así que te acostumbraste a vivir con eso. Quizás ese sentimiento de estarte traicionando por no ser honesto no desapareció, quizás se transformó en una necesidad de automedicarte con alcohol o de comer en exceso, en negación o en otros hábitos autodestructivos que te proporcionaban un alivio momentáneo.

Ser esclavo de la maquinaria de la mercadotecnia y creer que estar "bien" significa vestir cierta ropa de diseñador, conducir el auto correcto, comer en los lugares correctos y convivir con las personas correctas, remplazó tus valores auténticos. Decidiste que tu valor y decisiones debían ser validadas por otra persona y empezaste a vivir con temor de ser descubierto o juzgado como alguien inferior. Negar tus deseos más íntimos, incluso en asuntos de poca monta, empezó a cambiarte, a sabotear al tú real. Y

123

todo aumentó porque cada vez era más fácil ignorar tu propia voz, desdeñar el valor de ser tú mismo por seguir el camino más fácil en tus relaciones, el trabajo e incluso en los sueños que alguna vez abrigaste. Las pequeñas mentiras crecieron cada vez más hasta que lo único que hacías era mantener la imagen que habías creado y te convertiste en un gran traidor.

Quizás no recuerdes siquiera una época en que vivías con autenticidad. Has actuado así por tanto tiempo que no concibes cómo tomar una decisión a propósito de nada, desde cónyuge, empleo, amigos, religión, ropa, personalidad, pasatiempos, auto, vecindario, peinado, política, valores, moral y conducta, hasta la ciudad en que vivirás. Quizás creciste en una zona de comodidad, temeroso de ser rechazado o de fracasar, decepcionar, lastimar o ser una molestia si te atrevías a decir: "Esperen un minuto, ¿qué hay de mí? ¿Qué hay de lo que yo quiero o necesito?".

En vez de sentir orgullo por tus logros, tienes la impresión de ir en una carretera a toda velocidad en la dirección equivocada y de que no hay salida a la vista. El problema es que estás perdiendo el tiempo. Los días se convirtieron en semanas, las semanas en meses, los meses en años… Si no haces algo *ahora*, cuando menos lo pienses mirarás atrás y todo habrá terminado.

La razón por la que te sientes tan perdido es que repudiaste tu verdad personal —es decir, lo que *en verdad* crees sobre ti cuando nadie está mirándote o escuchándote—, y te traicionaste en el nivel más profundo. Tu vida parece vacía porque cada decisión que no concordaba con lo que eres y con lo que crees hacía que el tú real muriera un poco. Ahí es cuando se declara el pánico. Un día te miras al espejo y dices: "Estoy echando todo a perder, y nadie tiene la culpa más que yo".

Son innumerables las personas que me han dicho que su temor más grande es admitir que lo que tienen no es lo que quieren. La razón por la que atemoriza tanto es que admitirlo puede generar una enorme presión para hacer algo al respecto. Pero esto reaviva los miedos que los pusieron en esta situación, como el miedo al fracaso o al rechazo y otros más, como el miedo de agravar errores anteriores o de haber esperado tanto para arreglar las cosas que ya no haya remedio. Así pues, se quedan con la realidad no sólo de que no quieren lo que tienen, sino de que tal vez están atascados. Hay más en juego y la posibilidad de fracasar se hace cada día más paralizante.

El miedo puede inutilizarte de varias maneras. Si has permitido que determine tus decisiones, te verás reflejado en los resultados que se manifiestan en dos de las clases más comunes de vida simulada: "aparentar para lograr" y "lo que temo se hace realidad".

Aparentar para lograr

En esta primera clase de vida artificial, sientes que estás fingiendo y que estás a un paso de que te descubran. Tus decisiones no parten de un deseo de crecer o explorar la vida; parten de una idea equivocada de la autoconservación y la seguridad. No te interesa ganar; tu objetivo es simplemente no perder. Muchas de las jóvenes con quienes crecí se casaron con hombres mayores porque querían salir de casa de sus padres: "No me importa quién sea, al menos no es mi padre. Claro que no es el mejor partido, pero está dispuesto". Otras personas eligen el camino más fácil en el trabajo: "Odio tanto este empleo que lo cambiaré por lo primero que se me aparezca. ¿Que si tengo un plan? Por supuesto: ¡largarme de aquí!". Su decisión no se basa en el deseo sino en la evasión. El problema es que esto les hace perder de vista los planes y sueños que un día los inspiraron.

En mi vida debí tomar decisiones similares. Al terminar un periodo especialmente difícil de la maestría, fui con mi consejero académico, a quien conocía muy bien (y sobre todo que me conocía bien a mí) y le pregunté a quemarropa si me creía capaz de recorrer todo el camino hacia un doctorado. Pese a que mi promedio global de calificaciones era A, me miró y dijo sin pestañear: "Lo dudo mucho. No lo lograrás". ¡Yo no podía creerlo! "¿Por qué no? ¿No soy inteligente? ¿No tengo lo necesario?". Él negó con la cabeza y dijo: "No es que te falte inteligencia. Lo que pasa es que nunca te someterás a los procesos de los cursos de posgrado. Tienes demasiadas opciones y no soportarás la mierda que viene con el paquete". ¡Uf! Buen material para reflexionar. Aunque decía que fracasaría, el motivo era una loable individualidad. ¿O no? Yo no sabía qué pensar.

Ese día pude abandonar los estudios por lo que otros considerarían un buen consejo y créanme, en retrospectiva, no necesariamente fue un mal consejo. Innumerables personas y situaciones parecían conspirar para que yo no consiguiera mi doctorado y hubiera sido más sencillo renunciar a mi sueño que pagar el precio de hacerlo realidad. Pero perseveré y concluí el recorrido porque lo deseaba fervientemente. Fue un momento de mi vida en que no me daba por vencido. Obtuve el doctorado y creo que ya conocen el resto de la historia.

No me importó que fuera una de las cosas más difíciles que jamás intentaría, ni que menos de uno por ciento de los estadounidenses terminen un doctorado. No me importó que otros que buscaban el mismo grado vendieran su alma para conseguirlo. Lo importante fue que, a pesar de los días en que despertaba preguntándome si valía la pena tanto esfuerzo, logré mi objetivo sin perder de vista *quién* era ni *cómo* quería hacer las cosas, sin dejarme vencer por el sistema. Asumí la responsabilidad por ser diferente, por ser un individuo, pero no me avergonzaba de verme al espejo cada mañana.

Pero no me malinterpretes: no estoy diciendo que no he tomado decisiones equivocadas o determinadas por el miedo. Hubo ocasiones en que me traicioné, en especial algunas relacionadas con mi padre y otros familiares. Como he dicho a menudo, me dediqué a la medicina privada mucho más tiempo del que me hubiera gustado (y de lo que era conveniente) porque lo hacía por las razones equivocadas: por mi padre, por mi familia, por una sociedad que ve con buenos ojos a los médicos jóvenes y prósperos. Ahí estaba yo, haciendo lo que había jurado no hacer, y por largo tiempo. Di entonces los pasos necesarios para dejar el ejercicio de la medicina y fundar una empresa de asesoría jurídica que, aunque muy riesgosa, ¡resultó más divertida de lo que deberían permitir las leyes!

No digo que fue sencillo ni que lo hice de la noche a la mañana; después de todo, tenía una esposa y dos hijos en quienes pensar. Pero inicié el proceso. Primero, tuve que enfrentar mis temores y plantearme algunas preguntas difíciles: ¿creo en mí lo suficiente para intentar algo nuevo y tener éxito? ¿Estoy dispuesto a arriesgar mis ingresos, mi casa y mi estilo de vida —todo por lo que he luchado durante los últimos 12 años— por apenas una posibilidad de ser feliz, haciendo lo que en verdad me gustaría hacer? Llegué a la conclusión de que valía la pena, así que me arriesgué y no volví la vista atrás.

Hice lo mismo casi 15 años después, cuando consideré que debía empezar un nuevo capítulo en mi vida. No lo hice solo ni de manera egoísta: me senté a hablar con mi familia y tuve la bendición de que me apoyaran en mi deseo de mudarme a Hollywood para iniciar mi propio programa de televisión. Siete años después seguimos aquí. Quizás la segunda vez ya era un poco más sabio, pues no perdí tiempo persiguiendo un nuevo interés.

Un aspecto interesante sobre la integridad y la aceptación de uno mismo es que cuando te sientes bien contigo, los demás lo perciben y terminan respetándote más que si te esforzaras en satisfacerlos.

Como ya mencioné, ha habido épocas en que me miro al espejo y me siento satisfecho con la persona que veo, y otras —como mis años en la medicina privada— que no me sentía tan contento con quien veía. Lo importante es que me di cuenta de lo que ocurría e hice algo al respecto. Mientras la persona que ves en el espejo sepa que le eres sincero y puedas mirarla a los ojos sin vergüenza, no importa que los demás no entiendan quién eres o qué haces. Un aspecto interesante sobre la integridad y la aceptación de uno mismo es que cuando te sientes bien contigo, los demás lo perciben y terminan respetándote más que si te esforzaras en satisfacerlos.

Quizás tú también has tenido que tomar una decisión importante, no necesariamente un cambio de profesión, pero algo importante en otro sentido. Pudo ser reunir el valor para mudarte a otra ciudad, realizar un cambio en una relación importante o proclamar una nueva fe. Y por cierto: si fue o es importante para ti, entonces es valioso, punto. No importa cuán trivial o simple parezca a los demás, si es significativo para ti, es importante.

Tal vez has soportado abuso por parte de una madre negativa o de otras personas emocionalmente desgastantes porque pensaste que de otra manera no te amarían y que era mejor aguantarlas que estar solo. Quizás has sido la esposa abnegada que se muda a la ciudad adecuada, recibe en su casa a personas con quienes no tiene nada en común y asiste a un country club que no soporta, todo para ayudar a tu esposo a prosperar. O tal vez has sido el empleado o hijo obediente que sigue la línea del partido para mantener las cosas en paz y que cree que puede "quedarse" siempre y cuando no exija demasiado. Ya sabes: cosas como poder opinar respecto de lo que te ocurre, recibir un trato digno o que tus necesidades y deseos sean atendidos.

El problema es que, de alguna manera, te funcionó: tal vez valió la pena vivir una mentira para obtener esa falsa seguridad en tu matrimonio o empleo, o tal vez fingiste tan bien y por tanto tiempo que empezaste a creer en la mentira. Y como la mentira traiciona tu propia confianza y tus creencias sobre ti mismo, buenas o malas, es sólo cuestión de tiempo para que cause problemas.

Tal vez nunca habías pensado que hacías mal, tal vez creías que simplemente jugabas el juego, como todos los demás. Pero hoy la farsa terminó, ya no puedes seguir fingiendo y, como dice el refrán, "puedes correr, pero lo único que ganarás será morir cansado". Quizás te embargaron tu auto por falta de pago. Quizás leíste por accidente en el *blog* de tu hijo lo que en verdad piensa sobre tu vida de mentiras. O quizás eres incapaz de seguir fingiendo, no porque alguien te haya "descubierto" sino porque despertaste y viste las cosas como son. Cualquiera que haya sido el catalizador, estás obligado a ser honesto contigo mismo y a dejar de traicionarte con una vida construida sobre mentiras.

Jessica era una autoridad en lo que a vivir mentiras se refiere. Su marido, Ken, era gerente de una empresa de computación y ganaba 60 mil dólares al año; ella se dedicaba al hogar y cuidaba de sus tres hijos. Se encargaba de administrar el dinero de la familia, aunque decir "administrar" es una exageración. Gastaba miles de dólares al mes en ropa lujosa, peinados y manicura, fiestas de cumpleaños espléndidas para sus hijos y *smoothies* y *muffins* diarios en la exclusiva cafetería de la esquina. Sus tarjetas de crédito estaban sobregiradas y en secreto sacaba efectivo de las de su esposo. Por lo menos una vez a la semana llevaba a los niños al centro comercial, les compraba lo que querían y al volver a casa escondía las notas y les ordenaba no decir nada a papá. Decoraba su casa con muebles, alfombras y obras de arte con valor de miles de dólares. No se preguntaba si tenían para pagar todo eso; a su manera de ver, simplemente debían tenerlo.

Sin embargo, peor aún que gastar dinero prestado en un vecindario lujoso, tres autos, una alberca y toda la ropa y juguetes electrónicos que se les ocurrieran, era que la familia no contaba con seguro médico. ¡Ninguno de los tres niños había sido revisado médicamente en años! Cuando uno de ellos sufrió un accidente en la escuela y fue llevado al hospital, el castillo de naipes de Jessica se vino abajo. Aunque el niño sólo se fracturó un brazo, Jessica comprendió que si hubiera sido algo peor la familia no habría tenido para pagarlo. Ni los autos lujosos, los muebles o los iPods podrían salvarlos, como tampoco la fachada de una vida opulenta y perfecta. Sentía pavor de revelar a Ken la auténtica situación económica de la familia, pero éste insistía en revisar las cuentas.

A Jessica le llegó su "día del juicio" y comprendió que sus prioridades habían traicionado la seguridad financiera de su familia. Le preocupaba no dar una buena imagen, no tener la ropa de diseñador o los objetos que creía necesarios para adaptarse a su círculo de amigos. Finalmente hizo cuentas y descubrió asombrada que sus deudas ascendían a cientos de miles de dólares. ¡Lo que gastaba cada mes era casi el triple de lo que su esposo ganaba!

Aunque finalmente admitió que estaba viviendo una mentira, temía más que nunca renunciar a ella. Era el único mundo que conocía y su identidad estaba completamente fundamentada en él. Sin ropa a la última moda, manicura, niños perfectamente vestidos, autos último modelo y cocina nueva, se sentía desnuda y asustada: ¿quién era ella sin esta vida fastuosa? Y ahora que su esposo lo sabía todo, ¿quedaría algo de su relación después de que en gran medida se apoyaba en engaños? El temor de no ser suficiente había impulsado su conducta autodestructiva y, ahora, el miedo de mostrarse como era resultaba tan abrumador que sentía que se le iba el aliento. Su vida se derrumbaba, literalmente, a su alrededor.

Lo que temo se hace realidad

El segundo estilo de vida más común entre los dominados por el temor es aquel en que el miedo se vuelve tan poderoso que creamos lo que más tememos. Esto ocurre porque permitimos que el temor de que algo ocurra influya en lo que somos, pensamos y hacemos. El miedo y la ansiedad nos distraen de tal manera que nos afectan al grado de que lo que tememos termina por ocurrir. Es la manera en que trabaja la mente: si te obsesionas con un resultado, en especial uno negativo, te vuelves tan sensible a esas señales y te preocupas tanto que la combinación de angustia y distracción no permite que ocurra sino lo negativo. Por eso quiero que vuelvas tus oídos hacia dentro y escuches lo que te dices, la manera en que te programas. Así como la "caja negra" guarda la información de por qué cayó un avión, tu conversación contigo mismo contiene las respuestas a por qué cruzarás los cielos o bien te estrellarás en tierra.

"Lo que temo se hace realidad" puede parecer una frase filosófica para calcomanía de auto, pero es mucho más que eso. Lo he visto ocurrir innumerables veces. Por ejemplo, si temes al divorcio o a ser abandonado por tu cónyuge, creo que puedes crear esa realidad en tu vida al obsesionarte con un desenlace potencial. Si temes lastimarte en la cancha de juego, empezarás a jugar con indecisión, lo que afecta tu ritmo y tus reflejos y te hace vulnerable. Si temes hacer el ridículo al hablar en público, tu angustiado diálogo interno te distraerá de manera que tu intelecto, recursos y eficiencia se dividirán por lo menos a la mitad, lo que efectivamente te hará ver como un tonto. Piénsalo: si tienes un IQ de 120 y dedicas la mitad a obsesionarte con lo que el público está pensando de ti, sólo podrás usar la otra mitad en tu discurso. Los gritos de tu diálogo interno negativo te convierten en un orador con IQ de 60. Probablemente estoy simplificando demasiado, pero creo que la idea está clara. Creamos lo que tememos. Es ciencia elemental: como dije antes, cada pensamiento genera una reacción fisiológica y sean cuales sean las señales a las que seas sensible, las percibirás en detrimento de todas las demás.

Tammy es el ejemplo clásico de una persona que crea exactamente lo que teme. Dan, agente de inversiones, la conoció mediante un amigo e inmediatamente se enamoró de sus brillantes ojos azules y agudo ingenio. Se casaron al poco tiempo y ella se mudó a Nueva York con este hombre sorprendente para iniciar una nueva vida que ella creía inalcanzable para la Tammy "real". Le obsesionaba la disparidad de sus orígenes y educación: ella sólo tenía un diploma de bachillerato, mientras que él ostentaba dos maestrías y tenía una pared llena de reconocimientos por sus logros en el campo de la economía. Desde el primer día, ella creyó que había convencido a su esposo y a todas las demás personas de su nuevo mundo de que era alguien que no era. Temía que descubrieran que no era ni lejanamente tan lista, hermosa, divertida o segura como creían. Desde el día de su boda temió que su esposo la abandonaría: sólo era cuestión de tiempo, pensaba, para que el sueño se convirtiera en pesadilla. ¿Tomaría una semana? ¿Un mes? Tal vez la farsa terminaría mañana.

Tammy sentía pánico por sus insuficiencias y consideraba que se había casado con un hombre muy por encima de ella. Su temor de ser descubierta dio al traste con su autoestima y se convirtió en una persona completamente diferente de la chica risueña y animada con que Dan se había casado. En vez de sentirse emocionada por su maravillosa vida, sus temores y ansiedad la distraían tanto que afectaron su personalidad, y lo único que pensaba era cuán aburrida debía parecerle a un hombre tan inteligente. Se volvió defensiva y belicosa, y adoptó la actitud de "la mejor defensa es el ataque".

Quien alguna vez fuera el alma de la fiesta y una compañera entusiasta y vivaz, ahora perdía la confianza aun en las situaciones más cotidianas. Tammy temía asistir a las fiestas de la compañía. Cuando salían con sus amigos era incapaz de relajarse, pues estaba convencida de que diría algo estúpido que la humillaría o que avergonzaría a su marido. Su antigua personalidad efervescente se redujo a nada. Su aspecto se deterioró, menguando su autoestima aun más, hasta que Dan no soportó más y se dio por vencido. Como era de esperarse, Dan se cansó de su actitud negativa y defensiva. Exactamente 11 meses después de haber caminado al altar, Tammy subió las escaleras del juzgado para su primera audiencia de divorcio. Le tomó casi un año, pero lo hizo: creó la realidad que más temía.

Qué esperar

Tal vez te odies por hundirte en una vida dominada por el miedo de la cual te crees incapaz de escapar. *¿No es demasiado tarde para cambiar? Después de todo, estoy aquí por falta de fortaleza y carácter, ¿cómo podría defenderme ahora?* Tal vez creas que es como jalar un hilo suelto de un suéter tejido: si intentas cambiar esta vida falsa, aunque sea un poco, todo se deshilachará. Te duele pensar en seguir con tu vida de mentiras un día más, incluso un segundo más, pero la idea de renunciar a ella te produce pánico. Puedes sentirte atascado: lo hagas o no, de cualquier manera estarás en problemas. Al miedo que te ha dominado por años se suma el miedo a lo que pueda venir.

Puedes experimentar una mezcla de emociones: resentimiento por perder el tiempo tratando de ser quien no eres y enojo contra quienes te presionaron a vivir así. Puedes sentirte atrapado. ¿Qué harás ahora? Puedes buscar otros bonitos papeles para representar, pero es probable que no funcionen tampoco. ¿Cómo podrían hacerlo si todavía no sabes quién eres? O tal vez vayas al otro extremo: convertirte en *hippie* si eras conservador o adoptar un papel tradicional si eras un espíritu libre. Puedes buscar al "nuevo tú" experimentando con otras amistades, religiones u orientaciones sexuales. En cualquier caso debes determinar quién eres, lo cual puede ser lo más atemorizador del mundo. Como has aprendido a vivir con mentiras, el simple hecho de decir a los demás que la farsa terminó puede ser muy traumático.

Debes tener cuidado, pues una vez expulsado de la seguridad de tu vida falsa eres muy vulnerable a adoptar conductas negativas y adicciones para aliviar tu sensación de estar perdido y solo. Tal vez creas que estas cosas calmarán tus temores y tu dolor pero créeme, no lo harán.

Cuestionario del miedo: identifica tus temores

Una de las pocas maneras de escapar del pensamiento dominado por el miedo es identificar las conductas y actitudes (relacionadas con el temor) que te han costado más caro en cuanto a oportunidades perdidas. Aunque hay muchas clases de miedos, a continuación describo siete de los más comunes y destructivos que influyen en la toma de decisiones. Este ejercicio te permitirá determinar cuáles miedos han motivado más tus decisiones y cuál grupo despierta en ti la mayor intensidad emocional.

El propósito de identificar los miedos que te gobiernan es que tomes conciencia de su influencia para que dejen de controlar tus decisiones y relaciones. Es un ejercicio breve pero te permitirá saber por qué actúas como lo haces y te mostrará los aspectos de tu vida más dominados por el miedo. Estas conductas y actitudes reflejan los temores subyacentes que debes resolver. Elige la frecuencia con que las experimentas: nunca, ocasionalmente, constantemente.

1. **Me molesta que una figura de autoridad me corrija.**

   Nunca _____ Ocasionalmente _____ Constantemente _____

2. **Me resisto a cambiar cualquier cosa en mi vida.**

   Nunca _____ Ocasionalmente _____ Constantemente _____

3. **Hago cosas aun cuando están prohibidas porque no me gusta que me digan no.**

   Nunca _____ Ocasionalmente _____ Constantemente _____

4. **Oculto mi resentimiento porque temo expresar mis sentimientos auténticos.**

   Nunca _____ Ocasionalmente _____ Constantemente _____

Calificación

Si marcaste "Constantemente" tres veces u "Ocasionalmente" cuatro veces, es muy probable que el miedo a *perder el control* gobierne una parte importante de tu vida. Si este miedo controla tus decisiones, es posible que utilices estrategias negativas para mantener el control y sofocar tu sentimiento de vulnerabilidad; por desgracia, también sofocan los sentimientos de paz y felicidad.

5. Me repliego pronto cuando me confrontan aun sin haber cometido errores o actuado mal.

    Nunca _____   Ocasionalmente _____   Constantemente _____

6. Dependo de la guía y la dirección de otros.

    Nunca _____   Ocasionalmente _____   Constantemente _____

7. Me obsesiono con los detalles para obtener aprobación.

    Nunca _____   Ocasionalmente _____   Constantemente _____

8. Evito llamar la atención en público porque me molesta hacer el ridículo.

    Nunca _____   Ocasionalmente _____   Constantemente _____

Calificación

Si marcaste "Constantemente" tres veces u "Ocasionalmente" cuatro veces, es muy probable que el miedo a la *humillación* esté obstaculizando el desarrollo de tu capacidad de autodeterminación y tu autoestima. No importa cuán talentoso seas, si este miedo controla tus decisiones, es posible que no estés luchando por nada en la vida, ni aun por las cosas por las que vale la pena luchar.

9. Evito la interacción con cualquier clase de autoridad.

    Nunca _____   Ocasionalmente _____   Constantemente _____

10. No expreso ninguna clase de pensamientos u opiniones en público.

    Nunca _____   Ocasionalmente _____   Constantemente _____

11. Condesciendo con cualquier persona con tal de no ofender o confrontar.

    Nunca _____   Ocasionalmente _____   Constantemente _____

12. Si sé que alguien está observando mi desempeño o conducta me pongo muy nervioso.

Nunca _____ Ocasionalmente _____ Constantemente _____

Calificación

Si marcaste "Constantemente" tres veces u "Ocasionalmente" cuatro veces, es posible que el temor al *dolor y al castigo* impida que busques mayores desafíos y mejores condiciones de vida.

13. Me obsesionan los buenos modales y el atuendo.

Nunca _____ Ocasionalmente _____ Constantemente _____

14. Delego con gusto el poder de tomar decisiones o de asumir la responsabilidad por acontecimientos que me afectan.

Nunca _____ Ocasionalmente _____ Constantemente _____

15. Procuro satisfacer a los demás y dejo mis intereses al final.

Nunca _____ Ocasionalmente _____ Constantemente _____

16. Cuando recibo un castigo o una crítica procuro sonreír.

Nunca _____ Ocasionalmente _____ Constantemente _____

Calificación

Si marcaste "Constantemente" tres veces u "Ocasionalmente" cuatro veces, es probable que el miedo al *rechazo* te impida ser transparente con los demás y correr riesgos para disfrutar las recompensas de la amistad y las asociaciones.

17. Rechazo oportunidades de superación en el trabajo.

Nunca _____ Ocasionalmente _____ Constantemente _____

18. Envidio el éxito de los demás pero disfruto el anonimato de no competir.

    Nunca _____   Ocasionalmente _____   Constantemente _____

19. Rara vez acepto reconocimientos por un triunfo.

    Nunca _____   Ocasionalmente _____   Constantemente _____

20. Deseo recibir atención pero intento evitarla cuando me la dan.

    Nunca _____   Ocasionalmente _____   Constantemente _____

Calificación

Si marcaste "Constantemente" tres veces u "Ocasionalmente" cuatro veces, es probable que el miedo a la *responsabilidad* te impida tomar partido en las situaciones o aceptar tu responsabilidad en la búsqueda de éxito y felicidad en tu vida.

21. He tenido muchos compañeros sexuales en mi búsqueda de relaciones.

    Nunca _____   Ocasionalmente _____   Constantemente _____

22. Me cuesta trabajo expresar afecto y amor.

    Nunca _____   Ocasionalmente _____   Constantemente _____

23. Acepto el estereotipo de hombre o mujer que me han dado.

    Nunca _____   Ocasionalmente _____   Constantemente _____

24. Visito páginas de pornografía en internet y veo impresos con material sexual explícito.

    Nunca _____   Ocasionalmente _____   Constantemente _____

Calificación

Si marcaste "Constantemente" tres veces u "Ocasionalmente" cuatro veces, es posible que el miedo a la *intimidad* te impida disfrutar el afecto y la alegría de una relación.

25. Me considero una víctima.
    Nunca _____ Ocasionalmente _____ Constantemente _____

26. Muestro intencionalmente mis debilidades.
    Nunca _____ Ocasionalmente _____ Constantemente _____

27. Evito que me comparen con otras personas, aunque lo hagan de manera positiva.
    Nunca _____ Ocasionalmente _____ Constantemente _____

28. Me arrepiento de haber participado en competencias de desempeño.
    Nunca _____ Ocasionalmente _____ Constantemente _____

Calificación

Si marcaste "Constantemente" tres veces u "Ocasionalmente" cuatro veces, es probable que el miedo al *fracaso* te impida explorar los valores e intereses que en realidad te atraen.

Analicemos el primero. Todas las conductas del primer grupo se relacionan con el miedo a perder el control. Por ejemplo, si estás casado puede manifestarse de diferentes maneras en tu matrimonio. En el aspecto financiero puede hacerte abrir en secreto una cuenta bancaria, aunque tú y tu pareja hayan acordado compartir los gastos y sacar dinero de una sola cuenta. El problema no es que quieras tener tu propio dinero sino que tu miedo a perder el control hace que manejes la situación de manera poco honesta.

Incluso es probable que tengas otros secretos en otras áreas. Tu riesgo de sufrir problemas de intimidad es alto, pues lo más probable es que tu necesidad de controlar impida que sostengas una relación plena en lo emocional e incluso en lo físico. En el trabajo, el miedo a perder el control puede manifestarse en tu relación con tu jefe; quizás siempre terminas tu trabajo, pero después de mucha resistencia y controversia acerca de cómo hacerlo. La tensión que genera esta lucha constante (que puede adquirir un matiz pasivo-agresivo si disimulas tu falta de cooperación) puede provocar reducción de energía, menor confianza entre tú y tu jefe, y la reputación de no ser bueno para el trabajo en equipo. ¿Notas hasta dónde pueden llegar las consecuencias del miedo en tu vida?

Como dije, este cuestionario representa siete de los miedos más comunes que motivan las decisiones. Es posible que tengas uno o varios. Conforme reflexiones sobre lo que aprendiste (o confirmaste) de ti y de tu lucha personal con el miedo, tomarás más conciencia de tus respuestas a las personas y las situaciones, y comprobarás que el enfrentar tus temores en un área te ayudará a mejorar en las demás. Como durante mucho tiempo has estado desconectado de tus verdaderos sentimientos, y como tal vez te sea difícil analizar objetivamente tu conducta, puede ser útil pedir a otras personas que te ayuden en las áreas en que no estás plenamente seguro.

De vuelta a días mejores

Ahora que has identificado tus mayores miedos, las siguientes acciones te ayudarán a cavar más profundo y revelar las incongruencias entre la vida que has llevado y aquélla para la que naciste. Antes de empezar, date permiso de ser brutalmente honesto para alcanzar las áreas que provocan las discrepancias más graves.

Antes de seguir adelante, puedo decirte que las ocho acciones siguientes se basan en una idea fundamental: tú debes decidir que ahora es tu turno y que es más atemorizante seguir por el camino que habías llevado que cambiar. Para ello debes decidir que vales la pena y que no seguirás viviendo con cobardía. ¿Todo será más fácil cuando lo hagas? Probablemente no, pero la "otra" vida tampoco era fácil. Al menos de esta manera trabajarás por lo que quieres y no por lo que no quieres y créeme, eso no es algo que debas temer. Permíteme repetir esto: ser fiel a tu persona y a tus necesidades no es ser egoísta. No puedes dar lo que no tienes. Si te engañas no eres una persona plena y, por tanto, estás engañando a todos los demás.

ACCIONES

▶ **Encuentra el auténtico norte de tu vida (identifica lo que en realidad te interesa)**
Aquí es donde identificas lo que en verdad quieres y te interesa en la vida. Por ejemplo, en un mundo perfecto —donde no tuvieras que pensar en nada ni en nadie más—, ¿cómo sería tu vida? Por ahora no te compliques. No la califiques. No des razones ni excusas de por qué tu vida no es así. Sólo imagínala a grandes rasgos e incluye los elementos que mejor representen tu vida ideal. Escríbelos empezando con el más importante. Considera todos los aspectos, desde relaciones, profesión, ropa, auto, lugar de residencia y pasatiempos, hasta rasgos de personalidad y carácter. No olvides que debe ser lo que en verdad valoras y deseas, no lo que los demás creen

que debes desear, hacer o sentir. Luego describe en otra lista lo que tienes y dónde estás en este momento respecto de cada uno de esos aspectos.

▶ **Analiza dónde estás ahora** (¿qué tanto has perdido el rumbo?)
Si al comparar las listas de lo que en verdad deseas y de lo que tienes ahora sientes que te has olvidado de ti mismo, el siguiente paso es indagar mediante un cuestionario qué tan amplia es la distancia entre el lugar donde estás y el lugar al que quieres llegar.

Responde estas preguntas: ¿Acepté este empleo porque no me creí capaz de conseguir uno mejor? ¿Elegí a mi esposo pensando: "No es el mejor partido, pero está dispuesto"? ¿Elegí a mis amigos porque disfruto su compañía o porque son parte de una imagen que deseaba proyectar? ¿He sido un buen amigo para mí mismo cuidando mi salud mental, emocional, física espiritual e intelectual? ¿Me satisfacen mis actividades cotidianas y me gustan las cosas a las que dedico mi tiempo?

▶ **Toma una decisión de vida**
Una decisión de vida es tu cimiento psicológico y conductual, el conjunto de valores fundamentales que has incorporado al núcleo de tu alma. Es más que una moda pasajera o un compromiso despreocupado. Es una decisión que se toma desde el corazón con un firme compromiso emocional. Está más allá del pensamiento; es una convicción que gobierna tu vida de manera permanente. Es un reflejo exacto de tu persona. Normalmente no piensas mucho al respecto; está arraigado. ¿Acaso no tomaste la decisión de no robar? Negarse a ser un ladrón es una decisión de vida que incorporaste al núcleo de tu alma. No necesitas reflexionar todos los días sobre el tema ni mantienes un debate abierto sobre él. Ya está determinado.

142

Si vas rumbo al cine y recuerdas que tienes poco efectivo, no piensas: "¿Qué haré, saco dinero del cajero automático o asalto ese 7-Eleven?". Algunas cosas no están abiertas a discusión; tomaste una decisión de vida. Es parte de lo que eres. Quizás este día y la apabullante realidad de que tu vida ha estado dominada por el miedo es lo que necesitas para tomar la decisión de vida de renunciar a la mentira, por más familiar que sea. Y quizás, quizás, sea momento de actuar y buscar otros resultados.

▶ **Sé sincero contigo mismo**

Al trabajar para resolver el conflicto entre lo que no quieres y lo que sí quieres, sé realista con lo que en verdad merece estar en tu lista. Hay cosas que no pueden rehacerse o deshacerse simplemente porque los objetivos cambian o el tiempo sigue su marcha. Puede haber asuntos que no pueden desenmarañarse, en especial en las relaciones con personas que han seguido con sus vidas. Por ejemplo, tu vida ideal no debe incluir un ex cónyuge que se casó de nuevo y tiene otro hijo. Simplemente no sería realista, por mucho que lo desees.

Es diferente liberarse del miedo a ser imprudente. Si siempre quisiste formar parte de la compañía de danza The Rockettes, pero mides 1.60 m, sufres de asma y artritis en las rodillas, sin mencionar que tienes marido y dos hijos que atender, no estoy sugiriendo que vueles a Nueva York con nada más que un boleto de avión y un sueño. Lo que quiero es que te concentres en los aspectos de tu vida que no representan a la persona que eres en realidad y que puedes cambiar de manera responsable.

Una vez que identifiques los aspectos que están en conflicto con tu ser auténtico y tu verdad personal —es decir, con lo que eres y lo que más deseas en tu vida— debes decidirte y decir: "Estoy dispuesto a correr los riesgos que sean necesarios para hacer valer mis principios y creencias, y para hacer las paces conmigo mismo. No sentiré culpa ni permitiré que otros me hagan sentir culpable por declarar mis necesidades, creencias, valores, principios y voluntad". Y recuerda: lo que ansías no es en sí bailar en Radio City Music Hall; lo que deseas es la *emoción* que crees que obtendrás de esa experiencia. Y créeme, hay muchas maneras de crear esa emoción. Tal vez enseñar danza a los niños de tu comunidad se acerque a ello. No lo sabrás hasta que lo pruebes.

► **Hazlo realidad (sigue un plan)**
La diferencia entre los sueños y los objetivos es un cronograma y un plan de acción. Puedes registrar tus avances de manera semanal, quincenal o mensual; lo importante es evitar que los días se conviertan en semanas y las semanas en meses y años. Diseña un plan práctico que te acerque a tu vida ideal y, de ser posible, pide a otra persona que verifique tu progreso.

Si tú y tu esposo han soñado con dejar atrás los fríos inviernos de Minnesota y mudarse a Carolina del Sur para abrir una hostería, ¿qué están haciendo para volverlo realidad? ¿Dedican su tiempo libre a investigar en internet las mejores zonas para las hosterías, a buscar un buen agente de bienes raíces que les ayude a encontrar ese lugar perfecto o a informarse sobre los subsidios a los que tienen derecho? ¿Están revisando su situación financiera y haciendo cambios de manera que dejen de gastar el 98 por ciento de su salario en mantener su actual estilo de vida?

Si tu propósito de los últimos 10 años ha sido bajar de peso y adoptar un estilo de vida más saludable, te pregunto: ¿cómo es tu vida en este momento? Tú respondes que tienes tres hijos, que trabajas 70 horas a la semana y que cuando no estás trabajando estás en casa viendo televisión, lavando ropa o hablando por teléfono con tu madre mientras preparas papas a la francesa y macarrones con queso para tus hijos. Muy bien, pero, ¿qué haces en ese tiempo para alcanzar las metas que te planteaste? ¿Haces por lo menos una cosa para avanzar en la dirección de lo que en verdad deseas? Quizás la respuesta es no. Si no has ido al gimnasio en dos años (y ni siquiera dedicas 15 minutos a la semana a alguna clase de ejercicio), y si hace seis meses intentaste por dos días cocinar alimentos más saludables pero te diste por vencida y decidiste que era mejor volver a lo que todos estaban acostumbrados, entonces estás perdiendo un tiempo precioso. Si algo de lo anterior o todo es o se parece a lo que haces con respecto a tus sueños, me parece que estás trabajando demasiado duro por lo que no quieres.

Reconoce que aunque hay riesgos, debes enfrentarlos para completar la resolución del conflicto.

Recuerda, el propósito es reducir la distancia entre tu realidad actual y la que deseas. Alinear tu vida con lo que en verdad quieres puede requerir algunos sacrificios financieros o emocionales, y es probable que no ocurra de la noche a la mañana. Pero puedes empezar tomando algunas decisiones que, en algún momento, te llevarán allá. Y no cometas el error de pensar que el cambio necesariamente es externo. Tal vez no cambies dónde estás o con quién estás; puede que cambies cómo estás donde estás o cómo eres con quien estás. No estoy diciendo que si tienes un matrimonio insatisfactorio, éste será tu boleto de salida. No es momento de huir de los problemas sino de aprovechar la oportunidad de verlos con nuevos ojos.

Por supuesto, si vives con un marido controlador y distante, y estás harta de ser menospreciada emocional y mentalmente, es un buen momento para enfrentar el problema. Si tu esposa no deja de ponerte el cuerno y no está dispuesta a cambiar, es buen momento para decidir que no mereces ese trato. Pero también es posible que si buscas de dónde proviene el dolor, descubras que lo que no te permitía ser feliz con nada ni nadie era la insatisfacción contigo mismo. Así pues, empieza con cambios en tu interior antes de mover todo en el exterior.

Reconoce que aunque hay riesgos, debes enfrentarlos para completar la resolución del conflicto. Ten la disposición de sufrir pérdidas para alcanzar lo que está en la otra orilla; y recuerda siempre qué alto es el precio que ya has pagado por no ser auténtico.

▶ Reconoce tus temores

Es útil que en este proceso aprendas a enfrentar el miedo para que no vuelva a controlarte. Los consejos siguientes pueden evitar que caigas de nuevo en las conductas con que te traicionaste y creaste la vida artificial que estás dejando atrás.

Como digo a menudo, para cambiar algo primero hay que reconocerlo. Ahora que identificaste tus "demonios del miedo" será más fácil advertir su presencia al momento de tomar decisiones. No seas muy duro contigo: puede que al principio no percibas su influencia porque has vivido con ellos mucho tiempo. Lo importante es que tomes conciencia de tu conducta y actitudes, y que profundices cada vez más para encontrar los miedos que las están motivando.

CUESTIONA TUS MIEDOS IRRACIONALES

Todos albergamos creencias sobre nosotros mismos, sobre los demás y sobre nuestra vida. Reflejan nuestra visión de nuestro lugar en este mundo, y como son ideas que se repiten una y otra vez, las consideramos verdaderas. No las cuestionamos ni estamos dispuestos a cambiarlas porque nos resulta casi imposible creer algo distinto. Los miedos irracionales pertenecen a la categoría de creencias irracionales. La siguiente es una lista de los miedos irracionales más comunes que he visto a las personas aceptar como verdaderos, pero que no lo son.

Miedos irracionales sobre mí

Temo no merecer atención positiva de los demás.

Temo agobiar a los demás con mis problemas y temores.

Temo que si en mis relaciones pido concesiones, aunque sean pequeñas, no me permitirán quedarme.

Temo no ser creativo, productivo, eficiente o talentoso.

Temo ser una persona sin valor.

Temo ser incapaz de resolver mis problemas.

Temo que mis problemas sean tantos que todos se den por vencidos, incluido yo.

Temo ser tan torpe que no pueda resolver algo tan complejo como esto.

Temo aceptar mis errores porque hacerlo es señal de debilidad.

Temo ser el engendro más feo y poco atractivo del mundo.

Temo estar a sólo un paso de que descubran que soy un fraude.

Temores irracionales sobre los demás

Temo que en realidad a nadie le importan los demás.

Temo a todos los hombres (o a todas las mujeres) y no se puede confiar en ellos (o ellas).

Temo las relaciones y siento que no tengo control sobre la manera en que se desarrollan.

Temo el juicio de los demás sobre mi valía.

Temo al dolor en una relación, no importa cuánto me esfuerce en cambiar.

Es importante notar que estos pensamientos pueden influir en cada una de tus decisiones. Algunas de estas creencias generaron los miedos con que has vivido y no cederán mientras no los cuestiones. Si tienes problemas con ellos y decides consultar a un experto, hay dos métodos principales con que los profesionales abordan los miedos irracionales: la insensibilización —por la que aprendes a ser menos reactivo—, y la psicoterapia cognitiva —que enseña a controlar el diálogo interno.

Si quieres saber más sobre estos métodos, encontrarás más información en el apéndice A.

► Prepárate para el éxito (conserva tu recién adquirida libertad)
Recuerda que el proceso descrito es sólo el punto de partida para cambiar las cosas. Debes remplazar los años de pensamientos inadecuados que te llevaron a donde no querías estar con pensamientos nuevos diseñados para llevarte a donde quieres ir.

Existen muchos recursos que pueden serte útiles. Están los informales, como que un amigo o tu pareja te ayuden a identificar los temores que más influyen en ti y a vigilar que cumplas con tus decisiones y propósitos. O puedes pasar al siguiente nivel con orientación psicológica, psicoterapia u orientación pastoral. En ocasiones, olvidarte de todo en un *spa* donde haya masajes, tratamientos faciales, música y clases de relajación, es todo lo que necesitas para apoyar tu nueva vida.

▶ Ten en cuenta que no estás solo
Vivimos en una sociedad que se vale del miedo para controlar nuestra conducta. Los medios de comunicación lo usan para que los sintonicemos, la sociedad lo usa para vendernos cosas y los políticos pintan un mundo lóbrego para obtener nuestro voto. El miedo puede usarse para controlar a cualquier persona. Puede controlar a una multitud, a un país o a los niños. Algunos padres, religiones y maestros nos amenazan con historias sobre el coco, el infierno o la condenación y los demonios para que nos comportemos. Conforme crecemos, el temor al coco puede convertirse en temor a reprobar en la escuela, enfermarnos, hacer el ridículo, perder el empleo, tener intimidad… la lista sigue y sigue. Con el tiempo, conforme las personas pierden la confianza para tomar decisiones, todos estos miedos las desconectan de quienes son en realidad. Lo bueno es que mientras sigas respirando, hay oportunidad de cambiar.

Puedes encontrar fortaleza en tu interior, así como maneras mejores de usar la energía que gastas en sentir miedo. Al reconocer tus puntos débiles y aprender técnicas para manejar el temor, puedes liberarte de gran parte del equipaje que has cargado por años y que ha limitado tu vida. La cantidad de energía emocional que reside en tus temores es enorme. Imagina esa cantidad de energía aplicada a las cosas que te agradan.

Palabras finales

Debes comprender que una vida sin autenticidad es un callejón sin salida. Incluso si no te das cuenta de que te engañas a ti mismo, tu subconsciente lo sabe perfectamente y no te permitirá vivir una mentira. Puedes tener una vida llena de conductas auto saboteadoras (si eliges no enfrentar los problemas) o puedes permitir que la crisis te lleve a un lugar donde reconciliar las diferencias y hacer las paces contigo mismo. Tal vez no encuentres todas las respuestas en este sitio, pero al menos ya sabes qué preguntas debes plantear.

6

CRISIS DE ADAPTABILIDAD
EL DÍA QUE TE DESCUBRES INCAPAZ DE HACER FRENTE A LAS EXIGENCIAS DE LA VIDA

> Adaptarse o morir, hoy como siempre,
> es el imperativo inexorable de la naturaleza.
>
> H. G. WELLS

Lo que llamo "crisis de adaptabilidad" ocurre el día que te levantas abrumado y aterrado porque sientes que la realidad te sobrepasa. La vida pasa rápido, muy rápido, y sientes como si rodaras cuesta abajo por una pendiente, completamente fuera de control. Probablemente no sabes cuándo ni cómo ocurrió; sólo que estás ahogándote en las exigencias de la vida, reales o imaginarias, y que te hundes rápidamente. Tal vez perdiste la confianza y la capacidad de enfrentar hasta los problemas más simples. Quizás estás abrumado por la cantidad de problemas que tienes o quizás por la complejidad de los desafíos, pero en cualquier caso te sientes impotente. Te has hundido tanto y has adquirido tantos compromisos que simplemente no puedes seguir adelante, y lo sabes. Por largo tiempo aparentaste ser una persona segura y competitiva; incluso llegaste a pensar que todo estaba bien pese a algunos conflictos esporádicos.

Pero por alguna razón las "reglas" cambiaron. Es posible que tu conexión espiritual se haya interrumpido y te sientas traicionado o incluso burlado por invertir tanta energía en un sistema que aparentemente te falló. Tu brújula moral parece haberse detenido y todo lo que creías sobre ser recompensado por vivir según las reglas ha resultado una mentira. Tal vez pienses: "¿A quién trato de engañar? No tengo las respuestas. He tratado de mantener las cosas en marcha pero ya no puedo más". Te sorprendería saber cuántas veces he visto esto en los treinta y tantos años que he trabajado con las personas. Éste puede ser un día especialmente difícil para quienes viven en la vía rápida de la vida y están acostumbrados a tener todas las respuestas al alcance de la mano. No tienen respuestas para sus hijos; no tienen dinero para pagar las cuentas. Peor aun: no tienen un plan para superar la situación. Este día puedes sentirte así al ver que tu vida se ha descarrilado y que ni siquiera tienes ganas de seguir adelante.

ADAPTABILIDAD: HABILIDAD DE ADAPTARSE

La adaptabilidad es la capacidad de arreglárselas en este mundo. Tiene que ver con la capacidad mental y física para manejar todos los aspectos de la vida, y cuando lo haces bien, eres eficiente y productivo. Sabes quién y qué eres. No digo que todo sea perfecto, pero en general las cosas van en la dirección que deseas. Tienes la capacidad de satisfacer las exigencias de la vida sin derrumbarte, incluso al enfrentar problemas grandes o pequeños, esperados o inesperados.

Como ser humano eres parte de uno de los misterios más fascinantes del mundo, pues la humanidad ha sobrevivido a lo largo de la historia a pesar de que físicamente somos de los mamíferos más débiles e indefensos de la creación. Piénsalo: no somos ni por mucho la especie más impresionante en el aspecto físico. No somos de los más fuertes, no corremos muy rápido, no nadamos muy bien y no volamos. Nuestros sentidos son inferiores a los de la mayoría de los animales (un halcón puede ver un conejo entre la hierba a kilómetro y medio de distancia, los delfines pueden escuchar hasta a 25 kilómetros de distancia y los sabuesos tienen un olfato hasta un millón de veces más sensible que el nuestro), no contamos con armadura natural —cuernos, colmillos, garras, sacos de veneno— ni con la capacidad de camuflarnos para protegernos de predadores y otras amenazas. No obstante, aquí estamos, mucho después de que otras especies más espectaculares surgieron y desaparecieron. Sé lo que estás pensando: ¡nosotros tenemos inteligencia! Cierto, pero hay muchas clases y la más importante es probablemente la que se conoce como "inteligencia adaptativa". Gracias a ella hemos escapado de la extinción. Gracias a ella seguimos aquí a pesar de nuestras muchas limitaciones.

El secreto de nuestra supervivencia reside en nuestra capacidad de usar el intelecto para adaptarnos, para arreglárnoslas en ambientes hostiles y prosperar en condiciones menos que ideales. Hemos usado el poder de la mente para redefinirnos a lo largo de los siglos y una tecnología cada vez más poderosa nos permite hacer las cosas con más rapidez y eficacia que nunca.

Concentrémonos entonces en el lugar donde tú y yo vivimos, en el mundo acelerado de hoy. La supervivencia se relaciona con la capacidad de adaptarse no sólo al entorno, sino principalmente al cambio. La capacidad de prosperar en condiciones adversas y de responder a circunstancias cambiantes es el tema de este capítulo.

¿QUÉ TAN FIRMES SON TUS CIMIENTOS?

Uno de los aspectos más importantes de nuestro ser es la necesidad de sentirnos competentes y capaces en medio de los vaivenes de la vida. Desde muy pequeños, al enfrentar las situaciones y desafíos cotidianos, y al *observarnos* "dominándolos", vamos construyendo nuestros cimientos. Aunque no te des cuenta, nos observamos tal como observamos a los demás. Piensa en una persona a quien admires y respetes; te formaste una opinión sobre ella observándola hacer eso que hace bien. Tú te conoces y te formas una opinión de ti mismo de la misma manera, desde el día que llegaste a tu primer día de clases con tu propio dinero para el almuerzo, hasta tu adolescencia cuando intentabas demostrar a tu padre que ya eras bastante grande para aprender a manejar, y hasta esa gran entrevista de trabajo en que tenías grandes expectativas y tuviste éxito. Con base en tus observaciones de ti mismo concluyes que estás predispuesto para el éxito (sea cual sea la manera en que lo definas) y que prefieres una carga de trabajo que represente un desafío y te permita aprender, crecer y sentirte productivo en tu vida y en tus relaciones.

Desde muy pequeños, al enfrentar las situaciones y desafíos cotidianos, y al observarnos "dominándolos", vamos construyendo nuestros cimientos.

Tu sistema de creencias, las "reglas básicas" según las cuales vives y te conduces cotidianamente, son la clave para conocer cómo responderás a las diversas crisis que enfrentarás. También tenemos un sistema de creencias basado en lo que aprendemos de tradiciones y modelos familiares, así como de los libros que leemos, los programas de televisión que vemos y la música que escuchamos. Todas estas influencias nos vinculan con un grupo más amplio y nos ayudan a definir qué esperamos del mundo. Probablemente los sistemas de los que somos más conscientes son las virtudes espirituales que resultan de estar conectados con algo más grande que nosotros. Esto nos ofrece una importante referencia para saber que lo que hacemos es importante. Conforme aprendemos la ética de la supervivencia y los principios que regirán nuestros actos, surge la expectativa de que nuestras obras serán recompensadas. La confianza en nosotros mismos crece al comprobar que las reglas que aprendemos nos funcionan y benefician.

¿Qué es una crisis de adaptabilidad?

Este día se presenta cuando sientes que tu vida se te escapa de las manos y por alguna razón tus creencias no te sirven para afrontar tus desafíos. Tal vez tu vida empezó a desmoronarse poco a poco, o quizás se te vino encima sin previo aviso. Si este último fue tu caso, tal vez has estado viviendo con la cabeza hundida en la arena. En cualquier caso, cuando tu capacidad de seguir adelante y adaptarte se desploma, puedes sentirte devastado y fuera de control, y querer agazaparte en posición fetal tras la planta de tu recámara. Tal vez sentiste que la educación y las habilidades que considerabas el boleto para un buen futuro no te han llevado a ningún lugar en que quisieras estar. Este día puedes sentir que no sabes nada de la vida ni de ninguna otra cosa.

Hay muchas situaciones que pueden orillarte a esta situación. Probablemente esta crisis sobreviene cuando te das cuenta de que tu situación financiera es un absoluto desastre. Tal vez intentaste dar a tus hijos todo lo que no tuviste o mantener las apariencias con tal de encajar en tu grupo de amigos. O quizás lo que arruina este día es que estás al borde de la bancarrota y a punto de perder tu casa y tu auto. Tal vez sientes que estás a un cheque de sueldo de la indigencia y probablemente tienes razón. Si es así, un identificador de llamadas puede convertirse en tu nuevo mejor amigo porque te permite filtrar las llamadas de las agencias de cobranza que están acechándote. O tal vez tus ingresos te alcanzan para comprar los zapatos de tus hijos, brindarles un techo y mantenerlos alimentados, y de vez en cuando te sobra algo de dinero, pero simplemente ya no puedes mantener el paso.

Debido al constante bombardeo de imágenes sobre el estilo de vida supremo, los productos "indispensables" más recientes y las bellas personas que tienen todo y disfrutan la vida, posiblemente creas que todo lo que necesitas para resolver tus problemas es dinero. No obstante, éstos nada tienen que ver con la cantidad de dinero que guardas en el banco; tienen que ver con tu capacidad (o falta de ella) para adaptarte a tu realidad actual, cualquiera que ésta sea.

Tal vez los ahorros de toda tu vida desaparecieron debido al fracaso de una inversión de la que no fuiste responsable y te enfrentas al hecho de que deberás trabajar el resto de tu vida. O estás atrapado en el lado menos favorecido de la lucha política en la oficina. Adiós al retiro y hola al agujero más profundo, donde tu ex asistente ahora es tu jefe. Las crisis financieras son especialmente duras cuando somos mayores, pues hemos perdido los amortiguadores de la salud y el tiempo. ¿Cómo recuperarnos cuando ya está tan avanzado el juego?

Cuando Tony vio el comprobante impreso por el cajero automático, su corazón empezó a palpitar y sintió la necesidad de apoyarse. Apenas podía sostener el papel, pero no despegaba la vista de él, como si las cifras fueran a cambiar si esperaba el tiempo suficiente. Ahora entendía todo. La mirada ausente de ella cuando la besó antes de su viaje. Las constantes llamadas sin respuesta a la casa. Los mensajes sin respuesta. Su teléfono celular apagado. Al principio pensó que la mala costumbre de Maria de olvidar pagar la cuenta había provocado que le cortaran una vez más el servicio. Ella había actuado de manera extraña durante meses, pero nada preparó a Tony para encontrar sus cuentas vacías. Se sintió estúpido. "¿Cómo no me di cuenta de lo que pasaba?". La amaba. Había confiado en ella. Y ahora estaba ahí, con 20 años más y 30 mil dólares menos. Así como así. Su esposa lo había traicionado, lo había dejado sin nada y ahora se sentía completamente solo.

Como Tony, tal vez pensaste que todo lo relacionado con tu pareja ya estaba acordado, pero ahora buscas desesperadamente "consejeros matrimoniales" en la guía telefónica. Tienes serias dudas sobre tu capacidad para seguir haciendo lo que haces. Te pasaron por alto para esa promoción o nuevo empleo que creías tener en el bolsillo. O el gran proyecto que te convirtió en el héroe de la oficina fue rechazado para siempre. Ya no eres la persona más popular y todos lo saben.

Para muchas personas éste es el principio del fin. Sin la menor idea de cómo sobrevivir ni la motivación para volver a montarse en el caballo, se dan por vencidas. En lenguaje coloquial se dice que se han derrumbado, lo que puede resultar en una absoluta pérdida de control, pues darse por vencido y perder la confianza en la propia capacidad de supervivencia puede ser devastador. Puede parecer que los demonios que hasta ahora has controlado mediante técnicas eficaces de supervivencia son capaces de apoderarse de ti. Es una de las épocas más vulnerables de tu vida. (Y a propósito: es en este momento que algunas personas se vuelven susceptibles a consagrar su vida a algo o alguien que consideran más fuerte y capaz de salvarlos. Es con esta mentalidad que las personas se unen a cultos o grupos marginales con la intención de "encontrarse", escapar de una vida que "se fue al caño" o sentir alguna especie de conexión. Pero renunciar a un sistema de creencias en favor de otro previamente estructurado no es la respuesta. Es un proceso que debes vivir paso a paso, en tus propios términos).

Qué esperar

No intentaré suavizar la descripción de lo que puedes sentir este día. El miedo, la parálisis, la culpa y la vergüenza te abrumarán. Sentirás náuseas. Querrás ocultarte en tu casa, incluso en una habitación oscura o en cualquier otro lugar donde puedas hacerlo. El temor a ser visto —incluso por ti mismo— puede convertirte en lo que se conoce como "caso perdido". Es importante reconocer lo que está ocurriendo, ya sea en tu vida o en la de un ser querido.

La negación es una reacción inicial común en este día, pues no eres capaz de comprender la magnitud del cambio que acaba de presentarse en tu vida. Posiblemente quieras aferrarte a la idea de que todo está normal y que con el tiempo mejorará. Muchas personas que han perdido su empleo siguen arreglándose por las mañanas porque no quieren admitir que no tienen a dónde ir. Quebrantados y perdidos, simplemente no pueden imaginar una vida sin su identidad de gerentes, vendedores o ingenieros y, en ocasiones, luego de haberse aislado de la vida por un empleo que perdieron, se sienten solos y desesperados.

Es frecuente que las relaciones se transformen ante una crisis, y sin duda lo harán en una como ésta, cuando tu adaptabilidad se colapsa y te sientes completamente abrumado. Tal vez ya no tengas el dinero para seguir haciendo lo que hacías con tu familia y amigos, y te sientas culpable y avergonzado. Sea cierto o no, puedes creer que ellos están resentidos contigo. Probablemente te avergüenza tu cambio de estatus, por lo que no comunicas a tus seres queridos lo que está pasando. Tal vez no cuentes a tu mejor amigo que tienes problemas de pareja o que te sientes fuera de control. Puede ocurrir un cambio de papeles y las personas que antes te veían con respeto ahora sientan lástima. Dicha lástima, el peor sentimiento del mundo para muchas personas, en especial para los hombres, puede agudizar tu ira y actitud defensiva. No quieres admitir tu fracaso e intentas ocultarlo.

La negación te permite detener la caída por un momento, pero es especialmente peligrosa cuando la prefieres a tomar las decisiones necesarias para mejorar tu situación.

Cuando tu vida se trastorna puedes sentirte victimizado y culpar a los demás (en vez de concentrarte en cambiar tú mismo). Puedes sentirte enojado. Puedes sentir que el mundo te ha tratado mal y no estás motivado para aumentar tu adaptabilidad. Puedes sentir que tu esposa perdió en la lotería de la vida al tener la mala suerte de casarse contigo y que tus hijos perdieron en la lotería genética porque salieron de tu acervo genético, y tú eres el arquetipo del fracasado. Por supuesto, tu autoestima cae en picada porque sientes que nadie te quiere. Puede ser simplemente que en este momento alguien no está valorando tus habilidades o que tu pareja te rechazó porque sus sentimientos cambiaron, pero todo te lo tomas personal. Puedes ver que te metiste en un profundo agujero y puedes sentirte tan abrumado que no sepas cómo salir de él. Cuando personalizas el problema sientes que el mundo te mira con desprecio, pero lo más probable es que te engañes. Por más avergonzado o culpable que te sientas, no eres el único que ha cometido un error como éste, ni serás el último. No te digas que el problema es peor de lo que es; sólo provocarás que sea más difícil salir de él.

Por extraño que parezca, muchas personas experimentan una sensación de libertad cuando su mundo se derrumba. Parece increíble, lo sé. No es fácil ser positivo cuando tu universo se desmorona a tu alrededor, pero a menudo se siente alivio cuando renuncias a todo. No más fingimiento. No más temores. Por mala que sea tu situación, por lo menos ya todos lo saben. Puedes pensar: "¡Se acabó! ¡No tengo que hacerlo más! ¿Se acabó?"

¿Cuánta flexibilidad cognitiva tienes?

Una de las razones por las que muchas personas sufren crisis de adaptabilidad es que desarrollan un concepto rígido de quiénes son y, por consiguiente, de su habilidad para enfrentar el mundo. (A esto se le conoce en los círculos psicológicos como "inflexibilidad cognitiva"). Cuando algo trastorna su mundo, no pueden buscar una solución más allá de sus estrechos confines. Si es tu caso, puedes sentirte atascado. O quizás no has llegado a dicho día pero reconoces las señales de alarma que he mencionado: resistencia al cambio o dificultad para adaptarte a un mundo en cambio constante. Por ejemplo, hace años, cuando empezaban las computadoras, muchas personas decían que no necesitaban aprender sobre ellas o que sabían lo suficiente para salir adelante. Pero como la tecnología avanza a cada minuto, estas personas se hundieron y sus conocimientos se volvieron obsoletos. Había que saltar al tren del progreso o sucumbir. Conozco muchas personas a quienes les sucedió lo segundo. Se sienten victimizadas por las computadoras, cuando en realidad son ellos quienes se victimizan. Su mentalidad tiene la flexibilidad de una tubería de metal, por lo que se quedaron atrás mientras el mundo continuó su marcha.

Mientras más flexible sea tu manera de pensar, mayores serán tus posibilidades de adaptarte y ser feliz. Sin embargo, es difícil ser flexible si estás en medio de una crisis. Sin flexibilidad cognitiva, difícilmente verás cómo las habilidades y talentos que ya no te funcionan en una situación pueden ser aprovechados en otras.

Cuestionario sobre flexibilidad cognitiva

Antes de pasar a la siguiente sección, vamos a determinar con este cuestionario tu situación actual. Responde cada pregunta con todas las descripciones que puedas utilizando una palabra.

1. Descríbete de todas las maneras que puedas.
2. Describe todas las habilidades que posees que podrían ser útiles en un empleo. Piensa en las materias escolares en que destacabas o en las habilidades que alababan tus maestros.
3. Describe con la mayor cantidad de palabras posible tus relaciones interpersonales.
4. Describe la dinámica de tu matrimonio o relaciones íntimas.
5. Describe los empleos en que podrías destacar, y qué características te habilitan para ejercerlo.

Evaluación

Pregunta 1: si no se te ocurren más de cuatro palabras diferentes para describirte, posiblemente tu capacidad de pensar flexiblemente acerca de ti esté limitada. Puedes estar atrapado en un concepto de ti mismo que necesita analizarse, en especial en lo que se refiere a tus rasgos positivos. Gran cantidad de individuos descubren que su concepto de sí mismos les fue impuesto por otras personas: "Eres tonto, flojo, feo, etcétera". A menudo aceptamos estas descripciones, en especial cuando provienen de figuras de autoridad como padres o hermanos mayores. No obstante, debes recordar que no hay mejor experto en ti que tú mismo.

He visto que a las personas en estas circunstancias les beneficia realizar con un psicólogo o consejero uno de esos cuestionarios de personalidad y comparar los resultados con la población en general. Los resultados podrían sorprendente. Muchos desarrollan un nuevo concepto de sí mismos con un poco de realimentación objetiva.

También es una buena idea reunir a un grupo de amigos que te conozcan bien y pedirles realimentación. Ellos pueden reconocer tus mejores características.

Pregunta 2: si no se te ocurren más de cinco habilidades que podrían ser útiles en un empleo, es posible que hayas limitado tu flexibilidad cognitiva en la valoración de ti mismo.

Si tienes una valoración limitada de tus habilidades, no camines: corre al centro de atención psicológica más cercano. Tienen pruebas similares que te ayudarán a valorar mediante la comparación tus habilidades en distintas áreas.

También puedes experimentar actividades como dibujar, escribir, cantar, cocinar o cualquier otra actividad que llame tu atención.

Pregunta 3: si no se te ocurren más de cinco palabras para describir las relaciones con tus amigos, es posible que tu flexibilidad cognitiva esté limitada en lo que respecta a tus relaciones sociales.

Nuestro concepto de las relaciones se define a temprana edad por las actitudes de nuestra familia, las cuales pueden ser muy inadecuadas. Tal vez sea necesario que examines todas y cada una de tus nociones y creencias sobre las relaciones en aspectos como raza, género, clase social, origen geográfico, modelos lingüísticos, etc. Todos guardamos estereotipos y prejuicios; mientras más logremos eliminar, mejores serán nuestras relaciones interpersonales.

Pregunta 4: Si no se te ocurren más de cuatro maneras de describir la relación con tu pareja, posiblemente tienes poca flexibilidad cognitiva en tus relaciones íntimas.

La intimidad es un tema confuso en nuestra sociedad, sobre todo por la glorificación por parte de los medios de comunicación de las hazañas sexuales. No sabemos qué es en realidad la intimidad y probablemente necesitemos ayuda profesional para establecer una intimidad verdadera con otra persona.

Pregunta 5: si no encuentras más de siete palabras que describan los aspectos de un empleo que podrían resultarte satisfactorios, posiblemente tengas poca flexibilidad cognitiva en tu percepción del mercado laboral.

Si alguna de estas áreas sugiere que tu pensamiento está limitado, es momento de ampliar tu concepto de ti mismo y del mundo que te rodea. No te conviene seguir siendo rígido (o como decían mis asesores, cabeza dura) porque es muy probable que este día padezcas lo que se conoce como "parálisis cognitiva". Empezarás a cuestionar hasta lo que sabes de sobra: quién eres, en qué crees y todo lo que da sentido a tu vida. No puedes pensar, tu perspectiva se estrecha, dejas pasar de largo señales y oportunidades, y tu cerebro se siente abrumado. Es como si tu computadora se congelara y no pudieras acceder a la información que sabes que está ahí.

Procedimiento universal para fomentar la flexibilidad cognitiva

Esta fórmula te ayudará a liberar tu pensamiento. Lo usan por igual inventores, científicos y otros pensadores visionarios.

Estudio

En este estadio reúnes la mayor cantidad posible de información sobre el tema. Si tienes problemas en tu matrimonio, consigue libros sobre relaciones, consulta a los expertos, asiste a conferencias y escucha los comentarios de tu pastor, amigo o terapeuta. El objetivo es juntar toda la información posible, incluso aquélla en la que no creas en este momento.

Si fuiste despedido de tu empleo, es momento de investigar todo lo que puedas sobre el mercado laboral, como cuáles son los trabajos mejor pagados o los más abundantes. Puedes ir a la biblioteca y consultar el *Dictionary of Occupational Titles* [Diccionario de títulos profesionales] que incluye más de 12 mil ocupaciones y todo lo que quieras saber sobre ellas. También puedes obtener información mediante ferias del empleo, consejeros profesionales y amigos o conocidos que trabajen en el campo que estás considerando. Por supuesto, en internet hay mucha información al respecto, así que vale la pena navegar en la red.

Si tienes dificultades con tus hijos, sumérgete en su mundo. Entérate de todo lo que ocurre en sus vidas, desde el iPod hasta MySpace, para entender cómo piensan. Habla con personas de su edad, ve sus programas favoritos de televisión y conoce la música que escuchan.

Incubación

En esta etapa dejas de buscar información y permites que tu cerebro haga lo que más le gusta: procesar y organizar. Esto puede sonar un poco esotérico, pero debes dejar que tu cerebro piense sin interponerte en su camino. Para esto puedes usar la meditación o ejercicios especiales de respiración en los que cuentas el número de inhalaciones. Puedes escuchar cierta clase de música, como clásica o de tambores, o practicar danza. Incluso el sueño puede ayudarte, si colocas una libreta a un lado de tu cama para anotar tus sueños al despertar. (Te sorprenderá comprobar que, en ocasiones, la información más valiosa se produce mientras duermes).

Otra posibilidad es ayunar, no tanto de alimentos sino de toda clase de estimulantes como radio, televisión y computadora, por lo menos durante una semana. Tal vez debas cambiar tu entorno. Sal de la ciudad, ve a la iglesia o da un largo paseo en auto (sin compañía y sin radio). Puede que te aburras, pero en cierta forma ése es el objetivo. Debes alejarte de tu pensamiento, poner todo lo demás en neutral y dejar que tu cerebro procese lo que aprendiste en la fase de estudio. No es momento de actuar sino de reflexionar.

Lluvia de ideas

En esta fase analizas las ideas surgidas durante la incubación. Escríbelas todas, aun las que parezcan descabelladas, y considera todas las posibilidades.

A continuación, comenta estas ideas con personas que te conozcan y te apoyen. Asegúrate de hablar con personas en quienes confíes y de sentirte cómodo al hacerlo. Tal vez no elijas a tu cónyuge o a tus padres; no hay problema. Puede ser alguien a quien pagues, como un consejero matrimonial u otro asesor. El objetivo es simplemente comentar estas ideas en un entorno seguro y escuchar otras opiniones.

> **Valoración de opciones**
>
> Luego de toda esta reflexión es momento de poner manos a la obra y evaluar tus ideas de manera objetiva. Por ejemplo: ¿qué pasaría si en verdad fueras chef? ¿La práctica del golf servirá realmente para mejorar la relación con tu esposo?
>
> Probablemente debas analizar una idea que no es práctica y reelaborarla para que lo sea. Si sueñas en dar clases a niños pero tu realidad actual no te lo permite, puedes ofrecerte como voluntario en la sala de pediatría de un hospital.

En la siguiente sección te enseñaré a realizar una "autopsia situacional" de cómo llegaste a esta situación, a determinar qué factores te condujeron a esta crisis. Tal vez te sientas totalmente fuera de lugar en una relación u otra circunstancia. Quizás te casaste con una persona con cuatro hijos y simplemente no estás listo para tener una familia instantánea. O quizás tienes un empleo para el que simplemente no estás dotado, pero por alguna razón fuiste a dar ahí. Quizás simplemente tomaste una mala decisión tras otra y complicaste un problema hasta el punto en que no toleras un día más de mentiras y elecciones erradas. Necesitas analizar objetivamente tu vida, no importa cuán difícil sea.

De vuelta a días mejores

Si actúas diferente obtendrás resultados diferentes y esto aplica también al pensamiento. Si estás en una crisis necesitas *pensar*, *sentir* y *comportarte* de manera diferente para salir de ella. La buena noticia es que puedes hacerlo, siempre y cuando estés dispuesto a ser franco contigo mismo.

Cuando tu adaptabilidad se derrumba, es fácil caer en la trampa del pensamiento en blanco y negro: *todo* es terrible, tu mundo *entero* se ha *colapsado*. Pero, ¿en verdad es así? Aunque en este instante te sientas abrumado y todo *parezca* acabado, es posible que tu crisis sea más grave en unos aspectos y menos en otros. De hecho, si analizas cada aspecto de tu vida, probablemente encontrarás algo bueno que te ayudará a recuperar la objetividad. No pienses que la situación es peor de lo que es. Si tienes problemas —problemas *auténticos*—, superarlos será un reto bastante grande como para complicarte considerándolos más graves de lo que son.

Lo primero que debes hacer es detener la avalancha de pensamientos negativos y autodestructivos que intentará aplastarte. Una ayuda para resolver cualquier clase de problema es decir: "Bien, ¿qué elementos tengo para trabajar? ¿Con qué recursos cuento? ¿Qué aspectos de mi vida funcionan bien? ¿Qué áreas puedo desarrollar? ¿Quienes me apoyan de manera saludable? ¿Quién soy? ¿Qué sé? ¿En qué soy bueno?".

Haz un recuento de los aspectos positivos de tu vida. Una manera de hacerlo es tomar un poco de distancia y concentrarte en lo básico, en lo que sabes con toda certeza. ¿Eres consciente de que por lo menos sabes hacer tu trabajo? Sabes que amas a tu familia. Sabes que eres una buena persona. Sabes que has superado problemas en el pasado. Sabes que lograste llegar hasta aquí. Debes escribir todo esto, así como otras cosas positivas sobre ti, y leerlas cada hora si es necesario. Debes comentarlas con personas que te amen y no te juzguen. Estás en un agujero y no ves la salida, pero al escribir estas verdades elementales comprobarás que no es tan profundo como pensabas. De ninguna manera pretendo restar importancia a tus problemas ni estoy sugiriéndote que los ignores y te concentres sólo en lo positivo. No obstante, es innegable que el equilibrio es una auténtica clave del éxito y en momentos de crisis debes conceder algo de "tiempo aire" a los aspectos positivos.

ACCIONES

▶ **Realiza una "autopsia situacional"**
Para salir de las ruinas debes identificar qué te llevó a esa situación. Primero que nada, debes asumir la responsabilidad de lo que está ocurriendo. Hay muchos factores que contribuyeron a tu crisis, algunos de los cuales se relacionan con otras personas y con lo que aportaron a la situación. Es cierto que "las cosas pasan", pero de nada sirve concentrarse en la participación de los demás en tu crisis (excepto para valorar si hay personas tóxicas que sería mejor eliminar de tu vida). Como siempre digo, al enfrentar cualquier situación o reto importante debes concentrarte en ti porque eres la única persona que puedes controlar. No puedes controlar a tu pareja, jefe o amigos. No puedes controlar el mercado laboral ni la bolsa de valores. Eres el único en quien puedes influir (por no mencionar que eres el único que está leyendo este libro en este momento). El éxito en superar esta crisis dependerá de lo que tú hagas.

Para lograrlo, recuerda lo que ocurrió e identifica qué hiciste para obtener los resultados que no querías. ¿Cuál fue tu contribución a la crisis? ¿Qué hiciste —o dejaste de hacer— que provocó esta crisis? Lo pregunto porque la mejor herramienta para predecir el comportamiento futuro es el comportamiento anterior. Ahora toma una buena dosis de realidad. Si te dices que eres un "vago, gusano insignificante que no hace nada productivo", no te sentirás mejor contigo mismo. Quiero que cambies ese lenguaje. Sin embargo —y es un "sin embargo" fundamental— si sabes que eres un vago, que todo el día estás tumbado sin hacer nada como un gusano y que no haces nada productivo, debes modificar otras cosas aparte de tu diálogo interno.

Recuerda: asumir la responsabilidad de tus rasgos menos favorables no implica flagelarte. Un diálogo interno negativo nunca ayuda, y no estoy tratando de hacerte sentir más culpable o peor de lo que ya te sientes. No obstante, si quieres cambiar tu situación debes esforzarte. Levantarte del sofá y alejarte de la televisión. Colgar el teléfono y dejar de chismear con tus amigos. Dejar el control del videojuego y poner manos a la obra. Si tu problema es que no tienes empleo y no tienes un centavo, ¡levántate y busca un trabajo! Si lo tuvieras le dedicarías al menos ocho o nueve horas al día, ¡así que dedica por lo menos ese tiempo a buscar uno! La única forma de salir de esta situación es poner manos a la obra y romper con los malos hábitos y comportamientos que te llevaron a ella. Sí, debes modificar tu diálogo interno, pero también permanecer en *estrecho* contacto con la realidad. Todo esto te mostrará cómo pudiste haber actuado y cómo cambiar tu manera de pensar y aprender de esta experiencia. Y si aprendes de tus experiencias pasadas y actuales, al menos podrás considerar tu crisis como una lección de vida.

▶ Cuestiona tus creencias

Tu "autopsia situacional" puede llevarte muy lejos si estás dispuesto a examinar y cuestionar tus creencias sobre ti mismo y sobre el mundo que te rodea. Aunque muchas de nuestras creencias son irracionales, han estado por tanto tiempo en nuestra cabeza que ya las consideramos verdaderas. Las creencias irracionales, como ya mencionamos en este libro, son inflexibles, ilógicas y/o no concuerdan con la realidad. Suelen interferir con nuestro bienestar psicológico y obstaculizar el logro de metas significativas. Este día, cuando sientes que tu mundo se derrumba, creerás aún más en las erróneas. Debes cuestionar estas creencias en lugar de aceptarlas como verdades. A continuación están algunas que puedes albergar (después, utiliza la tabla de la página 170 para evaluar la racionalidad de tus creencias):

1. Soy demasiado viejo para iniciarme en una nueva profesión o empleo.
2. La vida me hizo como soy y no puedo cambiar.
3. No soy lo suficientemente listo o talentoso para hacer otra cosa en mi vida.
4. Tengo ciertas habilidades que Dios me dio, y esto es lo mejor que puedo hacer.
5. No merezco una segunda oportunidad para mejorar mi vida.
6. Soy una basura y esto es todo a lo que puedo aspirar.
7. Perdí mi oportunidad en la vida y ya es demasiado tarde para hacer algo.
8. Tomé mis decisiones y ahora tengo que vivir con ellas.
9. He invertido demasiado en mi familia y en mi comunidad como para cambiar.
10. Nadie me amaría si hiciera lo que en verdad quiso hacer.
11. No puedo permitirme volver y empezar de nuevo.
12. Tengo demasiadas responsabilidades como para cambiar mi vida.

Creencias racionales

La creencias racionales son conclusiones o deducciones razonables, objetivas, flexibles y constructivas sobre la realidad, las cuales favorecen la supervivencia, la felicidad y los resultados favorables. Tienen las siguientes características:

1. Promueven la productividad y la creatividad.
2. Fomentan las relaciones positivas.
3. Favorecen la responsabilidad sin recurrir a la culpa o la condena.
4. Promueven la aceptación y la tolerancia.
5. Fortalecen la perseverancia y la disciplina.
6. Originan condiciones que favorecen el desarrollo personal.
7. Fomentan la toma saludable de riesgos.
8. Se relacionan con un sentimiento de bienestar emocional y salud mental.
9. Favorecen la formación de un perspectiva realista.
10. Refuerzan el apoyo de los demás.
11. Estimulan la actitud abierta a nuevas experiencias y el enfoque experimental.
12. Dirigen nuestros esfuerzos por caminos éticos.*

* Bill Knauss, *Smart Recovery: à Sensible Primer*, W. Knauss, 1997.

► Conquista el presente
El psicólogo Abraham Maslow desarrolló un modelo conocido como "jerarquía de necesidades", según el cual las necesidades humanas se satisfacen de manera progresiva: desde las fisiológicas básicas como oxígeno, alimentación y agua, continuando

con seguridad, amor, afecto y sensación de pertenencia, hasta llegar a la cúspide de la pirámide de las necesidades: la realización del potencial intelectual, espiritual y emocional. De acuerdo con Maslow, para satisfacer una necesidad es necesario cubrir todas las inferiores.

Menciono esto porque para salir del agujero donde estás necesitas definir en qué nivel de la pirámide te encuentras. Esto no sólo te permitirá identificar tus necesidades sino planificar las acciones que debes realizar para salir adelante.

El verdadero problema es tratar de satisfacer una necesidad a expensas de otra. Por ejemplo: si te despiden de tu empleo como vicepresidente corporativo, tal vez te sientas molesto de que la única oportunidad de empleo sea como empleado administrativo o gerente de bajo nivel. Si bien estos empleos están bajo tus capacidades y quieres satisfacer una necesidad más elevada, aún debes mantener a tu familia. Como intentas cubrir la necesidad cuatro —satisfacer tu autoestima— saltándote las anteriores, rechazas el empleo a costa del bienestar de tu familia. En otras palabras, prefieres morir de hambre que aceptar lo que consideras una humillación: un trabajo mucho menos prestigioso que el anterior.

Tal vez estés pensando: "Doctor Phil, ¿qué sabe usted de trabajar como empleado administrativo o gerente de bajo nivel? Usted lo tiene todo". Pues bien, si de repente tuviera la necesidad de alimentar a mi familia, aceptaría *cualquier* empleo con tal de hacer lo que debe hacerse. Sé que lo haría porque lo he hecho en el pasado.

Es como la pregunta teórica sobre cómo te comerías un elefante. En vez de sentirte abrumado por la magnitud del asunto, simplemente agarra una oreja y empieza a masticar. Creo en la importancia de establecer objetivos, pero cuando estás ahogándote en un río de culpa, dolor y confusión, es probable que pensar en el futuro te abrume todavía más. Por eso quiero que hagas lo contrario y te concentres sólo en el ahora. Debes empezar por poco y avanzar a partir de ahí. El objetivo es identificar lo que realmente importa *ahora* y no hacer nada más que eso. Empieza a salir de tu situación paso a paso. No intentes comer el elefante de un bocado: divídelo en fragmentos razonables y parte de ahí. No eres Supermán; no puedes llegar de un salto al último piso de un edificio sino dando un paso a la vez.

▶ Redefine el éxito

Cuando tu adaptabilidad se derrumba y sientes que no tienes dinero, inteligencia, recursos o energía para rehacer tu vida, elige algo que *puedas* hacer y hazlo. Ya hablamos sobre enfrentar primero el aquí y el ahora. Cuando llegues al punto de establecer un objetivo con miras al futuro, comprueba que: (a) sea de corto plazo, (b) sea algo sobre lo que tengas control, y (c) encabece tu lista de prioridades. Por ejemplo, ¿tu prioridad es que tus hijos tengan un techo para dormir *esta noche*? Entonces en eso debes trabajar *hoy*. Identifica tus recursos inmediatos hoy. Como dijimos, debes redefinir el éxito en el corto plazo. Debes concentrarte en superar los siguientes minutos. ¿qué necesitas hacer a la 1:15 p.m. para llegar a la 1:30 p.m.? ¿Y luego a la 1:45? Y así sucesivamente. Es lo mismo que digo a quienes desean perder peso o vencer la adicción al alcohol o las drogas. Les atemoriza pensar que nunca comerán otra bolsa de papas o que tendrán que mantenerse lejos del alcohol por el resto de su vida. Puede ser tan atemorizante que corren a ocultarse tras esa bolsa de papas o ese trago. Pero yo les digo: "No tienes que mantenerte sobrio el resto de tu vida. Sólo tienes que estar sobrio en este instante. Sólo tienes que superar la siguiente hora y si esto te resulta abrumador, supera los siguientes 15 minutos". Sigue avanzando poniendo un pie delante del otro. Piensa en las acciones inmediatas que puedes realizar para alcanzar tu meta, que puede ser tan sencilla como pagar una cuenta, realizar una tarea o ponerte en contacto con alguien que puede ayudarte.

Si en algún momento te sorprendes en una actividad distinta a la que encabeza tu lista, déjala y vuelve a trabajar en la número uno. Di: "No tengo que hacerlo todo ni tengo que hacerlo para siempre. Debo identificar qué es lo importante, hacerlo bien y *en este momento*". Una vez que domines esto podrás hacer planes a futuro, pero por lo pronto debes superar *este instante*. Como mencioné antes, la mejor herramienta para predecir el comportamiento futuro es el comportamiento anterior. Al desarrollar una historia de éxitos pequeños, pero positivos, podrás predecir un nuevo futuro.

Si en algún momento te sorprendes en una actividad distinta a la que encabeza tu lista, déjala y vuelve a trabajar en la número uno.

Mientras tanto, lleva un registro de tus avances. Cuando hayas tenido éxito con tu primer paso, analiza lo que hiciste. ¿Qué acciones positivas realizaste para lograr esa meta? ¿Qué pudiste hacer de otra manera? Examina el proceso que atravesaste y celébralo para que puedas repetirlo. Cuando hayas hecho esto por un tiempo y hayas desarrollado una historia de éxitos te sentirás menos abrumado y percibirás una nueva confianza en ti mismo. Te habrás demostrado que puedes superar una crisis y sobrevivir. Entonces —y sólo entonces— podrás empezar a pensar en el futuro.

▶ No intentes resolver los problemas de dinero con dinero
Los problemas económicos no son resultado de que no sepamos sumar o restar. Son resultado de pensar descabelladamente, tomar decisiones emocionales en lo que respecta al dinero o de factores como enfermedades imprevistas u otras crisis.

Como mencioné, yo crecí en la pobreza y mi familia no tenía crédito, ni bueno ni malo. Pronto aprendí que si no trabajas no comes y que si comes lo haces en el nivel en el que trabajas. Si atraviesas una situación financiera difícil, tal vez debas tomar decisiones "de supervivencia". Si tienes que decidir entre pagar el saldo de tu tarjeta de crédito o la cuenta de la luz, no hay vuelta de hoja. Tal vez no sea justo para la compañía que emite la tarjeta, pero debes proteger a tu familia.

La salud financiera se reduce a las matemáticas. No se trata de magia ni de emociones y a tus acreedores no les importa por qué no estás pagando. No puedes tomar decisiones financieras con base en lo que quieres o en lo que crees merecer. Eso no tiene nada que ver con las matemáticas. Si tus ingresos mensuales son de mil dólares netos, no importa lo que creas necesitar o merecer. Eso es lo que tienes. Si vas a la tienda y compras algo para sentirte bien en el momento o porque estás harto de no tenerlo, eso no cambia cuánto dinero tienes. Si sólo manejaras efectivo aprenderías a vivir con mil dólares. ¿Por qué? Porque no tendrías elección.

Por desgracia, también hay muchas personas que enfrentan dificultades económicas no por irresponsabilidad sino por ser víctimas de enfermedades imprevistas o de otras situaciones fuera de su control. En este caso, de nada sirve sentirse víctima por mucho tiempo, pues los desafíos no cambiarán. Su estilo de vida deberá cambiar. No es justo, simplemente es.

Para mí no es cuestión de ganar más dinero ni de contratar un asesor financiero que improvise un presupuesto extravagante. En ocasiones basta mirar al espejo y decir: *¡Madura!* Enfrenta la realidad de que tienes lo que tienes y que debes aprender a vivir con eso. No puedes utilizar las finanzas para fortalecer tu autoestima. Tal vez te sientas exaltado al ir de compras, pero piénsalo: son tres minutos de alegría seguidos por cinco años de pagos.

▶ **Busca influencias positivas**
Rodéate de personas con soluciones y aléjate de las que son parte del problema. Acércate a tus amigos, familia o grupos de apoyo. No es momento de hacer todo por tu cuenta, en especial si tienes un pobre concepto de ti mismo o tu objetivo exige recursos adicionales. No estoy diciendo que sea fácil, y tal vez no estés dispuesto a aceptar que estás en problemas. Pero confía en mí, puede ser una gran ayuda. Por ejemplo, si tu meta inmediata y primer paso es establecer un presupuesto familiar, busca el mejor asesor financiero que puedas permitirte, compra software de administración o conéctate a un grupo de apoyo financiero en línea.

Palabras finales

La mayoría de las personas que han enfrentado estos días afirman que lo que parecía el peor momento de sus vidas acarreó los mejores cambios que podían sucederles. Ya sea que te despidieran de un empleo que odiabas pero no te atrevías a dejar por temor al cambio o que terminara una relación que nunca fue buena para ti, con el paso del tiempo verás todo con otros ojos. Aunque nunca es agradable sufrir la perturbación de todo lo conocido y estable de tu vida, estas épocas de reorganización total eliminan las viejas mentiras y las partes poco saludables de tu vida y pueden descubrirte nuevas maneras de pensar tu mundo. Tal vez no te lo parezca así en este momento, pero puedes descubrir grandes cosas acerca de ti mismo en un momento como éste. Como dije en el capítulo "Actitud del enfoque", las respuesta y la sabiduría están en tu interior; sólo necesitas aprender a manejar y conformarte a los cambios para que te lleven a un lugar mejor del que habitabas al principio.

Pero es cuestión de elegir. Seguramente has oído historias sobre personas que están ahogándose y que sin querer arrastran consigo a otras. No permitas que el pánico te domine. Si sientes que estás ahogándote sin remedio, simplemente deja de patalear y de zarandearte; échate atrás, respira profundo y flota. Tal vez te parezca imposible. No es algo que resolverá todos tus problemas pero puede darte el tiempo necesario para que la confusión se asiente y puedas empezar a tomar decisiones que te sacarán adelante.

Como con todas las demás crisis, puedes superar ésta. De hecho, lo que aprendas al superar una crisis de adaptabilidad te acercará mucho más a una vida que ames, una vida en que todo esté en su sitio, porque deberás concentrarte en lo básico y, con un poco de suerte, no olvidarlo jamás. Se obtiene una gran libertad de vivir con lo que tienes, con tu realidad. Te aseguro que la sensación de hacer frente a la vida con éxito —mental, emocional, financiera, profesional y físicamente— es un lugar de paz que aprenderás a atesorar.

7
SALUD
EL DÍA QUE EL CUERPO SE COLAPSA

La riqueza primordial es la salud.
RALPH WALDO EMERSON

Todos tememos a *esa* llamada. Rezamos para que no se produzca. Tratamos de no pensar en ella. Pero si eres como la mayoría de las personas, sabes que puede producirse en cualquier momento. Es la llamada en que el médico hace una pausa antes de hablar. Todo se detiene en el momento en que escuchas palabras que tu mente rechaza, palabras que de repente parten tu mundo a la mitad: tu vida antes de la noticia y tu vida ahora, lo cual cambiará para siempre de maneras que aún no imaginas. Es como si un tornado avanzara a gran velocidad y la enorme masa oscura y amenazante se plantara frente a ti, lista para despedazarte: "Los resultados fueron positivos". "Es cáncer". "Sufriste un derrame cerebral". "Tu esposa padece esclerosis múltiple". O bien: "Ocurrió un accidente".

Tu vida cambia en un parpadeo. Tu vida se derrumba mientras imaginas los peores escenarios. Te devolverán a tu esposo paralizado, sin algún miembro o incluso muerto. No estará para ayudarte a educar a sus pequeños hijos ni para envejecer a tu lado. Tienes cáncer de mama, igual que tu madre y la madre de ella, y te ves recorriendo el mismo camino de dolor que siguió tu madre con la quimioterapia, hasta que murió con unos esqueléticos 40 kg hace cuatro años. O el molesto problema de próstata de tu padre amenaza su vida, y te preguntas si estará para la próxima Navidad. Cualquiera que sea la noticia, tú o tu padre, cónyuge, hija o mejor amigo nunca serán la misma persona, y las cosas cambiarán para todos los implicados. Digo "todos" porque una crisis de salud (trátese de una enfermedad grave, trauma o dolencia) no le sucede a una sola persona; el trastorno y el dolor alcanzan a todos los relacionados con ella. Si mamá tiene cáncer, es casi como si toda la familia lo padeciera; es imposible aislar su experiencia para que el resto de la familia continúe su vida como si nada.

Sé que todo lo anterior es muy desagradable. La enfermedad y los accidentes son temas que preferiríamos evitar. ¿Recuerdas que hace sólo una o dos décadas no se hablaba siquiera de cosas como el cáncer? Se cuchicheaban en privado, pero a nadie le gustaba admitir que lo padecía o que conocía a alguien que lo padeciera, pues a las víctimas se les trataba con lástima y se les desahuciaba. Por fortuna, todo esto cambia a pasos acelerados. Nuestro país ha realizado grandes avances en el combate a muchos padecimientos y las investigaciones han permitido progresos notables. Aunque todo esto es maravilloso, no significa que tú o que alguno de tus seres queridos no vayan a enfermar o a sufrir una lesión. Y si recibes esa llamada, no importa que el número de personas con ese padecimiento se haya reducido 70 por ciento en los últimos 10 años: estás en el lado equivocado de la estadística. Es más: aunque estés en el grupo del 30 por ciento tendrás que lidiar con el problema al 100 por ciento, así que necesitas respuestas *ahora*.

Necesitarás preparación en todas estas áreas para superar este día con la esperanza de un mejor mañana.

Este difícil día inicia un nuevo capítulo en tu vida y es seguro que lo que viene no será agradable. Hasta ayer, tus mayores problemas eran lograr que tus hijos hicieran la tarea, hacer malabares con tus actividades pendientes o encontrar un mejor empleo. Ahora *desearías* que ésas fueran tus mayores preocupaciones. Has pasado de ser una persona robusta y saludable a una enferma o lisiada, y probablemente debas depender de otras. O, en el caso de un ser querido, estás a punto de cambiar tu vida despreocupada por la de un cuidador responsable. El futuro no podría ser más incierto y nadie puede responder las preguntas sobre *cómo, por qué* y *qué* vendrá ahora. Todo lo que puedes pensar es que nada será como antes, en especial si estabas desprevenido.

No importa cuánto dinero, éxito o estatus tengas, nada puede garantizarte una vida saludable o libre de tragedias. En el mejor de los casos, al leer este capítulo conocerás el poder de la prevención, que puede aumentar tus probabilidades de superar una crisis de salud y ayudarte a responsabilizarte de tu salud de varias maneras. Pero incluso hacer todo lo correcto —como ejercicio, comer adecuadamente y cuidarte— no basta para evitar que este día llegue, incluso más de una vez. No es algo que "quizás ocurra". La vida es finita. La salud es finita. La pregunta no es si ocurrirá, sino cuándo; la pregunta que debes plantearte ahora es si serás capaz de hacer frente a esta crisis. ¿Estarás preparado para sobrevivir, no sólo físicamente sino mental y emocionalmente? Necesitarás preparación en todas estas áreas para superar este día con la esperanza de un mejor mañana.

¿Qué conlleva una crisis de salud?

Puede presentarse como ataques de meningitis y pérdida auditiva en tu hijo de tres años o como un padecimiento congénito del corazón que se manifiesta a tus cincuenta y tantos años. Puede empezar con achaques por las mañanas que se convierten en un caso de artritis deformante. O puede ser simplemente el menoscabo natural de tus facultades, las cuales parecen deteriorarse al mismo tiempo. Cualquiera que sea su ruta de entrada a nuestra vida, es una crisis que todos enfrentaremos en algún momento, por nosotros o por nuestros seres queridos. Nos guste o no, nuestros cuerpos tienen fecha de caducidad, y algunos nos estropearemos más temprano que tarde. Enfrentar las limitaciones del cuerpo puede resultar atemorizante si no has sido previsor.

Si hay un momento en que la confianza en ti mismo se ve amenazada es cuando el cuerpo falla. El refrán "si tienes salud tienes todo" se convierte en mucho más que un refrán cuando una falla hepática te obliga a visitar la sala de diálisis cuatro veces a la semana o un accidente automovilístico te deja paralizado de la cintura para abajo. Peor aún: las crisis de salud frecuentemente van acompañadas de depresión y sufrimiento emocional,[1] las cuales pueden contribuir a una crisis en muchas otras áreas. La realidad es que, nos guste o no, nuestra imagen corporal y nuestra imagen propia están entrelazadas inextricablemente. Si una enfermedad o lesión afecta nuestra imagen corporal, nuestra imagen propia recibirá un duro golpe. El problema es que el momento en que tu cuerpo (o el de tu ser querido) está bajo un ataque es justamente en el que más necesita diálogo interno e imaginería positivos. ¿Sirve esto invariablemente para que la enfermedad o la lesión desaparezca? No. ¿Puede aumentar las probabilidades de recuperar un estado de salud estable y productivo? Sin duda alguna.

Una crisis de salud puede resultar muy difícil si concedes especial importancia a tu cuerpo y a sus funciones. Tal vez en el pasado miraste con desprecio a quienes no eran tan ágiles y saludables como tú. Es duro admitirlo, pero al ver personas en silla de ruedas o con otro impedimento físico pensabas que eran desafortunadas, indignas o que habían sido olvidadas por Dios. Tal vez creías que toda persona obesa eran perezosa o indulgente e incluso que merecía tener mala salud.

Desde que tienes memoria, eras una persona productiva que hacía todo por sí misma. Ahora el destino ha dado un giro cruel: estás confinado a la cama de un hospital y dependes de otros para las funciones corporales más elementales como alimentarte o ir al baño. Conozco muchas personas que lo consideran no sólo humillante sino mortificante. Es muy probable que tengas la sensación de que no estás completo o que tengas una imagen distorsionada de ti mismo por haber perdido una capacidad.

Celine no podía dejar de tocar el lugar en que una mastectomía le había quitado su pecho izquierdo. Pese a que su cabeza le decía que la operación había salvado su vida, no podía evitar sentir que su feminidad había sido violada. Cada vez que tocaba el área donde había estado su pecho, se sentía deforme, mutilada y asexuada. Su habitación se convirtió en un lugar de sufrimiento; pese a que su esposo le confirmaba una y otra vez su amor y deseo, ella rechazaba cualquier intento de restablecer la intimidad. Se cerró completamente y nunca recuperó su juguetona sexualidad. Sentía que nunca volvería a estar entera. Como dije antes, el vínculo entre la imagen corporal y la imagen propia es profundo y no debe subestimarse al enfrentar un cambio físico de esta magnitud.[2]

Como profesional de la medicina conductual o psicología médica, a menudo traté con hombres que habían sufrido lesiones de espalda. Normalmente los trataba después de que habían sido sometidos a cirugía, para ayudarlos a manejar el dolor e iniciar el proceso de rehabilitación. Muchos eran obreros fornidos, poderosos y con una imagen propia de macho. Medían su valor en su fortaleza y en su capacidad para realizar tareas físicas duras.

Siendo un médico joven y, sin duda, ingenuo, no entendía por qué cuando visitaba a estos pacientes en su cama de hospital se mostraban muy reservados y sólo conversaban de mala gana. Yo no creía que fuera mi culpa; pensaba que mi comportamiento con el enfermo en cama era bueno y en la mayoría de los casos era bien recibido. Cuando comenté mis frustraciones a este respecto con un amigo neurocirujano, me preguntó si para hablar con el paciente me paraba junto a su cama. Le contesté que por supuesto, que siempre lo hacía así. Mi amigo puso una gran sonrisa y pareció saborear la oportunidad de enseñar al joven médico algo sobre psicología. Me dijo (y cito textualmente): "Mira, bobo, mides 1.80 m y eres atlético. Eres un tipo fuerte y macho, y vas a hablar con hombres que acaban de perder esas características. Ellos se sienten inferiores y humillados cuando descuellas sobre ellos. Te aseguro que si jalas una silla, te sientas y les hablas al nivel de los ojos obtendrás una respuesta muy diferente". Tenía toda la razón. El cambio radical en su respuesta fue para mí prueba irrefutable de que la imagen corporal y la imagen propia están estrechamente unidas, y de que cada una debe entenderse en relación con la otra.

Como alguien que ha estudiado las relaciones y la conducta humanas durante toda su vida, quiero destacar de nuevo la relación entre la pérdida de la salud y las "reacciones en cadena" que pueden producirse. Por ejemplo, existe un estudio sobre los efectos del estrés en personas que cuidaban a pacientes con Alzheimer y que habían recibido la vacuna contra la influenza.[3] Mientras 66 por ciento de no cuidadores respondieron a la vacuna (al cuadruplicar su respuesta inmune), sólo 38 por ciento de los cuidadores lo hizo. El cuidado prolongado que ofrecían a familiares y seres queridos afectaba también su salud.

Hay muchos casos en que la crisis de salud de una persona afecta a otras. Uno de los patrones de respuesta más asombrosos reflejados en la encuesta mencionada en capítulos anteriores[1] es el de la relación entre los cambios importantes en el estado de salud y las tendencias suicidas. Especialmente interesantes son las respuestas de los encuestados acerca de los efectos de una crisis de salud de un familiar: la probabilidad de abrigar pensamientos suicidas era casi el doble cuando la crisis de salud era de un ser querido que cuando era propia. Aunque estas cifras representaran exclusivamente a los encuestados, y aunque consideraras improbable enfrentar esta clase de problemas, creo que estarás de acuerdo en que no está de más estar alerta acerca de cualquier cambio en tu estado mental o emocional o en los de tu ser querido, durante cualquier problema relacionado con la salud, en especial cuando se trate de un familiar o de una persona cercana a ti.

Si menciono todo esto no es para asustarte sino para que reconozcas los muchos aspectos en que una crisis de salud puede afectar tu vida o la de tus seres queridos. Los resultados arrojados por la encuesta coinciden con innumerables casos que yo y muchos otros miembros del sistema de salud hemos observado en el transcurso de los años, por no mencionar lo que tu mamá siempre supo. Estoy seguro de que la oíste mil veces decir: "¡Descansa! Estás tan agotado que vas a pescar un resfriado". Tu madre tenía razón. El estrés que conlleva a una crisis puede provocar un problema de salud grave. Si eres consciente de la posibilidad de que todo esto puede afectarte, ya cuentas con una ventaja. Puedes evitar algunas de las minas emocionales y mentales que acompañan a las crisis de salud, esas partes ocultas que nos de-

[1] Esta encuesta se menciona en los capítulos 1 y 3.

rriban cuando pensamos que ya superamos lo peor. Y ya sabes lo que dicen sobre "una onza de prevención"; en este caso vale más que "una libra de cura": puede incluso salvar tu vida.

Qué esperar

Cuando tu estado de salud o el de un ser querido sufre un cambio importante, puedes sentir que tu vida perdió el rumbo o que está fuera de control. Al principio es posible que te rehúses a asumir tu nuevo papel. Quizás sientas lástima por ti mismo o adoptes una actitud del tipo "si lo ignoro, desaparecerá". Por desgracia, cualquiera que sea la circunstancia, enterrar la cabeza en la arena no ayudará. De hecho, empeorará las cosas. También lo hará la autocompasión, que puede inmovilizarte y succionarte la vida. Es comprensible e indudablemente humano, pero no es momento de cerrarte ni de renunciar.

Tu autoestima sufrirá un descalabro y te sentirás humillado por verte discapacitado, y discapacitado es una palabra que describe a otras personas, no a ti. Es terrible y extraño estar así de vulnerable y lo último que quieres es que los demás te tengan lástima, por lo que probablemente intentes negar tu situación. Puedes guardar en secreto el diagnóstico o decir a los demás que no tuviste un ataque cardiaco, pese a que estás en una cama de hospital con cables conectados a tu pecho. Has perdido parte de tu identidad y tal vez no quieras enfrentar la realidad de que no eres la persona que solías ser. Tus relaciones pueden deteriorarse mucho mientras todos se ajustan a los cambios.

Kyle no soportaba que su familia lo tratara de manera diferente después de sufrir un derrame cerebral y simplemente dejó de hablar para que sus dificultades de dicción no revelaran su frustración con su nueva realidad física. Le avergonzaba y enfurecía su incapacidad de comunicarse bien y temía que dejaran de respetarlo, en especial porque él nunca había mostrado compasión hacia las personas discapacitadas o torpes. No se daba cuenta del daño que su orgullo provocaba en su relación con su familia y sus tres hijos empezaron a perder contacto con su padre. Aunque los amaba, no pudo adaptarse a los cambios causados por su ataque y simplemente se cerró. Con el tiempo, y conforme sus silencios se hacían más incómodos, ellos dejaron de visitarlo y pasó los últimos años de su vida prácticamente solo. Por desgracia, ahuyentó el apoyo que pudo ayudarlo a aceptar los cambios de la vida y seguir adelante.

Preguntar por qué

¿Por qué a mí? ¿Qué hice para merecer esto? ¿Por qué mi cuerpo se vuelve contra mí? Estas son sólo algunas de las preguntas que pueden cruzar por tu mente. Si eres una persona religiosa puedes preguntarte qué hiciste para que Dios se enojara contigo. Es interesante que la palabra *pena* provenga del vocablo latino *poena,* que significa castigo, y eso es justamente lo que puedes estar pensando: *¿Por qué Dios está castigándome?* Has sido bueno y fiel, ¿qué está ocurriendo? Después de todo, siempre nos han dicho que para tener salud o riqueza necesitamos "estar bien con Dios"; si no tienes salud, es lógico que te preguntes qué hiciste mal.

Aun si tus creencias espirituales no contemplan un dios, todos consideramos que un cuerpo saludable y fuerte es una bendición. Por eso, si tu cuerpo está enfermo y débil sientes como si hubiera una maldición sobre ti. Estos sentimientos pueden ser más intensos y confusos si eres de las personas que llevan una vida activa y saludable, comen frutas y verduras, rechazan los malos hábitos y se ejercitan con regularidad. Obedeciste todas las reglas, ¿dónde está la justicia?

Por si esto fuera poco, la enfermedad, los accidentes y las crisis de salud nos confrontan con nuestra mortalidad. Tal vez no hayas pensado mucho al respecto hasta ahora, pero debes considerar que el tema surja en tu mente este día. De repente te das cuenta de que no vivirás para siempre. No eres invencible y no son sólo los demás quienes enferman, sufren lesiones o mueren.

Peor aún, te das cuenta de que la vida no siempre sigue el orden natural de las cosas. Tal vez debas enterrar a tu hijo, algo que ningún padre quisiera hacer o imaginar jamás. No hay pena comparable a que esa parte de ti que cobró vida te sea arrebatada antes de pasar suficiente tiempo contigo o de crear suficientes recuerdos. Esos días pondrán a prueba tu fe como nunca antes.

Pérdida de equilibrio

Cuando enfrentas la enfermedad física —tuya o de otra persona— no es inusual tener respuestas exageradas. Por una parte, puedes volverte extremadamente sensible a cualquier cambio en tu cuerpo o situación, por mínimo que sea. Estos temores pueden empezar a gobernar tu vida. Conozco personas que han sufrido ataques cardiacos y evitan cualquier tensión o emoción y prácticamente dejan de vivir por temor a sufrir otro. Un pequeño calambre en el pecho o el hombro puede aterrorizarte aunque tus revisiones médicas no han mostrado problemas. Puedes estar al pendiente de los detalles más pequeños. Quienes están recuperándose del cáncer pueden preocuparse por cada detalle de cada día, temerosos de hacer algo que desencadene una recaída. No estoy hablando de ser precavido o de elegir un estilo de vida adecuado: es bueno aprovechar las crisis para volver al buen camino. Estoy hablando de vivir atemorizados, de que el miedo consuma todo el tiempo disponible, de que las preocupaciones sobre tu enfermedad o lesión ocupen tu mente las 24 horas del día, los siete días de la semana, hasta el grado de arruinar tu calidad de vida y la de tu seres queridos.

En el otro extremo están quienes piensan: *De cualquier manera voy a morir, ¿qué caso tiene cuidarme?* Hacen todo lo que no deben hacer, como beber, fumar o comer los alimentos más grasosos a su alcance. Pueden tomar riesgos que les hubieran parecido impensables antes de su enfermedad o accidente y, en vez de vivir atemorizados, atemorizan a los demás con su imprudencia o apatía.

También es posible que evites ambos extremos y en su lugar dediques tu vida a un cometido: buscar cualquier cosa que remedie esta crisis de salud. Puedes pasar horas en internet investigando o consultando a cualquier experto que te recomienden. Informarse y poner manos a la obra es magnífico. También lo es buscar una segunda o tercera opinión y ponerse en contacto con personas que han enfrentado situaciones similares. Sólo investiga a fondo. En los momentos en que necesitas desesperadamente consejo e información eres más vulnerable a cualquier charlatán que afirme tener la cura de tu mal.

Durante éste y todos los difíciles días que le sigan, si el problema es crónico puede ocurrir un importante cambio de papeles con las personas más cercanas a ti. Por ejemplo, tú eres quien enfrenta una crisis de salud y eres también quien normalmente administra o mantiene la casa. Pues bien, es posible que ya no puedas trabajar o que ya no seas capaz de cuidar a tus hijos. Esto puede resultar abrumador. Probablemente ya no vuelvas a estar a cargo. Probablemente ya no puedas desempeñar las responsabilidades que te hacían sentir importante y orgulloso. Sin esa identidad, tal vez te preguntes: *¿Quién soy?* Si eras el encargado de cuidar a tus hijos, es probable que enfrentes conflictos de poder y orgullo y que te resistas al cuidado de los demás. Posiblemente te rehúses a pedir ayuda, aun cuando la necesites, porque estás acostumbrado a ser el que manda.

Para Melanie fue exactamente lo contrario. Su esposo, John, siempre se encargó de todo: mantenía la casa, pagaba las cuentas, llevaba a los niños al futbol y al centro comercial, y en general le gustaba mantener todo en marcha, mientras Melanie pasaba la mayor parte del tiempo estudiando derecho. Pero todo cambió cuando un conductor ebrio golpeó la camioneta de John y lo sacó del camino, provocándole lesiones en la columna. Pasó varios meses en terapia y Melanie quedó paralizada por el miedo cuando comprendió que tendría que realizar las actividades de ambos y no tenía idea por dónde empezar. Para empeorar las cosas, John se sentía inútil y siempre estaba de mal humor cuando ella llevaba a los niños a visitarlo. Para cuando volvió a ponerse en pie, las cosas habían cambiado y ambos tuvieron que enfrentar una nueva serie de retos.

No recuerdo haberme apuntado para esto...

Si un ser querido está postrado en cama o sufre una enfermedad debilitante, es posible que debas asumir responsabilidades que no tenías y probablemente no querías. Tal vez debas buscar un empleo aunque siempre te gustó estar en casa y cuidar a tus hijos.

O tal vez debas dejar una profesión interesante y satisfactoria para quedarte a cargo de la casa. O quizás debas administrar las finanzas familiares cuando reprobaste matemáticas o entender la dinámica del auto compartido cuando ni siquiera recuerdas dónde dejaste las llaves. En éstos y muchos otros casos, abandonas el papel al que estabas acostumbrado y asumes otro para el que no te habías "apuntado". El cambio es difícil y posiblemente te moleste que las cosas sean tan diferentes. No quieres ser paciente de tiempo completo pero no tienes otra opción; no quieres ser el único encargado de proveer y cuidar pero tampoco tienes elección.

Tener un hijo enfermo o lesionado puede doblegarte más rápido que ninguna otra cosa. Soy padre y sé que es uno de los mayores temores que puedes tener. Frecuentemente digo que un padre es tan feliz como su hijo más triste. Pero si ocurre lo impensable y a un hijo le diagnostican una enfermedad grave o sufre un trauma severo sufrimos el doble: por ellos y por nosotros mismos. Ya no sé cuántas veces he escuchado a los padres de niños enfermos decir: "Desearía ser yo el enfermo y no mi precioso e inocente hijo". Nos duele terriblemente ver sufrir a nuestros pequeños. Queremos que se diviertan y disfruten antes de enfrentar las responsabilidades y presiones de la vida, pero probablemente nuestro hijo deba someterse a terapia física, recibir medicación con graves efectos secundarios o, lo peor de todo, sufrir dolor debilitante. Los niños no comprenden qué hicieron de modo diferente a los demás y no es raro que al reto físico que enfrentan se sume la depresión.

SE MANEJA, NO SE CURA

Si estás familiarizado con mis "leyes de la vida", sabes que para mí la vida se maneja, no se cura. Esto se aplica también a la mayoría de los problemas de salud y es importante entenderlo porque tú eres quien los maneja. Las elecciones que conforman tu estilo de vida, desde dormir suficiente y tener buenos hábitos de alimentación y ejercicio, hasta evitar estresores, ocuparse de las toxinas ambientales —desde plomo y mercurio hasta pesticidas— y buscar ayuda profesional cuando es necesario, son determinantes. Si analizas los tratamientos para las seis principales causas de muerte que pueden prevenirse —cardiopatía, cáncer, derrame cerebral, enfermedad pulmonar obstructiva crónica (EPOC), accidentes y diabetes— descubrirás que la mayoría tiene que ver con el estilo de vida. Puede haber medicamentos, pero necesitamos un cimiento sólido para sostener todo lo demás. Esto es importante sobre todo cuando hay factores genéticos en juego.

Las investigaciones sobre el ADN y las predisposiciones genéticas han demostrado que puedes tener tendencia a padecer ciertos problemas si, por ejemplo, tus padres son alcohólicos,[4] tu madre tiene diabetes[5] o tu padre tiene un historial de afecciones cardiacas.[6] No ignores las señales de posibles problemas ni esperes que te pasen de largo. Estas características sólo están en potencia, pero siempre serán tus puntos débiles. Ésa es la ventaja: si estás al tanto de tu predisposición a padecer problemas en ciertas áreas, hay elecciones relativas a tu estilo de vida que pueden representar una gran diferencia.

Mi padre sufrió cardiopatías, por lo que es un aspecto que debo cuidar y de hecho cuido. Me hago responsable de mi dieta y de mi actividad física, y reviso regularmente publicaciones médicas para estar al corriente de la información y las recomendaciones más recientes relacionadas con las cardiopatías. Tal vez no pueda controlar todos los aspectos de mi mundo, pero puedes estar seguro de que los que sí puedo, los controlo. Y si tienes algún padecimiento, es muy probable que con sólo ver el noticiario o buscar en internet encuentres personas que lo están enfrentando con éxito. Quizás no tengas un manejo perfecto de tu salud —yo, por ejemplo, no lo hago— pero cuando adoptas un estilo de vida saludable todo cambia para bien. Y mientras más pronto lo hagas, mejores serán los resultados.

Cuando adoptas un estilo de vida saludable
todo cambia para bien.

Conozco muchas historias notables de recuperación y muchas personas que han recorrido el mismo camino. Lo cierto es que en estos días contamos con muchos más recursos y posibilidades que en los tiempos que nos antecedieron. Aprovéchalos.

De vuelta a días mejores

Tú puedes influir en cuándo —e incluso en cómo— ocurrirán muchas de estas situaciones si decides ser parte de la solución y no del problema. El estrés y la ansiedad son la antítesis de la curación, y debes cuidarte de ellos porque pueden obstaculizar tu recuperación. Los pacientes con imaginería negativa no se recobran tan bien como aquéllos con imaginería positiva, así que un diagnóstico o un accidente no deben ser motivo de pánico sino una señal para enfrentar las cosas con una actitud nueva y valiente.[7]

ACCIONES

▶ Identifica tu percepción de la salud
Uno de los pioneros en la valoración de las actitudes hacia la propia salud es mi buen amigo y colega Frank Lawlis. El doctor Lawlis ha trabajado con estas variables por más de 35 años y sus descubrimientos sobre la influencia de las diversas actitudes en la salud resultan especialmente útiles el día de hoy.[8]

Tu percepción de la salud (tu visión de lo que determina tu estado de salud) es un conjunto de ideas relacionadas con tus expectativas y creencias acerca de lo que genera, controla y afecta tu salud. También se le llama "locus de control". Locus, que significa ubicación o lugar, designa el origen de tu creencia o expectativa. Por ejemplo, puedes pensar que tu estilo de vida vegetariano y el ejercicio evitarán que contraigas ciertas enfermedades o que tu trabajo como empleado de hospital te expone a gran cantidad de gérmenes y te hace vulnerable a esas enfermedades. O bien, puedes creer que en realidad nada influye en tu salud y que la enfermedad es cuestión del azar.

Identificar el valor que concedes a estas fuentes, o cómo las percibes, nos proporciona información sobre tus expectativas relativas a la salud y las acciones que estás dispuesto a realizar para que tú o un ser querido se recuperen totalmente. Esto puede ayudarte a diseñar un plan para superar esta crisis y a frenar conductas que consideras destructivas.

La mejor manera de evitar sentirse como víctima en este día es estar preparado. Toma conciencia de tus creencias para que puedas seguir un plan de acción previamente establecido. Estás a cargo de tu cuerpo. Es el único que tienes y como "administrador de la salud" de tus "instalaciones" privadas debes hacer un inventario de lo que tienes y darte una idea de cómo funciona. ¿Cuáles son tus creencias? ¿Necesitas dejar tus malos hábitos —como beber o fumar— aunque te proporcionen alivio o placer momentáneos? ¿Tu estilo de vida promueve tu salud de acuerdo con lo que dices creer? Si no es así, ¿por qué? Seguramente has oído o leído que cualquier medicina o terapia funciona mejor cuando el paciente cree en ella. Por ejemplo, yo he visto que los medicamentos contra el dolor y otros mucho más fuertes, como la quimioterapia, son más eficaces cuando la persona cree que le van a ayudar. También he visto personas que se recuperan por comer caldo de pollo, pues creían en él. Elige tus armas y sal a ganar la batalla.

Mientras respondes las preguntas sobre tu percepción de la salud, piensa que estás buscando tu medicina más poderosa y tu arsenal de prácticas para la recuperación. El grado de control que consideras tener sobre tu salud es el mejor indicador de cuánto control tienes en realidad.

Conoce tu percepción de la salud

Para cada una de las preguntas siguientes, encierra en un círculo el número que indica cuánta confianza tienes en el recurso mencionado. La escala va del 1 (ninguna confianza) al 10 (plena confianza). Sé sincero con tus respuestas (siempre digo esto, pero recuerda que sólo tú las verás).

1. Mi disposición para seguir un buen plan nutricional para maximizar la capacidad de recuperación de mi cuerpo.

1	2	3	4	5	6	7	8	9	10
Ninguna confianza		Muy poca confianza		Confianza moderada		Mucha confianza		Plena confianza	

2. Mi disposición para ejercitarme con el fin de recuperarme al máximo.

1	2	3	4	5	6	7	8	9	10
Ninguna confianza		Poca confianza		Confianza moderada		Mucha confianza		Plena confianza	

3. Mi creencia en mi capacidad para utilizar técnicas de concentración para lograr mis objetivos de salud.

1	2	3	4	5	6	7	8	9	10
Ninguna confianza		Poca confianza		Confianza moderada		Mucha confianza		Plena confianza	

4. Mi creencia en mi capacidad para reducir mi estrés y usar esa energía en mi curación.

1	2	3	4	5	6	7	8	9	10
Ninguna confianza		Poca confianza		Confianza moderada		Mucha confianza		Plena confianza	

5. Mi creencia en mi fortaleza interna para curar mi cuerpo.

1	2	3	4	5	6	7	8	9	10
Ninguna confianza		Poca confianza		Confianza moderada		Mucha confianza		Plena confianza	

6. Mi creencia en que mi(s) doctor(es) me curarán.

1	2	3	4	5	6	7	8	9	10
Ninguna confianza		Poca confianza		Confianza moderada		Mucha confianza		Plena confianza	

7. Mi creencia en que las medicinas curarán mi cuerpo y mi mente.

1	2	3	4	5	6	7	8	9	10
Ninguna confianza		Poca confianza		Confianza moderada		Mucha confianza		Plena confianza	

8. Mi creencia en que si sigo todas las instrucciones del profesional de la salud me curaré.

1	2	3	4	5	6	7	8	9	10
Ninguna confianza		Poca confianza		Confianza moderada		Mucha confianza		Plena confianza	

9. Mi creencia en el concepto de que si tengo fe en mis enseñanzas religiosas, el poder espiritual me curará.

1	2	3	4	5	6	7	8	9	10
Ninguna confianza		Poca confianza		Confianza moderada		Mucha confianza		Plena confianza	

10. Mi creencia en que el poder curativo de mis amigos y familia es crucial para curar mi cuerpo y mi mente.

1	2	3	4	5	6	7	8	9	10
Ninguna confianza		Poca confianza		Confianza moderada		Mucha confianza		Plena confianza	

11. Mi creencia en que la salud y la curación dependen del azar y que nada puede cambiar ese resultado.

1	2	3	4	5	6	7	8	9	10
Ninguna confianza		Poca confianza		Confianza moderada		Mucha confianza		Plena confianza	

12. Mi creencia en que si enfermo o quedo discapacitado es un suceso aleatorio sobre el que no tengo control.

1	2	3	4	5	6	7	8	9	10
Ninguna confianza		Poca confianza		Confianza moderada		Mucha confianza		Plena confianza	

13. Mi creencia en que haga lo que haga no puedo influir en cuándo moriré o en cuánto enfermaré.

1	2	3	4	5	6	7	8	9	10
Ninguna confianza		Poca confianza		Confianza moderada		Mucha confianza		Plena confianza	

14. Mi creencia en que la constitución genética de cada quien determina su futuro, sin importar otros factores.

1	2	3	4	5	6	7	8	9	10
Ninguna confianza		Poca confianza		Confianza moderada		Mucha confianza		Plena confianza	

15. Mi creencia en que no tenemos control sobre si enfermamos o morimos.

1	2	3	4	5	6	7	8	9	10
Ninguna confianza		Poca confianza		Confianza moderada		Mucha confianza		Plena confianza	

Calificación

Suma tus resultados de las preguntas 1 a 5 y compáralos con lo siguiente:

5-30 Poca confianza en ti mismo como agente de recuperación.
31-40 Confianza promedio en ti mismo como agente de recuperación.

41-45 Confianza elevada en ti mismo como agente de recuperación.
46-50 Confianza muy elevada en ti mismo como agente de recu-
       peración.

Suma tus resultados de las preguntas 6 a 10 y compáralos con lo siguiente:

5-20   Poca confianza en los demás como agentes de recuperación.
21-30 Confianza promedio en los demás como agentes de re-
       cuperación.
31-40 Confianza elevada en los demás como agentes de recu-
       peración.
41-50 Confianza muy elevada en los demás como agentes de
       recuperación.

Suma tus resultados de las preguntas 11 a 15 y compáralos con lo siguiente:

5-25   Poca confianza en los aspectos aleatorios de la salud.
26-37 Confianza promedio en los aspectos aleatorios de la salud.
38-42 Confianza elevada en los aspectos aleatorios de la salud.
43-50 Confianza muy elevada en los aspectos aleatorios de la
       salud.

Percepción

Si obtuviste una calificación elevada o muy elevada en la confian-za en ti mismo como agente de recuperación (items 1 a 5), sabes que tus decisiones y conductas determinan en gran medida tu salud. Es decir, crees que lo que ocurre —bueno o malo— es resultado directo de lo que haces. Ya sea por comer brócoli y za-nahorias, ejercitarte, tomar tu medicina o seguir cualquier otro régimen, tu fe en ti mismo y en lo que haces o no haces ejerce una gran influencia. Esto es bueno, pues las investigaciones demuestran que una elevada confianza en ti mismo como agente de recuperación es un vaticinador confiable de cuánto mejorarás.[9]

Según he comprobado, es una creencia extendida entre los profesionales que tratan enfermedades y lesiones crónicas que los pacientes con actitud positiva y optimista responden mejor a los tratamientos que quienes tienen una actitud negativa y pesimista. Un magnífico ejemplo es Lance Armstrong, quien tuvo cáncer testicular. Armstrong tenía muchas cosas en contra, pero no sólo venció al cáncer: ganó siete veces el Tour de Francia, competencia que muchos clasifican entre las más difíciles. Cabe pensar que tiene una elevada confianza en sí mismo como agente de recuperación, lo que contribuyó de manera determinante en su espectacular recuperación y éxito duradero. El estilo de vida y la mentalidad de Lance respaldaron su creencia de que podía influir, hasta cierto grado, en su estado de salud, y en la actualidad sigue cosechando los frutos de estas creencias.

Si estás en el grupo de confianza elevada en ti mismo, es muy probable que asumas la responsabilidad de tu estado de salud. Aunque en general esto es algo positivo, pensar que tu salud depende *demasiado* de ti puede disuadirte de buscar a otras personas que podrían ofrecerte información y apoyo. Asimismo, puedes culparte de sucesos que en realidad están fuera de tu control. Por ejemplo, si naciste ciego o con una falla cardiaca, puedes culparte pese a la naturaleza congénita del padecimiento. Esto va más allá de la actitud más razonable de manejar una afección hereditaria.

Quiero ser muy claro a este respecto: culparte por situaciones sobre las que no tuviste o no tienes control o por una historia heredada que no puedes cambiar, está fuera de lugar en el manejo constructivo de cualquier enfermedad o problema de salud. Incluso si hubiera una relación entre una enfermedad y una conducta anterior —como entre el alcoholismo y las enfermedades hepáticas o entre fumar y las enfermedades pulmonares— es mejor concentrarte en lo que puedes hacer ahora que flagelarte por lo que hiciste en el pasado. Sí, eres responsable de lo que haces ahora y del deber de eliminar las actividades de riesgo conforme avanzas, pero también es cierto que debes eliminar la culpa y las recriminaciones por lo que ya hiciste. Debes hacer las paces contigo mismo para aumentar tus probabilidades de recuperarte. En resumen: mientras más salud *mental* tengas, mayores serán tus probabilidades de recuperar una óptima salud *física*. Quizás no puedas "curarte con la mente", pero es indudable que los pensamientos positivos ejercen una notable influencia, igual que los negativos.

Percepción de la salud externa

Una calificación elevada aquí (items 6 a 10) significa que dependes en gran medida de otras personas o factores para superar una crisis de salud. Crees que cualquier resultado positivo provendrá de alguien o algo externo. Por ejemplo, consideras que te recuperarás por completo de un accidente porque tu médico es el mejor del mundo. O que vas a vencer tu enfermedad porque la medicina que estás tomando supera a todas las demás y estás totalmente convencido de que funcionará.

Las ventajas de tener un *locus* externo en la percepción de tu salud son que estás dispuesto a buscar la ayuda de personas en quienes confías y que te beneficiarás de sus conocimientos y experiencia. La clave está en apostar al caballo ganador. En otras palabras, si crees que la habilidad de un médico te sanará, busca al mejor de todos. Si crees que la medicina te curará, haz tu tarea e investiga cuál es la mejor. Los individuos con este elevado nivel son excelentes para seguir regímenes médicos y se les considera pacientes modelo.

201

Consejos para encontrar un buen médico

◇ Identifica los mejores hospitales de tu zona e investiga con el personal que labora ahí.

◇ Pide la recomendación de personas de tu confianza, como amigos y familiares.

◇ Sobre todo, comprueba que el médico que buscas esté certificado. Esto comprueba si tuvo entrenamiento adecuado en su especialidad.

Una desventaja de quienes obtienen las calificaciones más altas es la ausencia de una dosis saludable de escepticismo inteligente frente a las promesas de una cura milagrosa por parte de un médico muy seguro de sí mismo. Fácilmente puedes adoptar una actitud pasiva y convertirte en un miembro inactivo de tu equipo de tratamiento, ¡cuando probablemente debieras ser el capitán! Sin importar cuál sea tu visión de la causalidad, siempre serás una fuerza de gran influencia en la calidad y longevidad de tu vida. Debes apropiarte de esta crisis para incrementar tus posibilidades de éxito. No puedes culpar a las demás personas ni confiar ciegamente en que ellas te sacarán de tu predicamento. Debes asumir el control… y la responsabilidad. Esto supone admitir que tu ataque cardiaco pudo deberse a una alimentación inadecuada, a la falta de ejercicio y al exceso de estrés. O bien, si tenías predisposición genética a sufrirlo; que tienes por delante la tarea de desarrollar un estilo de vida que minimice el riesgo de padecerlo otra vez. Si tuviste un accidente automovilístico debes reconocer tu contribución al ir a toda velocidad por la autopista a la una de la mañana, distraído y demasiado cansado como para estar alerta. Hazte responsable de tus acciones y decisiones. Tienes el poder de cambiar y puedes influir activamente en tu vida y en tu salud.

Lo bueno de quienes presentan las calificaciones más bajas en el *locus* de control externo es la actitud típica de Missouri de "yo puedo hacerlo solo". Como acabo de mencionar, la rebelión contra la autoridad no siempre es mala, pues puedes tener una intuición que dé buenos resultados. Por ejemplo, he visto decenas de pacientes que rechazaron la medicina que practicamos en Estados Unidos y adoptaron la asiática o la europea con excelentes resultados. Es un hecho conocido que aunque el ciudadano estadounidense paga por la atención médica el doble de lo que se paga en el resto del mundo, este país suele obtener las calificaciones más bajas en las encuestas sobre atención médica en el mundo civilizado,[10] por lo que quizás una dosis saludable de desconfianza tenga algún valor.

Lo malo de quienes obtienen un resultado bajo es que no creen en ninguna propuesta y normalmente no actúan por no estar convencidos de las posibilidades de éxito de ningún plan.

Percepción de la salud aleatoria

Si tuviste una calificación elevada aquí, crees en el destino y consideras que tu salud o la de un ser querido depende de un tiro de dados. Probablemente tienes poca o ninguna fe en ti mismo o en ninguna otra cosa. No ves la relación entre fumar una cajetilla de cigarrillos al día y tu cáncer, o entre tu obesidad y tu enfermedad del corazón. A tu manera de ver, ni tú ni ninguna otra persona tiene influencia alguna sobre tu salud.

Diré solamente que ésta es una manera arriesgada de pensar. Si no te parece útil modificar tu alimentación o estilo de vida, tomar medicinas o seguir el plan del médico, o incluso conocer más sobre tu padecimiento, probablemente no tendrás ninguna mejoría. Tal vez te preguntes: *¿por qué habría de hacerlo si mi conducta no tiene nada que ver con esta crisis de salud?* No crees en ti, en los doctores, en la medicina, en Dios, etc. Por ejemplo, si tu madre, abuela y hermana murieron de cáncer pulmonar y crees inevitable correr la misma suerte, y que no puedes hacer nada para evitarlo, probablemente el desenlace no será favorable. Hay un sentimiento de impotencia y de que recibiste una mala mano en el juego de cartas. Esto puede ser mortal porque pasas por alto importantes oportunidades de tomar el control.

Elena tenía 42 años y era diabética. Aunque su compañera de habitación se alarmó al ver su pie hinchado y rojo e insistió en que buscara ayuda, Elena le dijo que se trataba de un problema familiar y que no había mucho que hacer al respecto. Como sus pies no tenían sensibilidad le fue fácil ignorarlos, hasta que finalmente le amputaron uno debido a una infección. Por desgracia, la cosa no paró ahí. Después de la cirugía empeoró rápidamente y murió dos años después; no supo que éste es un desenlace típico (después de una amputación de pie o pierna, 70 por ciento de los diabéticos muere en menos de cinco años, según información publicada por los National Institutes of Health.)[11] Aunque la mayoría de las historias no son tan drásticas como la de Elena, la parte verdaderamente terrible es que *pudo evitar la amputación.* Investigaciones recientes muestran que 50 a 95 por ciento de las amputaciones de pie en diabéticos —en otro tiempo consideradas ineludibles en el caso de la mayoría de las lesiones en pie diabético— son evitables con la detección y tratamiento oportunos.[12] Si Elena hubiera confiado en su capacidad —o en la de su compañera— de buscar ayuda, su historia podría haber sido muy diferente.

Las calificaciones elevadas en la visión aleatoria de la salud realmente no tienen aspectos positivos, pues se relacionan sistemáticamente con desenlaces desfavorables, cualquiera que sea la enfermedad; sin embargo, las calificaciones bajas sí tienen un aspecto positivo. Probablemente reflejan la creencia de que hay una fórmula óptima que te ayudará a recuperar la salud y tu trabajo es buscarla. En algunos sentidos, el recorrido hacia el éxito puede ser tan valioso como la cura. No conozco a ningún sobreviviente del cáncer que no se haya sentido poderoso y bendecido en el proceso de curación. La mayoría de los sobrevivientes encuentran nuevos amigos, desarrollan nuevas habilidades y conocen la verdadera magnitud y valor de lo que son.

▷ **Elabora un plan**

Aunque una crisis de salud puede sacudir hasta lo más profundo de tu ser, no es el final y debes prestar atención a la manera en que percibes, comentas y actúas con respecto a la situación con el fin de no contribuir al problema. Recuerda que todos tus pensamientos generan una respuesta fisiológica; en otras palabras, puedes "empeorar con la mente" si no te esfuerzas en aceptar tu nueva realidad. Éste no es un final, es un comienzo e incluso puedes aprovechar el impulso del cambio para atender otros aspectos de tu vida que deseabas tratar desde hace tiempo.

Ahora que conoces mejor lo que crees (y lo que no crees) debes usar esta información para elaborar un plan. El poder de la mente es enorme. Por ejemplo, si tienes mucha confianza en tu capacidad de ejercitarte, habla con tu médico y ponte en movimiento; el ejercicio es de lo mejor que puedes hacer por tu salud física y mental. Si crees en la importancia de la alimentación, mejora tu dieta; desecha los alimentos grasos, azucarados y procesados e inclínate por las verduras, las frutas y las carnes magras (o busca una dieta específica que favorezca tu recuperación). Si no sabes mucho sobre nutrición, conéctate a internet e investiga o consulta a expertos como nutriólogos o *coaches* para la pérdida de peso.

Si confías en que tu fe y creencias espirituales te ayudarán a sanar, pon en práctica lo que predicas. Empieza por ir a un lugar de culto. Empieza a rezar como parte de tu plan de recuperación. Hay estudios muy difundidos que confirman los beneficios físicos y mentales de la oración;[13] no obstante, ten cuidado de no cerrarte a otras posibilidades que podrían facilitar tu recuperación o la de un ser querido. Si crees que la medicina es tu arma principal en tu búsqueda de la recuperación y la salud, consulta a tu médico, investiga qué medicinas pueden respaldar tus esfuerzos y cíñete al plan.

Lo importante es poner en práctica lo que crees. Ahora bien, si no crees en nada, necesitas hacer algo al respecto y rápido. No tener fe en nada puede afectar negativamente tu salud. Por ejemplo, si crees que la medicina no funcionará, es probable que no la tomes.

Si un ser querido enferma, investiga sus creencias y abrázalas. Es posible que esto no sólo contribuya a su mejoría, sino que los sintonice en la misma longitud de onda de manera que no surjan desavenencias entre ambos. Esto puede resultar difícil, en especial si no comulgas con sus creencias, pero eso no es lo importante. Puedes tratar de influir en su manera de pensar, pero la intención no es convencer a tu ser querido de lo que tú crees; es apoyar las creencias que él siente que pueden ayudarlo.

▶ Reúne a un equipo de la salud

Manejar este difícil día no es algo que debas hacer solo y estoy seguro de que necesitarás el apoyo de los demás para superar y ganar esta batalla. La clave está en formar un equipo ganador con personas positivas que te apoyen y ayuden. Necesitas personas en quienes puedas confiar, que puedan energizarte e inspirarte, pues el apoyo implica fortaleza y energía. Te será más fácil alcanzar tus metas de recuperación si tienes amigos, familiares, compañeros de trabajo, líderes espirituales y médicos, entre otros, que te animen. No es momento de gastar energía en tratar de convencer a los amigos negativos de que sean positivos; necesitas alejarte de quienes puedan sabotearte. Las personas que conoces contaminarán o contribuirán a tus objetivos y lo primero que debes hacer es identificar los dos tipos y luego asociarte con los colaboradores.

Esto es importante porque tus relaciones tienen un gran efecto en tu salud por su influencia en tus elecciones de estilo de vida y en tu manera de enfrentar esta crisis. Para que puedas superarla, las personas que te rodean deben guiarte por el buen camino. Evita a las que puedan sabotearte, aunque lo hagan de manera involuntaria. Aunque no quieran lastimarte, y de hecho te quieran y se preocupen por ti, su influencia puede no ser lo mejor para ti. Cualquiera puede ser un saboteador, desde los amigos que llegan con una docena de donas cuando se supone que debes bajar de peso, hasta los que te llaman "aguafiestas" por no brindar cuando estás tratando de permanecer sobrio.

Es posible que algunas personas no quieran que te recuperes o que modifiques tus hábitos por el efecto que esto tendría en sus propias vidas. Quizás les gusta que dependas de ellos mientras estás postrado en la cama del hospital o enfrentan una crisis de salud similar pero no se sienten motivados para superarla; por ello no quieren que tú lo hagas tampoco. Están también los que no apoyarán tus cambios porque, se den cuenta o no, quieren que mantengas el *statu quo*, algo que los hace sentir más seguros. Por ejemplo, si tu cónyuge acostumbraba tumbarse contigo a ver televisión puede resentir el hecho de que salgas a caminar después de la comida en lugar de sentarte con ella a comer un litro de helado cada uno mientras ven *Grey's Anatomy*.

Una vez que hayas expulsado a las personas inadecuadas de tu equipo necesitas reclutar a quienes te ayudarán a alcanzar tus metas. A continuación describiré los cuatro miembros del equipo que considero indispensables y si echas un vistazo a las personas que conoces, lo más probable es que encuentres a los miembros de tu equipo entre ellas. (Si no es así, piensa en otras que estén fuera de tu círculo inmediato. Acércate a tu comunidad religiosa o busca en internet grupos de apoyo en tu zona. Si no encuentras uno que se ajuste a tus necesidades, ¿por qué no fundas uno tú mismo?).

En primer lugar está el *director técnico,* alguien que cuenta con experiencia o entrenamiento profesional y que puede ser tu médico, nutriólogo, fisioterapeuta, psicólogo, etc. Estas personas te ofrecen ayuda práctica e información. También ejercen un poder positivo sobre ti por ser figuras de autoridad. El director técnico puede ayudarte a manejar una enfermedad o a recuperarte de un accidente. También puede proporcionarte información que ayude a tu ser querido enfermo.

Después viene el *compañero de equipo,* alguien cuyos objetivos o problemas son similares a los tuyos. Puede ser una esposa que conociste en el centro de rehabilitación donde están tratando a tu marido o una amiga que también está tratando de perder peso. Un compañero con el mismo objetivo puede ayudarte a ceñirte a él. Es mucho más fácil ir al gimnasio cuando sabes que encontrarás un amigo con quien platicar mientras te ejercitas en la caminadora o asistir a las reuniones de un grupo de apoyo cuando sabes que verás un rostro amigable. Tú y tu compañero de equipo pueden compartir ideas, comparar notas y seguir sus avances. Esto no sólo sirve como motivación sino que es agradable estar con alguien que va en el mismo bote. Te sentirás energizado e inspirado, y tendrás alguien que te anime en los días difíciles.

También necesitarás en tu equipo un *animador*, alguien que te anime y que sea comprensivo cuando te sientas deprimido. Esta persona proporciona un estímulo honesto —no te dirá que estás haciendo un gran trabajo si no tomas tu medicina o si comes alimentos que te hacen daño— y se especializa en proporcionar la inspiración y el apoyo incondicional que necesitas para creer en ti mismo.

Por último está el *árbitro,* la persona que te hará críticas constructivas. No lo hará por molestarte sino porque se interesa en ti y en que cumplas tus objetivos. El árbitro debe saber escuchar para que puedas expresar tus verdaderos sentimientos y saber observar para que tengas la seguridad de recibir opiniones valiosas. Por lo general, el árbitro dice las cosas como son y debes respetar su juicio para recibir de buena gana sus críticas. El árbitro es un poco rudo pero no necesitas un apoyo cariñoso de su parte; para eso está el animador.

En resumen: sé honesto contigo en lo que se refiere a las personas que te rodean. Sé que no es fácil eliminar de tu lista algunos amigos y familiares negativos, pero en ocasiones es indispensable para lograr el éxito. Recuerda: tú estás primero y necesitas un equipo sólido para triunfar.

► Pon en orden tu pensamiento

Como dije antes, lo que crees acerca de ti guía tus acciones. Si crees que no puedes seguir una dieta saludable para evitar otro ataque cardiaco, probablemente tengas razón. Si consideras que puedes seguir todos los consejos del médico, es muy posible que tengas éxito. Si te dices que nunca te recuperarás de este accidente o enfermedad y que tu vida no volverá a ser igual, tus pensamientos pueden hacerlo realidad. ¿Por qué? Porque lo que te dices está directamente relacionado con tus emociones, así que te sentirás estresado, ansioso, preocupado o deprimido. Si no eliminas esos pensamientos negativos, cobrarán fuerzas y tomarán el control. Piénsalo: después de trabajar tan duro para formar un equipo sin saboteadores, ¡lo último que quisieras es descubrir que tú eres el eslabón más débil de tu propio plan!

Pero si cambias tu manera de pensar y tus creencias podrás incrementar de manera notable tus probabilidades de superar tu enfermedad o padecimiento. Puedes arreglártelas con un cónyuge o un hijo enfermo. El conjunto de tus decisiones, actitudes, pensamientos y conductas puede conducirte a un resultado positivo o a uno negativo. Esto significa que las respuestas a algunos de tus problemas de salud bien podrían estar en ti y eso es bueno porque significa que puedes controlarlos.

▶ **Empieza a cuidarte más**
Si actualmente estás enfrentando una crisis, aprovecha este tiempo para concentrarte en los aspectos de tu salud que puedes controlar. Fumar, beber, no hacer ejercicio y otras conductas similares tienen consecuencias. Ésa es la realidad. Nadie sale vivo de este mundo, pero hay cosas que puedes hacer para estar lo más saludable posible mientras estás aquí.

Si hay personas que dependen de ti, es todavía más importante que estés aquí para ellas. Toma esto como una llamada de atención para que empieces a cuidar tu salud y considera iniciar con un aspecto primero: ejercicio o nutrición. Existen programas magníficos que te ayudarán a adquirir el hábito de cuidarte diariamente, y aunque no puedas conformar un equipo que te ayude a alcanzar tus metas, siempre puedes encontrar ayuda en internet. Ahí descubrirás una gran cantidad de herramientas gratuitas, desde contadores de calorías y formas para registrar tus metas de caminata o trote, hasta artículos que te ayudarán a obtener mejores resultados.

▶ Concéntrate en lo positivo

Aunque tu vida esté hecha un lío debes encontrar algo positivo en esta crisis de salud. Tal vez estés poniendo los ojos en blanco, pero es muy fácil decir: "Pobre de mí" o "¿Cómo pudo pasarme esto?", comentarios que reflejan una actitud que no mejorará tu salud. Por mala que sea, esta experiencia es una lección de vida. Quizás tus piernas no respondan, pero aprendiste a valorar el poder de tu mente. Quizás tu esposo está enfermo, pero esta mala racha los ha acercado.

Uno de los aspectos más positivos en que puedes concentrarte es la época en que te tocó vivir. Estamos realizando tales avances en tecnología médica que a cualquiera que tenga un padecimiento le digo: "Sólo mantente vivo un día más". Mantente vivo una semana más, un mes más. Algo podría ocurrir en los laboratorios que cambie radicalmente tu pronóstico. Mantente vivo hoy; algo podría ocurrir mañana.

Hace poco asistí a un acto con 25 líderes comunitarios en el Cedars-Sinai Medical Center de Los Ángeles. La tecnología tipo *Guerra de las Galaxias* que vi ahí me impresionó. Si hubieran tenido eso en 1994, cuando mi padre agonizaba, él seguramente habría vivido por lo menos otros 10 años. Ni siquiera hubiera sido un tratamiento de vida o muerte; hubiera sido uno de rutina con la tecnología actual. Entonces no existía, y mi padre ya no está.

Pero tú sí estás aquí.

Por eso te exhorto a que te mantengas vivo otro día. Hazlo dando un paso a la vez. Al concentrarte en lo positivo —y *siempre* hay algo positivo— construirás un cimiento firme sobre el que podrás construir sin importar en qué situación te encuentres.

Palabras finales

Sin duda, una crisis de salud trastoca tu mundo por completo. Pero es tu respuesta la que determina si esa crisis sacará tu vida momentáneamente del camino o si la hará perder el rumbo por completo. Y no estoy diciendo que sea divertido; es duro, es agotador y puede ser francamente aterrador. Por ello, lo mejor que puedes hacer es aprovechar esta situación para evaluar lo que estás haciendo y darte permiso de seguir una nueva dirección. Aprende de ella y saca todo lo bueno que puedas. Lo único que no debes hacer es permitir que la enfermedad o la crisis se conviertan en tu vida. No dejes que una crisis de salud te robe tu identidad y te convierta o convierta a un ser querido en un "paciente" para dejar de ser esposa, madre, padre o amigo.

Recuerda: las crisis no forjan héroes pero sí provocan que las personas sean más de lo que son. ¿Qué te reveló esta crisis sobre ti? Tus decisiones son importantes en un mundo que parece descontrolado, así que hazte responsable de tus actitudes con respecto a tu salud y determina cuál es la mejor manera de seguir tu propio plan de salud física y emocional a largo plazo.

8

SALUD MENTAL
EL DÍA QUE LA MENTE SE COLAPSA

Las estadísticas sobre salud mental indican
que uno de cada cuatro estadounidenses sufre
algún trastorno. Piensa en tus tres mejores amigos;
si ellos están bien, eres tú.
RITA MAE BROWN

Los padres de Janette, Paul y Ruby, llevaban casados 45 años
y seguían tan enamorados como de recién casados. Cuando
Ruby enfermó de cáncer padeció un largo y doloroso deterioro, y
Paul la acompañó en cada paso: las cirugías, la quimioterapia, la
pérdida de cabello y el sufrimiento. Cuando murió, Paul perdió
interés en la vida. Luego de un año de intensa aflicción, parecía
que por fin había salido adelante: retomó por medio tiempo su
empleo de vendedor de seguros, empezó a pasar más tiempo con
sus amigos en la iglesia e incluso volvió a sacar su bola de boliche.
Siempre había sido bienvenido en cualquier reunión pues sabía
hacer reír a la gente. Sin embargo, cuando Ruby murió no volvió
a ser el mismo.

Janette llevó a su padre a la boda de su primo, pero casi inmediatamente se arrepintió. Era la primera vez que iba con su padre a un evento social desde la muerte de su madre. Durante la recepción él parecía inquieto y preocupado por cosas que ella no podía ver. Se interrumpía de repente al hablar, como si estuviera escuchando otra cosa. Torcía los ojos, asentía con la cabeza e incluso reía. Buscó a Janette y mirándola fijamente le preguntó: "¿Escuchas la música, escuchas la canción?". Cuando se alejó deambulando, tomó unas uvas del plato de un desconocido sin reparar en el sobresalto que le había causado. Más tarde, cuando salió del baño, no se dio cuenta de que llevaba la bragueta abierta ni de que la camisa se le salía de los pantalones. Decir que Janette estaba avergonzada es poco. Intentó llevarlo de vuelta al pasillo pero él se soltó con un movimiento brusco y la miró como si no la conociera.

Conforme la situación en la boda empeoraba, Janette empezó a sentir miedo. La respiración de Paul se aceleró y fue evidente que estaba ansioso y que estaba perdiendo el control. De pronto, tomó a Janette por el brazo y la jaló hacia la puerta. "Vámonos de aquí. De cualquier forma, a nadie le importa". En el auto, la mente de Janette bullía descontrolada mientras su padre iba a su lado en silencio. Lo llevó a casa y esperó a que se cambiara y se durmiera antes de irse a la suya. Lloró durante todo el camino tratando de entender lo que había observado, preguntándose qué estaba ocurriendo con su padre y si podría hacer algo para ayudarlo. Esa noche, Janette no pudo dormir: finalmente aceptó que su padre, la persona en cuya guía confiaba, había cambiado, quizás para siempre. No podía dejar de preguntarse qué significaba todo esto y qué sucedería a continuación. *¿Era un tumor? ¿Era Alzheimer? ¿Se había derrumbado finalmente luego de perder al amor de su vida?* Janette se sentía tan perdida como pareció estar su padre horas antes.

Viaje a lo desconocido

Situaciones como ésta se presentan todos los días en la vida de las personas y lo más angustiante suele ser el temor a lo desconocido. También es posible que el mundo que se derrumba no sea el de un ser querido sino el tuyo. Sientes como si te movieran el tapete y no hubiera un lugar seguro donde pararte. Tal vez te golpea como si de repente te cayera una tonelada de ladrillos o tal vez llevas un tiempo negándolo, pero de cualquier manera enfrentas la realidad de que tú o un ser querido padece un problema mental o emocional grave. Si se trata de ti, puedes sentir confusión, vergüenza, culpa y debilidad, y seguramente te plantees mil preguntas para las que no tienes respuesta: *¿Qué está pasando? ¿Estoy volviéndome loco? ¿Tengo una crisis nerviosa? ¿Por qué nadie me comprende? ¿Por qué todos pasan a mi alrededor como si no existiera o como si me tuvieran miedo? ¿Es por debilidad que estoy perdiendo el control? ¿Es curable? Si no mejoro, ¿me llevarán al hospital psiquiátrico? ¿Se avergonzarán de mí si admito que tengo un problema? ¿Tendré que tomar esa decisión por un familiar? ¿Sabrán todos que estoy viendo a un psicólogo? ¿Perderé mi empleo? ¿Con qué cara miraré a mis conocidos? ¿Me juzgarán y se apartarán de mí? ¿Qué tanto puedo empeorar?*

Más adelante responderé éstas y otras preguntas, pero antes quiero hablar de la manera en que tú y yo debemos pensar y hablar de la enfermedad mental al enfrentar este difícil día.

Este capítulo no pretende ser un estudio exhaustivo sobre el amplio y complejo tema de la enfermedad mental (ya existen incontables libros acerca de cada uno de los incontables desórdenes mentales). Mi objetivo es analizar algunos ejemplos de padecimientos específicos que traumatizan y paralizan la vida de las personas de manera significativa y con una frecuencia cada vez mayor.

A las enfermedades mentales que elegí se suman normalmente el miedo, la confusión y la desinformación. Por supuesto, existen otras muchas que no trataré aquí, como la demencia súbita, los trastornos de personalidad y otras que perturban profundamente la vida de las personas. No pretendo ignorar ni trivializar estos trastornos, pues todos los desafíos que pudieras enfrentar en lo relativo a la salud mental son importantes. Sin embargo, mi intención no es formarte como psicólogo o psiquiatra sino sensibilizarte a los retos que podrías enfrentar si este día se presenta en tu vida. La información acerca de qué esperar o de cómo volver a días mejores se aplica a la mayoría de los desafíos que podrías enfrentar, si no es que a todos, y pueden ayudarte a comprender y manejar una larga lista de enfermedades mentales.

Quiero desmitificar estos ejemplos de enfermedad e inadaptación mental tratándolos en un lenguaje llano y evitando la jerga profesional, que puede resultar intimidante y confusa. Definitivamente no intento darte elementos para diagnosticarte o diagnosticar a un ser querido. Así como no te practicarías una cirugía tú mismo si tuvieras un tumor, no debes intentar curar tu enfermedad mental. Un diagnóstico se obtiene mediante un procedimiento complejo que debe realizar un profesional. Por otra parte, con información clara y comprensible, y cierto grado de sensibilidad, podrás reconocer (en el mejor de los casos, en una etapa temprana) cuándo una función mental o emocional ha alcanzado un nivel que exige un cambio o incluso ayuda profesional.

La letra escarlata

En el capítulo anterior analizamos lo que ocurre cuando el cuerpo se colapsa. Sin embargo, por más doloroso o difícil que sea un desafío físico, al menos puede identificarse y tratarse. Pero, ¿qué haces cuando tu mente parece volverse contra ti? Sé que la expresión *enfermedad mental* es atemorizante porque siempre se la ha relacionado con la que empieza con *l* (locura), pero quiero terminar de una vez por todas con las mentiras y la desinformación sobre lo que significa sufrir un trastorno mental.

Si padeces un trastorno mental —depresión, ansiedad, confusión, pensamientos obsesivos, conducta compulsiva o dificultad para distinguir la realidad de la fantasía—, no estás "loco". No eres un ciudadano de segunda. No tienes insuficiencias, como tampoco defectos espirituales de los que debas avergonzarte y que podrían disuadirte de hablar de este problema o de tratarlo. Deja de juzgarte y/o de juzgar a los demás con base en ideas y estándares cuya validez ha sido descartada, o que han caducado o son simplemente ridículos. La única manera de superar este desafío —o de que tu ser querido lo supere— es deshacerse del equipaje emocional que complica la situación y te paraliza en un momento en que necesitas enfrentar los hechos como son.

No eres un ciudadano de segunda. No tienes insuficiencias, ni tampoco defectos espirituales de los que debas avergonzarte y que podrían disuadirte de hablar de este problema o de tratarlo.

Aunque los problemas mentales han existido desde que el ser humano tiene cerebro, fue hasta mediados del siglo XIX que dejaron de considerarse estados místicos o malignos provocados por brujería o demonios y empezaron a tratarse de manera más humana.

Y si temes el juicio de nuestra sociedad "ilustrada", agradece que no naciste en épocas anteriores, cuando un viaje al hospital psiquiátrico equivalía a que te abandonaran hasta que te pudrieras o incluso a ser torturado. Afortunadamente, el trabajo de reformadores pioneros de la psicología como Dorothea Dix y Clifford Beers sacó a la luz la terrible situación de los enfermos mentales y contribuyó a la creación de reglamentos e instalaciones que garantizaron un tratamiento más humano.

El estigma social asociado con la enfermedad mental provoca a menudo que "esposas desesperadas" de la vida real tomen drogas o tengan varias "horas felices" al día, con tal de no admitir que están deprimidas o que tienen dificultades. Si no me crees, piensa en la última vez que alguien mencionó durante una fiesta o una carne asada que acababa de ser hospitalizado por una crisis de esquizofrenia. ¿No recuerdas ninguna? Ya lo sabía. Por otra parte, seguramente recuerdas cómo las personas hablan de sus dolores de espalda, cálculos biliares, artritis y una lista interminable de dolencias físicas. Hay una diferencia clara entre la manera en que vemos las enfermedades físicas y el estigma que damos a las mentales. Para empeorar las cosas, cada vez más personas evitan enfrentar sus problemas mentales y emocionales mediante camisas de fuerza químicas. El problema es que los tranquilizantes y los antidepresivos —valiosas herramientas en algunos casos— sólo enmascaran el problema y nos permiten seguir huyendo de él. La siguiente historia no deja de asombrarme: el famoso compositor George Gershwin vio a un psiquiatra por años para tratar su depresión y finalmente murió a causa de un tumor cerebral. Los médicos descartaron las causas biológicas de su depresión debido a que él hablaba todo el tiempo de su niñez y su madre. Cuando murió, resultó evidente que el tumor cerebral había sido la causa, algo que ninguna clase de psicoterapia puede curar por sí sola.

Quiero ser muy claro: no intento menospreciar la prescripción adecuada de medicamentos, en especial cuando está acompañada de terapia individual, de pareja, familiar o grupal. Tampoco pretendo menospreciar a los psiquiatras, que están entre los profesionales más calificados, compasivos y humanitarios que conozco y con quienes he tenido el honor de trabajar. A quienes sí critico es a los traficantes de pastillas que prefieren seguir el camino fácil a ayudar al paciente a enfrentar o superar la enfermedad mental. Lo que estoy pidiendo aquí es una valoración cuidadosa y exhaustiva, y buen juicio, para determinar qué modalidades terapéuticas deben utilizarse. Los problemas mentales son complejos y las respuestas rara vez son sencillas. Tú no mereces menos para ti o para tu ser querido y no debes conformarte con nada que no sea esto.

En algunos casos, cuando un experto puede diagnosticar *adecuadamente*, la medicación puede ser la única manera de producir la estimulación requerida en el cerebro. Quienes siguen el modelo médico de la enfermedad mental estarán de acuerdo en que ninguna de las terapias de diálogo tendrían éxito mientras no se restaurara el equilibrio del cerebro. El equipo de tratamiento puede ser multidisciplinario e incluir médicos, psicólogos y otros profesionales que trabajen juntos para estabilizar los factores biológicos, desarrollar el control psicológico e iniciar el proceso de identificación de estresores, ya sean errores de pensamiento, presiones sociales u otros. Si no se reconocen y tratan los factores fisiológicos significativos, es posible que las terapias de diálogo sólo sirvan para construir una casa en la arena. Es necesario hacer todo lo posible para confirmar que tus pensamientos, sentimientos y conductas son voluntarios y no una reacción involuntaria debida a desequilibrios biológicos.

Éste puede ser el día que enfrentes la incómoda realidad de que no han cambiado todos los demás sino tú. Es tu mente la que ha dejado de hacer su trabajo y, cualesquiera que sean los detalles, te das cuenta de que algo muy grave está pasando. Sientes que últimamente tu pensamiento y tu capacidad para enfrentar el flujo y reflujo de la vida están inhabilitados. Te sientes exageradamente ansioso o percibes una desconexión en alguna parte de tus procesos mentales. Tienes pensamientos extraños y no sabes con certeza de dónde provienen. Quizás no sepas cuál es exactamente el problema, pero sí que estás perdiendo el control y que necesitas hacer algo para detener esta "hemorragia emocional" antes de que empiece a destruir tu vida. Probablemente ya esté afectando tus relaciones o tu empleo, o tal vez estás a punto de derrumbarte. O tal vez no se trate de ti; tal vez es tu tía consentida quien ha iniciado el penoso deterioro mental propio de la enfermedad de Alzheimer y te sientes impotente al verla irse poco a poco.

Es momento de hablar sobre cómo enfrentar el día que descubres que la enfermedad mental se ha colado en tu vida o en la de un ser querido, y en que tu gran pregunta es: *¿a qué estoy enfrentándome?*

Cuando hay algún problema de salud, sea física o mental, los pacientes sienten un gran alivio al escuchar una respuesta: cuando conocen un diagnóstico o al menos un aspecto tratable del mal, empiezan a sentir esperanza. Aunque no me parece correcto etiquetar las enfermedades a diestra y siniestra, darles un nombre puede darte poder sobre ellas en varios sentidos. Anula lo desconocido, que casi siempre es intimidante por su ambigüedad. Por supuesto, nos encantaría escuchar que todo va a estar bien, pero si las noticias no son las que esperabas, una vez que sabes la verdad puedes formular una estrategia para enfrentarla. Estar "en blanco" o en el limbo pocas veces es preferible a conocer la verdad. "Saber" puede darte la sensación de que eres capaz de enfrentar el problema. También te da la tranquilidad de saber que no es totalmente excepcional y que otras personas lo han sobrellevado o superado con éxito. Siempre reconforta saber que personas con cierto poder, como médicos y terapeutas, o líderes y consejeros espirituales, ya han enfrentado tu problema y que no eres un fenómeno.

En este capítulo hablaré de manera clara y directa sobre este importante tema que ha sido relegado históricamente a manuales de diagnóstico con miles de páginas, tan complicados que se necesitaría la piedra de Rosetta para interpretarlos. Traslademos esta discusión al plano práctico y continuemos rompiendo el silencio y eliminando la vergüenza de una vez por todas.

¿Qué es una crisis de salud mental?

Aunque no hay respuestas sencillas ni causas únicas para las diversas formas de enfermedad mental, la mayoría de los expertos está de acuerdo en qué factores disparan la inestabilidad mental: agentes biológicos como desequilibrios hormonales; fatiga y/o falta de sueño; exposición a ambientes tóxicos; predisposición genética y los numerosos estresores sociales y psicológicos a los que estamos obligados a reaccionar a lo largo de nuestra vida.[1] Éstas son las consideraciones mínimas al evaluar un caso, pues siempre existen variantes que pueden combinarse de manera muy compleja. Un desequilibrio en cualquiera de estas áreas, provocado por un acontecimiento estresante, un trastorno emocional o incluso un cambio de medicamentos pueden tener consecuencias de largo alcance. Algunas personas llevan en su ADN la predisposición a padecer enfermedades mentales y así como algunas tienden a la obesidad o al alcoholismo, otras lo hacen a las enfermedades mentales. Por ejemplo, tanto mi familia materna como la paterna han padecido trastornos mentales.

221

Para enfrentar una disfunción mental debes identificarla o al menos entenderla lo suficiente para hablar contigo mismo sobre ella. A lo largo de los años he recibido incontables cartas de personas que me preguntan si determinada conducta es "normal". Al leerlas no puedo dejar de pensar que quienes las escriben consideran que la conducta en cuestión *no* es normal, pues de otra manera no me hubieran consultado. Sin embargo, casi siempre doy la misma respuesta: si una conducta está interrumpiendo el flujo de la vida o te impide alcanzar metas saludables, la considero anormal. Si una conducta es estrafalaria o atípica pero no interfiere con tu vida ni con la consecución de objetivos saludables, por definición la considero normal, no importa cuán peculiar o excéntrica parezca a los demás. Todo esto con la salvedad de que la persona no sea peligrosa para sí misma o para los demás. Por otra parte, las personalidades narcisistas, los sociópatas y quienes ejercen abuso mental, físico o emocional no son lo que yo llamaría estrafalarios o excéntricos, pues aunque ellos crean que su vida está bien y parezcan felices, el efecto que ejercen en los demás *no está bien*. Si están enfermos o se hacen daño, o hacen daño a los demás, lo indicado es pedir ayuda.

El modelo básico de la buena salud mental, propuesto por el psiquiatra William Glasser, es éste:

Tienes salud mental si disfrutas la compañía de la mayoría de las personas que conoces, en especial de las más importantes, como familiares, compañeros sexuales y amigos. En general eres feliz y procuras que familiares, amigos o compañeros de trabajo que estén tristes se sientan mejor. Llevas una vida prácticamente libre de tensiones, ríes mucho y rara vez sufres los achaques que muchos consideran normales. Disfrutas la vida y aceptas sin problema a personas que piensan y actúan de forma diferente a ti. Rara vez se te ocurre criticar o intentar cambiar a los demás. Si tienes diferencias con una persona, intentas solucionar el problema; si no puedes, te apartas antes de que la situación empeore. Eres creativo en lo que haces y probablemente disfrutas tu potencial más de lo que jamás creíste posible. Finalmente, en situaciones muy difíciles en que te sientes triste (nadie puede ser feliz todo el tiempo) sabes por qué estás triste y procuras hacer algo al respecto. Puedes estar discapacitado y aun así ajustarte a los estándares anteriores.[2]

Lo importante es que cualesquiera que sean las situaciones que vives, eres capaz de enfrentarlas y salir adelante en algún momento. Los problemas que trataré aquí se presentan cuando no lo haces o no puedes hacerlo.

CUANDO LA VELOCIDAD NOS DERROTA

Como vimos en el capítulo 3, la vida se ha vuelto más compleja en los últimos años, en especial debido al acceso ilimitado a la información y la tecnología. Los parámetros de la vida han cambiado drásticamente en las últimas décadas y nos hemos convertido en una generación adicta a los estímulos.

Pero todo tiene un precio. El ritmo acelerado de la vida es más exigente con nosotros y nos hace susceptibles a quebrarnos bajo su peso. Es algo similar a la escena clásica del viejo programa de televisión *I Love Lucy,* en que Lucy y Ethel trabajan envolviendo chocolates en una fábrica. Todo iba bien hasta que la banda transportadora empezaba a acelerarse y ellas, muertas de miedo, se esforzaban en envolver los chocolates que pasaban a toda velocidad. Como no recibirían su pago si omitían uno solo, los chocolates que no lograban envolver terminaban en sus bolsillos, sombreros, bocas y, finalmente, en el suelo y en un terrible desorden. Todo esto estaba bien para la televisión, pero en la vida real no es tan gracioso. Hay personas que disfrutan el ritmo frenético, pero la mayoría podemos sobrecargarnos.

ECHAR POR TIERRA LOS MITOS

Pese al número cada vez mayor de personas con algún tipo de trastorno mental,[3] lo cierto es que la gente hablará de ti si eres una de ellas. Simplemente no existe la conciencia pública suficiente como para que la gente se sienta cómoda con el tema. Una encuesta reciente publicada por la National Mental Health Association (NMHA)** reveló que la mayoría de las personas sostiene creencias caducas e incorrectas acerca de las enfermedades mentales. Esto explicaría por qué la mayor parte de quienes las padecen ocultan sus problemas y temen la alienación y otras consecuencias.

De los encuestados,[4]

▶ 71 por ciento creía que las enfermedades mentales son causadas por debilidad emocional.

▶ 65 por ciento creía que las enfermedades mentales son causadas por una mala crianza.

▶ 35 por ciento creía que las enfermedades mentales son causadas por conductas pecaminosas o inmorales.

▶ 43 por ciento creía que las enfermedades mentales son provocadas de alguna manera por el individuo.

** La NMHA ha cambiado su nombre a Mental Health America (MHA).

CINCO MITOS ACERCA DE LAS ENFERMEDADES MENTALES[5]

Mito 1: los enfermos mentales son peligrosos o violentos.

Realidad: aunque existen casos extremos en que los enfermos afirman escuchar voces que les ordenan lastimarse o lastimar a otros, la enorme mayoría no son violentos. De hecho, los enfermos mentales tienen 2.5 más probabilidades de ser víctimas de un crimen que de ser los perpetradores.[6]

Mito 2: las personas con trastornos mentales son menos inteligentes que el resto.

Realidad: las enfermedades mentales afectan a las personas independientemente de su inteligencia, posición social, educación o ingresos y a menudo aquejan a quienes tienen una inteligencia promedio o por encima del promedio. Algunos de los escritores, científicos, músicos y políticos estadounidenses más notables han sufrido enfermedades mentales, incluso en las épocas en que realizaban sus extraordinarias contribuciones a nuestra historia y cultura.

Mito 3: la mayoría de los enfermos mentales termina pobre y en la indigencia porque no puede mantener un empleo.

Realidad: todos los días las personas hacen frente a las disfunciones mentales. La mayoría tiene empleo, educa a sus hijos, sostiene relaciones y participa en sus comunidades e iglesias.

Mito 4: los enfermos mentales son débiles de carácter o inmorales.

Realidad: los trastornos mentales no tienen nada que ver con carácter, debilidad o falta de voluntad; simplemente pueden indicar que hay algún problema con la capacidad para enfrentar las situaciones de la vida y que se necesita de tratamiento para recuperar-la. Dicho problema puede ser resultado de presiones externas o de disfunciones biológicas que deben corregirse.

Mito 5: una enfermedad mental es para siempre.
Realidad: muchos trastornos mentales pueden tratarse eficaz-mente mediante programas, planes de apoyo y, en caso necesa-rio, medicación. El paso más importante es reconocer que tienes un problema para que puedas recibir la ayuda necesaria.

Hemos hablado de lo que las enfermedades mentales *no* son. Por desgracia, determinar qué son no es tan sencillo.

Qué esperar

Una señal temprana de un posible problema mental es la con-ducta inapropiada en un marco social. Conforme la situación se agrava, las diferencias se hacen más pronunciadas y lo "molesto" se convierte en "insoportable". Las personas que rodean al enfer-mo pueden alejarse y empezar a ponerle etiquetas.

Si crees que tú o un ser querido se está "derrumbando" o "per-diendo el control", hay miles de diagnósticos que podrían aplicárse-te. Estas etiquetas pueden ser útiles para identificar los desafíos específicos que puedes esperar, pero el uso de categorías muy am-plias (cuya finalidad no pocas veces es recibir los beneficios de un seguro de salud) también pueden tener un efecto negativo al entorpecer la identificación de diferencias y necesidades particu-lares. Dicho esto, los problemas que tú o tu ser querido probable-mente enfrentarán pueden clasificarse en una de tres categorías principales: trastornos del estado de ánimo, trastornos de ansiedad o los trastornos más graves llamados comúnmente psicosis. Digo esto con base en las incidencias reportadas por el National Institute of Mental Health[7] y en las categorías de síntomas definidas por la American Psychiatric Association en *Diagnostic and Statistical Manual of Mental Disorders,* cuarta edición (DSM-IV).[8]

Trastornos del estado de ánimo

El término psicológico para designar los estados emocionales exagerados que interfieren con nuestro bienestar mental y funcionamiento es "trastornos del estado de ánimo". Si experimentas un trastorno del estado de ánimo tus emociones están fuera de control y magnificadas de tal manera que abruman tu capacidad de hacer frente a las exigencias cotidianas de la vida. Si tienes tristeza profunda y aguda, baja autoestima y una sensación crónica de vacío interior, el término clínico para ese agotador estado es "depresión". Por su parte, un estado de emociones exacerbadas caracterizado por excitación y/o irritación incontenibles se conoce como "episodio maniaco". Si oscilas entre estos dos extremos emocionales, tu diagnóstico puede ser "trastorno bipolar".

De estas dos alteraciones emocionales extremas, la depresión es por mucho la más común. De acuerdo con la Organización Mundial de la Salud, la depresión es una de las principales causas de invalidez en Estados Unidos y el resto del mundo. Menciono esto para que tú o la persona que te preocupa sepan que no están ni lejanamente solas.

Depresión "normal" y depresión clínica

En mis años de experiencia, a menudo he tratado a personas que no supieron que estaban deprimidas hasta que dejaron de estarlo. Piensa esto: si el único automóvil que has manejado es un Volkswagen '58 con el calentador descompuesto y sin suspensión, un viaje tras el volante de un flamante Buick de lujo con sistema de localización satelital y asientos térmicos te descubrirá todo lo que has estado perdiéndote.

A menudo he tratado a personas que no supieron que estaban deprimidas hasta que dejaron de estarlo.

¿Cómo saber entonces si sufres depresión clínica?

Es normal tener un "mal día" de vez en cuando o incluso una semana en que experimentas una tristeza que parece inexplicable y que puede deberse a una combinación de varios factores, en especial si has estado expuesto al estrés. Todos sabemos que la vida no siempre es un lecho de rosas y que pueden ocurrir muchas cosas que nos frustren o atemoricen, obligándonos a adaptarnos a nuevas exigencias o al cambio. Cada persona enfrenta las crisis y los acontecimientos estresantes de diferente manera, por lo que es difícil saber dónde está nuestro umbral mientras no lo hayamos cruzado.

¿Dónde está entonces la línea que divide la tristeza común de las formas más serias de la depresión?

Los "días malos" se convierten en "depresión" cuando empiezan a interferir de manera *crónica* en tu vida, produciendo efectos verdaderamente negativos o impidiéndote alcanzar tus metas. Los periodos normales de tristeza normalmente son pasajeros y tienen una causa reconocible. Pero si tu energía mental, emocional y física desciende notablemente y permaneces así por un periodo prolongado, como semanas o incluso meses, lo más probable es que estés deprimido y que debas hacer algo al respecto. Tú eres el mejor barómetro. El sentido común será tu guía. Si en verdad te está desgastando, tal vez debas buscar ayuda.

¿Qué provoca la depresión?

Un factor sistemáticamente relacionado con la depresión es el estrés (algunas investigaciones muestran que hasta 50 por ciento de las personas diagnosticadas con depresión habían experimentado estrés agudo).[9] Es difícil saber qué fue primero, si el huevo o la gallina: ¿el estrés causa depresión o la depresión es un estresor que genera reacciones de estrés en el cuerpo? Supongo que hay algo de verdad en cada posibilidad, pues cada situación es diferente. Lo que importa es que a menudo se presentan juntos, lo que es importante considerar para planear una intervención eficaz. Como hemos dicho, es muy importante estar atentos a los estresores presentes en nuestra vida e identificar en qué situaciones somos vulnerables a que el estrés se convierta en depresión y viceversa. Por ejemplo, ciertos padecimientos médicos pueden desencadenar la depresión. Las investigaciones han demostrado que los cambios físicos pueden estar acompañados de cambios mentales y pueden relacionarse con algunas causas biológicas de la depresión.[10] Por ejemplo, entre 20 y 25 por ciento de quienes padecen diabetes y carcinoma o han sufrido infarto de miocardio o derrame cerebral padecerán depresión aguda durante el tratamiento. Los ataques cardiacos, la enfermedad de Parkinson y los trastornos hormonales también pueden provocar depresión, fomentando la apatía de la persona y prolongando el proceso de recuperación.[11]

Algunas depresiones son estrictamente biológicas (o endógenas), es decir, provienen del interior y no son resultado de reacciones al entorno. Por ejemplo, los cambios hormonales pueden provocar depresión posparto en madres que recién dieron a luz o depresión en mujeres posmenopáusicas, tal como los problemas de tiroides y los desequilibrios químicos en otras personas. Si hay un desequilibrio químico en tu cuerpo, puedes estar seguro de que también te sentirás así.

La diferencia entre las depresiones endógena y exógena resulta a veces confusa. Sólo para clarificar, la depresión exógena produce estados de ánimo inapropiados como una respuesta a un suceso externo, y sea una tristeza exagerada por la muerte de un ser querido o una reacción poco saludable o prolongada a un revés profesional.

CÓMO SE SIENTE LA VIDA INTERRUMPIDA

No por nada se le conoce como el "abismo" de la depresión. En casos graves sientes como si hubieras caído en una negrura tan cerrada que puedes tocarla, chocando contra las paredes sin poder asirte de nada, seguro de que nunca volverás a ver la luz del sol. Sientes ganas de gritar por lo solo y aislado de la vida que te sientes. Tienes una serie de pensamientos que no quisieras que nadie escuchara: *¿Por qué no puedo dejar de llorar? Me odio, odio mi vida y no sé ni por qué me siento tan mal. Aparentemente todo está mejor que nunca: tengo un empleo maravilloso, casa nueva, mi esposa es fantástica con los niños y sé que ellos me aman, pero por alguna razón no puedo sentirlo. Hablo con brusquedad a mis hijos y no tengo ganas de ser romántico con mi esposa. Me siento culpable por estar tan negligente y desesperado. No sé qué hacer; no quiero ir con un doctor que me cobrará 200 dólares por diagnosticarme algo que no quiero, o peor, por decirme que estoy perfectamente bien, ¡y que cuál es mi problema! Sé que necesito ayuda, pero no sé por dónde empezar.*

Uno de los aspectos que complican la depresión es la apatía, que puede disuadirte de buscar ayuda. Normalmente se piensa que lo opuesto a la pasión es la tristeza o la evasión, pero en realidad es algo más cercano a la apatía. La depresión con apatía produce sentimientos de vacío, desinterés y desconexión. Cuando ignoras tus sentimientos al grado de ser apático hasta con tu propia vida y con todo lo relacionado con ella, no lloras ni ríes, estás aletargado. Ésta es una de las partes más difíciles de la depresión porque ella misma se complica. Mientras más apático eres, menos te esfuerzas; y mientras menos te esfuerzas, tus oportunidades de mejorar disminuyen. Y si no hay refuerzos positivos, puedes hundirte más y más en la depresión y la apatía que suele acompañarla.

Si quien padece la depresión es un ser querido, puede que se retraiga y parezca perdido en su propio mundo. Puede sentirse triste o aletargado y ser incapaz de hallar alivio para su dolor, lo que te hace sentir más excluido e impotente.

La depresión ajena puede ser difícil de comprender, en especial si tú nunca la has experimentado y te preguntas por qué simplemente no pueden "superarla". En apariencia, el mundo de tu amigo, esposo o hija parece estar bien y, sin embargo, están abrumados por la tristeza. Tu mejor amiga ya no sale de su casa ni te habla "sólo para saludar". A tu esposo no le interesa jugar a la pelota con sus hijos, salir a cenar o hacer el amor. Tu hija ya no sale con sus amigos, duerme siempre que tiene oportunidad y no quiere participar en las excursiones familiares. Te resulta imposible comunicarte con ellos: estás fuera de su realidad y no puedes acceder a ella.

Debido a que sus problemas mentales están afectando tu vida, no es extraño que alternen en ti la ira y el resentimiento con el afecto y la compasión. Aunque estés preocupada, puede ser muy molesto que tu esposo se quede en cama todo el fin de semana en vez de podar el jardín y pagar las cuentas. No sólo te sientes mal porque está deprimido sino porque deja que cargues con la mayor parte de las responsabilidades de la casa y la familia. Y, por supuesto, tu sentimiento de culpa complica todo: ¿cómo puedes sentir tanto resentimiento hacia alguien que está tan triste? Es difícil saber qué esperar si no comprendes la depresión o no sabes cuánto es demasiado.

Señales de alarma de suicidio

Aunque las mujeres tienen el doble de posibilidades de sufrir depresión,[12] los hombres son de dos a cuatro veces más propensos al suicidio por depresión.[13] Aun así, no existen víctimas "típicas" del suicidio: lo cometen jóvenes y viejos; enfermos y sanos; ricos y pobres, y algunas personas acaban con su vida sin mostrar las señales de alarma típicas, mientras otras pueden manifestarlas sin llegar al suicidio. Por fortuna, según la National Suicide Prevention Lifeline, existen algunos "focos rojos" que pueden alertarnos si un ser querido está en riesgo:

✧ Amenazar con herirse o matarse, o hablar sobre herirse o matarse.

✧ Buscar maneras de matarse mediante el acceso a armas de fuego, pastillas u otros medios.

✧ Hablar o escribir acerca de la muerte, de morir o del suicidio, cuando estas acciones no son normales para la persona.

✧ Sentirse desesperado.

✧ Sentir furia incontrolable o deseos de venganza.

✧ Actuar imprudentemente o participar en actividades riesgosas, aparentemente sin pensar.

✧ Sentirse atrapado, como si la situación no tuviera remedio.

✧ Incrementar el uso del alcohol o las drogas.

✧ Apartarse de los amigos, la familia y la sociedad.

✧ Sentirse ansioso o nervioso; dificultad para conciliar el sueño o dormir todo el tiempo.

✧ Presentar cambios de humor drásticos.

✧ No encontrar una razón para vivir.*

Seamos claros: no estoy diciendo que una o dos de estas señales indiquen que estás en riesgo. El factor de riesgo se relaciona con mi definición de "anormal": ¿estas acciones impiden que una persona funcione normalmente y alcance sus objetivos? Mientras más específico es un problema, más sencillo es de resolver. No obstante, lo más común es que el atolladero de confusión sea producto de la combinación de varios factores y que sólo un profesional sea capaz de identificar los problemas básicos.

---

* National Suicide Prevention Lifeline, "What Are the Warning Signs for Suicide?" http://www.suicidepreventionlifeline.org (consultado el 27 de junio de 2008).

La otra cara de la depresión

Como ya mencioné, la alternación entre la depresión y la manía se conoce como "trastorno bipolar": *bi* significa dos y *polar* se refiere a los polos opuestos del ánimo. Durante la manía puedes experimentar un periodo de arrebato intenso y eufórico en que te sientes indestructible, hablas más rápido de lo normal y tienes una autoestima exagerada, pensamientos acelerados y/o más energía de la normal, pese a que necesitas menos sueño. La manía puede resultar peligrosa si hace que pierdas el contacto con la realidad o produce pensamientos y conductas que pueden ocasionar que gastes o juegues de manera impulsiva, tomes decisiones precipitadas, utilices sustancias de manera imprudente o tengas conductas sexuales arriesgadas.

Si has experimentado síntomas similares pero no tan agudos puedes padecer "hipomanía". Las hipomanías son formas más leves de manía y pueden durar menos. Normalmente éstas no exigen hospitalización y quienes las padecen no llegan a los extremos de quienes atraviesan un periodo de manía. Este estado de ánimo se caracteriza también por excitación en el pensamiento y la conducta, pero su impacto en las actividades de la persona es menor. Puedes sentir un gran deseo de hacer algo, pero eres consciente de las consecuencias. Por otra parte, la agitación de tu estado de ánimo puede producir una intensa frustración, en especial si tomas decisiones mientras tu raciocinio o confianza en ti mismo están afectados por el episodio hipomaniaco.

El desorden bipolar es un grave problema que muchas personas enfrentan, pero hay que ser cuidadosos porque en los últimos años se ha abusado de esta etiqueta y, en ocasiones, se ha aplicado de manera incorrecta. Por ejemplo, los cambios drásticos en el estado de ánimo propios de la adolescencia pueden confundirse con este padecimiento, así como los cambios de humor producidos por cambios hormonales en las mujeres.

LA HISTORIA DE LEAH

Leah despertó sobresaltada cuando el sonido de los golpes en la puerta de su departamento se abrió paso hasta su cerebro. El teléfono empezó a sonar y después del pitido de la contestadora escuchó la voz de Kaelyn, nerviosa y molesta. Su amiga la llamaba desde su celular al otro lado de la puerta, preguntándose por qué no estaba lista para su partido sabatino de tenis… por tercera ocasión en este mes. Leah cerró los ojos con fuerza. ¿Cómo lo había olvidado otra vez? ¿Cómo había llegado el sábado tan pronto? ¿Y qué había sido del viernes? ¿Cómo podía ella ser un completo desastre? Las cosas cada vez eran más difíciles: todo estaba derrumbándose y hasta las tareas más simples le resultaban extenuantes. No había lavado ropa en semanas y su departamento parecía azotado por un tornado: sus cosas estaban dispersas y revueltas como los pensamientos en su cabeza.

Estaba empezando de nuevo. Leah había evitado las llamadas de su madre y las cosas en el trabajo también empezaban a complicarse. Ya había agotado los días permitidos de ausencia por enfermedad y últimamente sus compañeros de trabajo actuaban de manera extraña, como si ya no la consideraran un miembro valioso del equipo. Como los golpes en la puerta continuaban pensó por un momento en levantarse, pero lo que hizo fue taparse la cara con las sábanas. Simplemente no podía hacerlo: no podía convencerse de levantarse pese a la vergüenza que sentía por ocultarse de su amiga. Finalmente, el ruido se detuvo. Le hubiera gustado detener con la misma facilidad el ruido que escuchaba *dentro* de su cabeza. Pero al ignorar el problema sólo lo complicaba.

Lo que es más: no siempre era así. Leah alternaba estos extremos y cuando las cosas iban bien, iban *verdaderamente* bien. Cuando se sentía en la cresta de la ola era la consentida de la compañía, trabajaba montones de horas extra y hacía un montón de trabajo, trabajo *bien hecho*. Era la estrella, llevaba la batuta en las discusiones y sus opiniones demostraban que era una auténtica experta en mercadotecnia. Se sentía excepcional, llena de energía e inteligencia y capaz de jugar y divertirse con la misma energía que dedicaba al trabajo. Cada día era más emocionante y Leah sentía que tenía todo.

Pero de repente todo se convertía en un revoltijo de pensamientos fragmentados y actividades frenéticas. De un momento a otro caía en una espiral descendente, como si un regulador se descompusiera en su cabeza y la hiciera perder completamente el control. Hablaba más rápido y de manera fragmentada. Tenía que repetir las cosas una y otra vez hasta que ya ni ella misma las entendía. Y después, inevitablemente, todo cambiaba otra vez. Como con la Cenicienta en el baile, daba la hora y el mundo de Leah se colapsaba. Sus gloriosos triunfos se venían abajo y todo se desmoronaba. Luego de estas caídas era incapaz de salir de la cama por días, mientras las llamadas se acumulaban en su contestadora como los platos en el fregadero.

Después de años de negación y de soportar opiniones acerca de que no estaba "a la altura de su potencial", Leah decidió hacerse cargo de su recuperación investigando y trabajando con su médico para elaborar un plan adecuado para ella. Además de tomar medicamentos empezó un programa de ejercicio y mejoró sus hábitos de alimentación y sueño. Los cambios de estado de ánimo que anteriormente la dejaban agotada se nivelaron. Leah decidió compartir su éxito escribiendo una obra de teatro acerca de los desafíos de la enfermedad mental, la cual ha ayudado a muchas personas a aceptar sus problemas y buscar ayuda. Leah cree que Dios permitió que los momentos más difíciles de su vida se convirtieran en una de sus mayores fortalezas, ya que proporciona a otros la esperanza de recuperar el control de su vida.

En el apéndice B encontrarás más información sobre las clases de trastornos del estado de ánimo y en el apéndice C, sobre algunas señales de alarma comunes en la depresión.

Trastornos de ansiedad

En psicología, la ansiedad corresponde a una amplia categoría de emociones que comprende la invalidez debida a una aprensión extrema, terror y pánico. La ansiedad es parte natural de la vida; todos nos sentimos nerviosos de vez en cuando, sobre todo en momentos trascendentes de la vida como el día de nuestra boda, nuestro primer día de trabajo, cuando nace un bebé o cuando vemos a nuestros hijos irse a la universidad. La diferencia para quien tiene un *trastorno* de ansiedad es que se siente así la mayor parte del tiempo. Puede sentir miedo de actividades cotidianas como salir de la casa o ir al trabajo o a la tienda. No es una fase pasajera. Puede perder tanta energía por la ansiedad que deja pasar muchas oportunidades de experimentar paz y alegría.

¿Puedes imaginar cuánto estrés y agotamiento produce en el cuerpo esta excitación continua, esta modalidad permanente de "luchar o huir"? Como mencionamos en el capítulo sobre el estrés, esto puede producir efectos negativos en la salud física. Si eres uno de los 40 millones de estadounidenses que según el National Institute of Mental Health padece trastornos de ansiedad,[14] podrías estar sufriendo estos efectos en tu cuerpo y por tanto en tus defensas. Tu sistema endocrino (que subyace a la excitación) probablemente está consumiéndose debido a que tu cuerpo combate continuamente enemigos que probablemente no existen, en una guerra que en realidad no se libra, como no sea en tu cabeza. Gastar tiempo y energía en preocuparse por cosas que nunca ocurren, o experimentar un temor desproporcionado sin que haya un peligro evidente, es más que improductivo: es francamente destructivo. Debido a que la ansiedad es una aflicción continua, incesante, que carcome sin que haya amenazas o hechos que la justifiquen, quienes la sufren terminan gastando valiosos recursos sin provecho alguno. Lo peor es que lo temido no necesita ocurrir para causar un daño: la reacción interna es suficiente para provocar catástrofes físicas y emocionales a su paso.

ANSIEDAD Y TEMOR

No quiero ser obvio y decir que el temor no siempre es malo si es racional. Como ya dijimos, hay diferencias entre los temores racionales e irracionales. Los temores racionales se basan en una realidad que puede provocar daños reales. Necesitamos cierto nivel de conciencia y vigilancia para mantenernos a salvo en las situaciones cotidianas.

Por ejemplo, cada vez que te pones tras el volante de un auto, especialmente en una autopista atestada, una dosis saludable de excitación y percepción agudizada puede ser muy benéfica. Hay veces en que hay buenas razones para hacer caso a nuestros instintos y adoptar la modalidad de protección. Muchos crímenes se han cometido porque las personas no prestaron atención a su temor intuitivo, racional.

Todos en algún momento experimentamos la ansiedad, que es un aspecto común de la actividad mental. Como dije antes, la excitación mental puede tener un efecto benéfico y la ansiedad es una parte de ese proceso. Por otra parte, la ansiedad se convierte en trastorno cuando quedamos atrapados en los niveles más elevados de excitación y nuestros mecanismos de control son incompetentes. A continuación analizaremos algunas clases de esta trampa. Lo importante es entender que el trastorno empieza cuando tememos algo que, aunque no sea totalmente una fantasía, difícilmente sería considerado una auténtica amenaza por otras personas. Muchas veces, lo que desencadena la ansiedad es el temor a sucesos que tienen pocas probabilidades de ocurrir pero aun así provocan excitación mental, cautela excesiva o nerviosismo. Imagina que temes la presencia de serpientes reptando alrededor de tu cama (un miedo común en niños que han visto películas sobre serpientes alrededor de las camas). Ese miedo sería razonable si pasaras la noche en una aldea en medio de la selva, pero si se presenta en ausencia de un estímulo, podría ser un problema. Si estás acostado en tu casa de un suburbio estadounidense y temes quedarte dormido, tienes un temor irracional que podría ser un síntoma clínico. Muchos de nuestros temores irracionales provienen de la infancia, de mensajes verbales o conductuales, intencionados o no, de figuras de autoridad o de situaciones incómodas que nos marcan debido a nuestra vulnerabilidad a la lógica irracional durante esa etapa.

Algunas clases de ansiedad se deben a incidentes o traumas de la infancia como el abuso sexual o físico. Tal vez de niño no hablaste de lo sucedido porque tu mente intentaba protegerte y verbalizarlo resultaba demasiado traumático. Si eras demasiado pequeño, tus conocimientos no eran suficientes para entender el significado de lo ocurrido.

La ansiedad puede vincularse con *cualquier cosa*, no importa cuán ilógica parezca después. Si un niño se siente inseguro en una situación familiar de gran inestabilidad, en lugar de reconocerlo puede vincular su temor con aves, perros o perillas de puerta.

Veinte años después, con una familia propia, el doloroso recuerdo de su inseguridad puede resurgir de varias maneras y perturbar la paz de sus nuevas relaciones.

Aunque a menudo se les asocia, quiero dejar claro que ni la ansiedad ni la depresión están necesariamente relacionadas con el estrés. No obstante, los niveles elevados de estrés pueden conducir a cualquiera de los dos trastornos. Como mencionamos en el capítulo tercero, el estrés es la respuesta del cuerpo a las presiones (o estresores) de la vida —los cuales son, por lo general, reales y verificables—, como enfrentar cambios en el matrimonio o el empleo, cuidar de un niño enfermo, sufrir problemas económicos, etc. Por su parte, la ansiedad no se relaciona necesariamente con una amenaza, disparador o estresor verificable, y, sobre todo, la atención irracional en la "amenaza" puede abrumarte y hacerte sentir que no tienes control sobre tus emociones. En el caso del estrés, quienes te rodean pueden ver los problemas; la diferencia con la ansiedad es que tú eres el único que ve la amenaza o al menos el grado de amenaza al que estás respondiendo.

LAS MÚLTIPLES CARAS DEL TRASTORNO DE ANSIEDAD

Otra forma de ansiedad es el trastorno por estrés postraumático (TEPT), que se presenta cuando un suceso traumático crea recuerdos que invaden la mente con una ansiedad abrumadora. Estos recuerdos borran la alegría y la armonía. Quienes lo padecen son a menudo veteranos de guerra que presenciaron sucesos horripilantes. Meses o años después del hecho, algo despierta los recuerdos y la ansiedad los invade. Por ejemplo, un soldado de la guerra de Irak vuelve a casa después de su periodo de servicio y parece estar bien. Un día va caminando por la calle y escucha petardear a un auto; de repente está de vuelta en Irak, donde hay armas disparando desde todas direcciones. Aterrorizado, se echa a tierra buscando al enemigo que está disparándole, aunque está a miles de kilómetros de cualquier peligro. Si el soldado mantiene este temor asociado en su vida cotidiana, puede perder contacto con la realidad y volverse muy peligroso. Hay casos en que el individuo toma un arma y dispara contra las personas —a veces amigos y familiares— a quienes toma por enemigos.

El trastorno obsesivo-compulsivo (TOC) es otro problema de ansiedad caracterizado por pensamientos recurrentes e involuntarios (obsesiones) y/o conductas repetitivas (compulsiones). A menudo, las conductas repetitivas como lavarse las manos, contar, revisar o limpiar tienen como fin evitar o eliminar los pensamientos obsesivos. Realizar estos "rituales" proporciona sólo un alivio temporal, pero no realizarlos incrementa notablemente la ansiedad. La ansiedad puede desencadenarse mediante pensamientos o imágenes persistentes e indeseables, o incluso por dificultades o impedimentos para realizar los rituales especializados, tan importantes para hacer frente a la ansiedad y los miedos. Puedes estar lleno de dudas y sentir la necesidad de revisar las cosas continuamente, como si apagaste la estufa o la plancha al salir de casa.

Aunque la mayoría realizamos acciones extrañas sin miramientos —como "tocar madera", evitar las grietas al caminar por la banqueta o incluso oprimir diez veces el botón del elevador cuando sabemos que basta una para llamarlo—, quienes padecen el TOC se diferencian porque esas conductas irracionales toman el control y les impiden seguir una vida normal. Por ejemplo, si alguno de tus padres te hacía sentir estúpido porque no podías mantener limpio tu baño, tal vez transformaste esa desaprobación hacia tus hábitos en una sensación de ineptitud o indignidad. Cada vez que en tu vida adulta algo dispara esos sentimientos, adoptas un patrón obsesivo-compulsivo de pensamiento y conducta para aliviar temporalmente tu ansiedad. En este caso, puede ser lavar tu baño 70 veces en un día o lavarte las manos hasta que sangren. Tal vez creas que interiorizar la voz crítica de tu padre es una manera de resolver la terrible ansiedad, pero al no ofrecer un alivio duradero, la conducta se magnifica. En otras palabras, mientras más limpias la tina o te lavas las manos, más ansioso te sientes a largo plazo.

Las fobias son trastornos de ansiedad que afectan aproximadamente a 36 millones de estadounidenses.[††] Estos temores persistentes e irracionales provocan respuestas emocionales y físicas a las amenazas externas, como una aprensión sin fundamento ni lógica ante ciertos sucesos o situaciones. No se sabe a ciencia cierta cuál es su origen. A menudo se desarrollan en la adultez. Algunas fobias y TOC son triviales y no afectan la vida de la persona, como la necesidad del actor Harrison Ford de clasificar sus calcetines por colores o el hábito del futbolista David Beckham de acomodar meticulosamente las latas de refresco en su refrigerador. Rituales como éstos no afectan la calidad o dirección general de la vida e incluso pueden parecer originales o simpáticos.

También están quienes usarán las escaleras para subir a su oficina en el piso 37 porque bajo ninguna circunstancia entrarían a un elevador. La fobia puede ser tan fuerte que meterlos en un elevador sería como meter un gato en una cubeta. ¡Es algo que simplemente no ocurrirá sin una dura batalla! O aquellos a quienes su profesión les exige viajar constantemente y en lugar de tomar aviones manejan de una ciudad a otra. El comentarista deportivo John Madden no pone un pie en un avión, por lo que recorre en auto todo el país para cubrir los partidos de futbol. El

---

[††] Esta cifra comprende a quienes padecen las tres clases de fobias: social, agorafobia (sin historial de trastorno de ansiedad) y específica, según el reporte del *Diagnostic and Statistical Manual of Mental Disorders* (DSM-IV).

presentador de programas de concurso Howie Mandel padece TOC y misofobia (fobia a los gérmenes), y bromea abiertamente al respecto. Aunque tal vez no es tan importante que no salude de mano a los concursantes de su programa, puede ser problemático que no use otro baño que no sea el suyo. En estos casos, aunque la situación no es totalmente incontrolable, la fobia interfiere, en mayor o menor grado, en la calidad de vida de las personas.

Encontrarás más información sobre trastornos relacionados con la ansiedad en el apéndice B y algunas señales de alarma de la presencia de trastornos de ansiedad en el apéndice C.

Trastornos mentales graves

Estos trastornos, conocidos comúnmente como psicosis, comprenden problemas relacionados con la verificación de la realidad y los trastornos de pensamiento. Esta amplia definición describe enfermedades mentales caracterizadas por la alteración en la percepción de la realidad cuyas manifestaciones más comunes son alucinaciones auditivas, ilusiones paranoicas o estrambóticas, o habla y pensamientos desorganizados que interfieren de manera significativa en la vida social y profesional del individuo. A menudo, quienes padecen estos trastornos no tienen herramientas para verificar la realidad y reaccionan de manera anormal, utilizando un lenguaje extraño o atribuyéndose otras identidades. Estos síntomas frecuentemente conducen a interpretaciones erróneas y la persona puede ser estigmatizada como "peligrosa" o "agresiva".

Probablemente los diagnósticos más frecuentes, temidos y mal entendidos, son los que se clasifican bajo la categoría de "esquizofrenia". Aunque la palabra esquizofrenia podría traducirse como "división de la mente", estos problemas son distintos al trastorno de personalidad múltiple, conocido por los médicos como trastorno de identidad disociativo.

El transtorno de identidad disociada es un padecimiento poco frecuente y pertenece a la categoría de los problemas de ansiedad llamada transtornos disociativos. Consiste en la presencia de varias personalidades reales, bien diferenciadas y separadas, en un individuo; mientras la esquizofrenia o "personalidad dividida" se caracteriza por la inconexión en la personalidad (la persona puede estar llorando al tiempo que cuenta un chiste). Ambas expresiones se han abierto paso en el lenguaje cotidiano y con frecuencia se confunden y utilizan de manera errónea, lo que provoca reacciones que no ayudan en nada. Muchas veces se utilizan para describir un comportamiento imprevisible o irregular, o cambios drásticos de humor, lo cual es totalmente incorrecto y la mayoría de quienes las dicen desconoce su significado.

Si tienes este padecimiento puedes ser incapaz de distinguir la realidad de la fantasía; por ejemplo, puedes ver insectos imaginarios que suben por tus piernas y/o escuchar voces que te dicen que te hagas daño o que se lo hagas a otra persona. O puedes creer que no puedes confiar en nadie y que quienes te aprecian deben tener malas intenciones. También puedes tener una desconfianza constante o sentirte atormentado por una creencia que no puedes explicar ni superar, como la de que alguien está envenenando tu comida o que el gobierno está espiándote (lo que tal vez no sea tan improbable en estos días). Esta clase de alucinaciones puede ser muy perturbadora y no es extraño que quienes sufren psicosis se lastimen físicamente en sus intentos de escapar a las alucinaciones o ilusiones que los acosan. En una entrevista para *USA Today*,[15] el actor Alan Alda habló acerca de escribir sobre la lucha de su madre contra la psicosis, y dijo: "Ahora entiendo mejor lo que ella vivió, en especial por la idea de que sus alucinaciones ocurrían en la misma parte del cerebro en que ocurren las pesadillas. Yo he vivido lo mismo, con la diferencia de que yo puedo despertar y ella nunca pudo hacerlo".

Algo que siempre me ha parecido fascinante y significativo no es sólo la presencia de voces sino específicamente los *mensajes* de esas voces, ya que han ayudado a diagnosticar esta enfermedad mental en particular. Si tú o tu ser querido escuchan voces que les indican hacer cosas autodestructivas o destructivas para otros, es probable que padezcan este trastorno. Pueden encontrarse ejemplos en muchos crímenes e historias prominentes, como el de la madre que ahogó a sus hijos porque Satán se lo ordenó. Pero si las voces te ordenan acciones positivas, se considera que provienen de un poder más elevado. Después de todo, muchos de nuestros líderes religiosos han proclamado abiertamente que escucharon "la voz de Dios", lo que produjo resultados muy positivos en sus vidas y en la vida de los demás, lo cual no se considera de ninguna manera prueba de enfermedad mental.

¿QUÉ PROVOCA ESTA CLASE DE ENFERMEDADES MENTALES?

Estos síntomas se relacionan frecuentemente con un desequilibrio químico de dopamina,[16] pero hay otros factores. De hecho, bajo ciertas circunstancias como la fatiga extrema o un entorno sumamente estresante, es probable que la mayoría de las personas experimentemos esta clase de estados psicóticos. Ejemplo de ello es una paciente a quien llamaré "Kaye", quien fue enviada a un colega mío con el diagnóstico de esquizofrenia. Cuando mi colega se entrevistó con ella, le pareció más probable que su conducta se debiera al elevado nivel de estrés que había experimentado en los últimos cinco años, en los que había vivido en una comuna. Durante ese tiempo comió basura, durmió poco y fue sometida a constantes abusos. El objetivo de los líderes de la comuna era que se conformara a sus reglas, y mediante el abuso diario obtuvieron los resultados deseados. A menudo pasaba el tiempo confinada, sin agua y aislada de personas que la apoyaran o le mostraran afecto. Por fortuna, finalmente escapó y logró llegar a un centro de salud mental (luego dijo no recordar cómo lo había hecho).

Cuando mi colega la vio, ella había restablecido su ciclo de sueño y sus hormonas habían recuperado el equilibrio. No estaba tomando medicamentos y parecía tener el control de su realidad. Después de trabajar con ella en varias sesiones, dedicadas sobre todo a restablecer su estabilidad, todos sus síntomas esquizofrénicos desaparecieron. Con esto quiero decir que todos podemos padecer enfermedades mentales bajo circunstancias extremas. La privación del sueño es un factor determinante en el surgimiento de psicosis temporal: cualquier madre de un recién nacido te dirá que las noches sin dormir la hacen poner en duda su cordura.

Mientras más tratemos el tema de la salud mental de manera abierta y honesta, menos temor provocará. La depresión, la ansiedad e incluso la psicosis temporal pueden ser parte de la vida de muchas personas productivas y, por lo general, requieren tratamiento sólo cuando entran en el territorio de lo "anormal", es decir, cuando interfieren en las relaciones, los objetivos, las responsabilidades, la tranquilidad o la seguridad.

Encontrarás más información sobre los trastornos mentales graves en el apéndice B, y algunas señales de alarma de la presencia de esquizofrenia y psicosis en el apéndice C.

———————◆◆◆◆———————

Mientras más tratemos el tema de la salud mental de manera abierta y honesta, menos temor provocará.

———————◆◆◆◆———————

De vuelta a días mejores

El objetivo en este día, para ti o cuando buscas ayuda para alguien más, es minimizar las anomalías y maximizar la recuperación.

A continuación están algunas acciones que debes hacer o no hacer para enfrentar los desafíos de este día.

LO QUE NO DEBES HACER

No te conviertas en esclavo de una etiqueta. Recuerda que las descripciones de sentimientos y de respuestas emocionales simplemente delinean las conductas, no califican la calidad del individuo.

No tomes ningún medicamento o droga que no te haya prescrito tu médico. La medicación debe ajustarse a las necesidades de cada individuo.

No te sientas culpable. Estos días pueden sobrevenir por múltiples razones, pero la culpa implica intención, la cual está fuera de lugar aquí. Ni tú ni tu ser querido tuvieron la intención de perder el control de su mente o emociones.

No creas que la enfermedad mental es una cuestión moral y que tú o tu ser querido la padecen como castigo por los pecados cometidos. Es cierto que la enfermedad mental puede despertar dudas o generar expresiones espirituales inusuales, como pensar que eres una deidad o Dios.

247

No rechaces a las personas con enfermedades mentales. Son seres humanos y por tanto merecen todo el amor que puedan recibir, y el amor puede ser muy curativo.

LO QUE DEBES HACER

Busca psicoterapia y orientación. Cuando la presión mental empieza a abrumarte y entras en nuestra definición de enfermedad mental, es muy probable que necesites ayuda profesional porque el problema puede estar rebasándote. Ya he mencionado antes la psicoterapia y la orientación, y ambas son muy eficaces para tratar la depresión y la ansiedad. La psicoterapia puede ayudarte a reencauzar tu vida lejos de lo que te parece mal o abrumador.

También aprenderás que lo que te afecta no es necesariamente lo que ocurre en tu vida sino tu reacción a eso que ocurre. Mencioné esto desde el primer capítulo de este libro, pero vale la pena repetirlo. No puedes cambiar lo que va a pasarte —simplemente no tienes tanto control—, pero puedes, si tienes equilibrio químico, cambiar la manera en que reaccionarás. Por otra parte, creo que uno de los problemas más difíciles que enfrentan quienes padecen alguna enfermedad mental es que no pueden o no saben controlar su reacción ante una situación estresante a causa de los desequilibrios químicos de su cerebro. Especialmente en el caso de los estados psicóticos.

Si estuvieras en un estado psicótico no estarías leyendo este libro; y si estás leyéndolo, seguramente puedes tomar decisiones. Pero si un ser querido está en un estado psicótico debes admitir que no es capaz de tomar decisiones racionales. Debes saberlo para no complicar la situación. Pedir a una persona con desequilibrios bioquímicos que controle su comportamiento y tome decisiones es como pedirle que se haga más alto. Tal vez desee hacerlo pero no es una cuestión de decisión sino de limitaciones biológicas. De igual manera, no exigirle el mejor comportamiento de acuerdo con sus posibilidades también sería contraproducente. Si una persona padece psicosis activa y/o desequilibrios cerebrales, necesita ser estabilizada con los medicamentos apropiados antes de poder sentarse, mirarte, hablarte y tomar decisiones lógicas.

Por ejemplo, si el motor de un auto empieza a fallar, ni todos los conocimientos y el talento del conductor servirán para mejorar la situación. En otras palabras, es muy poco lo que el conductor puede hacer por sí solo. De igual manera, si el cerebro sufre un desequilibrio químico —debido a factores como fatiga, medicamentos o mecanismos cerebrales infradesarrollados—, es poco lo que puede hacerse mediante terapias de diálogo mientras no se restablezca el equilibrio químico. Una vez que el cerebro se estabiliza —mediante medicación y/o el tratamiento individualizado prescrito por un buen médico o centro de salud mental— la persona puede asumir un papel activo y tomar decisiones en respuesta a los sucesos estresantes que la rodean.

La capacidad de tomar decisiones con base en la realidad debe desarrollarse mediante un entrenamiento después de que la persona recobra cierta estabilidad psicológica y de que es capaz de observar internamente sus pautas de pensamiento. Cuando aprendes que puedes elegir tus reacciones descubres en tu interior el autocontrol. El entrenamiento se basa en el aprendizaje de lo que puedes hacer, en oposición a lo que no puedes hacer. Lo que puedes hacer —en cualquier situación— es elegir cómo responderás y cómo te afectará. Los acontecimientos de tu vida cotidiana tienen el significado que tú les asignas. Una vez más, es la idea de que no hay buenas o malas noticias, sólo noticias. Tu *percepción* es lo que las hace buenas o malas, y tienes el poder de elegir esa percepción. Esto es algo fundamental. Ahora bien, no estoy diciendo que puedas elegir si algunas cosas son buenas o malas. Por ejemplo, la lesión o la muerte de un niño es algo malo por dondequiera que lo veas. Sin embargo, puedes elegir que un hecho así te aniquile y te tire en la cama o intentar salir adelante y manejarlo de manera productiva y positiva.

Habla con tu médico sobre el uso de medicamentos. Algunas clases de depresión y ansiedad, y la mayoría de las psicosis, tienen causas orgánicas y pueden recibir, al menos en parte, tratamiento biológico. Deben medirse los niveles hormonales y los neurotransmisores. Las psicosis pueden ser resultado de problemas de la tiroides[17] o de desequilibrios químicos en el cerebro de algunas personas. Incluso si las causas primarias son exógenas, como pena o trauma prolongados, la medicación prescrita por un médico puede ser lo que necesitas para salir del atolladero.

Identifica actividades desestresantes que promuevan el bienestar. El agente principal en el tratamiento de las enfermedades mentales es la persona que las padece; por eso es fundamental encontrar maneras de fortalecer sus habilidades para hacer frente a la vida. Si hay estresores que pueden eliminarse, al menos brevemente, es muy benéfico liberar a la persona de ellos por un tiempo para que ensaye habilidades más pertinentes.

Promueve actividades constructivas que fortalezcan la autoestima. El resultado inmediato de sentirse abrumado es la destrucción de la autoestima. Explora actividades que mejoren la autoestima y combatan la pérdida continua de confianza.

Muestra interés en los demás. Si tienes un ser querido que padezca depresión o ansiedad, muestra interés en él. Sé que hablar de enfermedades mentales no es fácil, y que hacerlo con alguien que la padece es algo delicado. Es posible que le parezcas impertinente y que te rechace, pero también puedes estar salvando su vida. Considéralo un primer paso para establecer comunicación. No importa cuán incómodo te sientas, inténtalo. Descubrirás qué tan grave es su estado mental y probablemente obtengas alguna pista sobre cómo ayudarlo a recuperarse. ¿Qué decir? Empieza así: "Te ves triste y parece que estás pasando por momentos difíciles, y estoy preocupado. Quiero entender por lo que estás pasando para ayudarte".

Muévete. Uno de los grandes problemas de las enfermedades mentales es el sentimiento de estar atascado. El ejercicio —sobre todo rítmico— puede ser muy útil para combatirlo. El ejercicio físico incrementa el flujo de oxígeno al cerebro, aumenta la secreción de endorfinas, sustancias químicas que producen bienestar, y armoniza los órganos del cuerpo con el cerebro. He comprobado que el ejercicio produce resultados comparables a los de ciertos medicamentos. (Aunque debes hablar con tu médico antes de realizar cualquier cambio en tu tratamiento).

Investiga y habla con tu médico acerca de terapias con arte o con medios de comunicación. Creo que ciertas películas y libros seleccionados cuidadosamente (en que los personajes ejemplifican creencias y valores provechosos) ofrecen un buen estímulo en la forma de modelos de conducta. Hay incontables libros y películas sobre personas que superan graves adversidades y que demuestran que existen los finales positivos. Vivir esas circunstancias a través de otros puede animarte a superar tus propios obstáculos.

También puedes probar las terapias con artes plásticas o música. Muchas personas con enfermedades mentales se benefician del proceso creativo de la expresión artística y la música. La terapia con artes plásticas se vale del proceso creativo para promover el bienestar emocional, mental y físico y para tratar la ansiedad, la depresión y muchos otros problemas mentales y emocionales.[18] La terapia con música se utiliza para tratar las necesidades físicas, mentales, emocionales y sociales de personas de todas las edades. La terapia con música puede usarse, entre otras cosas, para fomentar el bienestar, mejorar la comunicación, manejar el estrés, aliviar el dolor, expresar los sentimientos y mejorar la memoria.[19]

Aprende a respirar correctamente. Aunque lo repetimos cientos de veces al día, la mayoría lo hacemos mal. Sí: respirar. Normalmente, cuando nos sentimos ansiosos respiramos de manera ligera y superficial, lo que provoca en nuestro cuerpo respuestas fisiológicas que nos hacen sentir aún más ansiosos. Cuando estamos deprimidos nuestra respiración es tan lenta e insustancial que reducimos la capacidad del cerebro de resolver problemas.[20] El aprendizaje de técnicas correctas de respiración revitaliza las funciones del cerebro y del resto del cuerpo. Es como entrenar el cerebro —como un atleta entrenaría su cuerpo— para darle buena condición y fortaleza para enfrentar los desafíos. Una técnica sencilla y muy eficaz consiste en inhalar y exhalar durante el mismo tiempo.

Explora la insensibilización. Como mencioné brevemente en el capítulo sobre el temor, la insensibilización es un proceso que te ayuda a separar un acontecimiento de tu miedo a ese acontecimiento. En vez de sentir un temor abrumador cuando enfrentas una situación, aprendes a relacionarla con la relajación. Por ejemplo, si te provoca ansiedad hablar en público, tu terapeuta puede pedirte que te imagines preparándote para hacerlo mientras te guía en un ejercicio de relajación. Para cuando debas hablar en público ya lo habrás ensayado tantas veces en tu mente que podrás relajarte. Sabes qué esperar, por lo que ya no sientes ansiedad. Cada vez que el estrés empiece a abrumarte y a provocarte ansiedad o depresión, podrás desconectarte de ese temor y recuperar el equilibrio.

Encontrarás más información sobre el proceso de insensibilización en el apéndice A.

Modifica tu diálogo interno. Ya he hablado en este libro sobre las conversaciones que tienes contigo mismo acerca del mundo que te rodea. Si sufres problemas mentales o emocionales, lo más probable es que en tu diálogo interno digas cosas negativas como "Echarás todo a perder", "No saldrás de ésta" o "Nadie te quiere". Todo esto no hace más que empeorar la situación. La terapia cognitiva es muy útil en estos casos para cuestionar y finalmente cambiar esos pensamientos. Puedes aprender a contrarrestar el diálogo negativo con uno positivo. También puedes aprender afirmaciones para remplazar los pensamientos negativos. Sí, necesitas repetirlas una y otra vez para borrar esas grabaciones negativas, pero funciona. Puedes hacerlo.

Lleva un diario. Una de las maneras más eficaces de superar la ansiedad o la depresión es escribir todos los días en un diario. No tiene que ser sobre un problema específico y no hay una manera correcta o incorrecta de llevar un diario. Es más un medio de registrar tus pensamientos, y las investigaciones muestran que es uno de los mejores métodos para aprender a adaptarse. Una de las razones podría ser que al escribir un diario la mente se permita ajustarse. Si registras tus sueños, que son la manera en que el cerebro simboliza tus conflictos, puedes encontrar maneras inconscientes de resolverlos.

Cómo ayudar a quien sufre una crisis de psicosis

Si tienes un amigo o familiar psicótico que está comportándose de manera imprevisible y descontrolada, debes proporcionarle urgentemente ayuda y protección. Llama al 911 o, si es posible, llévalo al hospital más cercano. Durante una crisis, algunos pacientes psicóticos pueden caer en tal estado de confusión que pueden lastimarse o lastimar a otras personas involuntariamente (como se mencionó en el apartado sobre los mitos, quienes padecen enfermedades mentales no son violentos, pero su confusión puede resultar peligrosa).

Sin embargo, hay varias acciones que puedes realizar antes de que un médico se haga cargo. Toma en cuenta que quien sufre una enfermedad mental grave puede incurrir en comportamientos extraños e incoherentes, los cuales pueden ser desencadenados por estrés, miedo o desorientación. Llevarlo a un hospital puede intensificar estas emociones y hacerlo perder el control. Los siguientes consejos te permitirán minimizar esas reacciones:

✧ **Mientras haces los preparativos para llevar a tu ser querido a donde recibirá ayuda, sé específico y dale instrucciones concisas.** Esto es especialmente importante cuando la persona es incapaz de concentrarse u orientarse. Necesita estructura y dirección, por lo que debes ser lo más detallado posible. Por ejemplo, si vas a llevarlo a un hospital, puedes decirle: "Camina hacia el clóset y abre la puerta. Saca tu abrigo y póntelo. Luego párate a un lado de la puerta y espérame para que te acompañe afuera".

✧ **Sé compasivo.** Procura ayudar sin ser condescendiente. Evita en lo posible la confrontación y mantén una dinámica tranquila y pausada. Las palabras de consuelo pueden ser de mucha ayuda, así como explicar las cosas hasta que no quede la menor duda. El objetivo es que la persona se sienta cómoda y segura, así como tratarla con dignidad y respeto.

◇ **Pide a tu ser querido que siga todas y cada una de las indicaciones de los médicos.** Por ejemplo, las relativas a medicamentos, hábitos de sueño, alimentación, ejercicio o técnicas de relajación. Lo mejor es que su entorno sea lo más parecido al normal.

◇ **Comprueba que tu ser querido porte una identificación que mencione su enfermedad mental e incluya teléfonos de emergencia, en caso de que se desoriente y salga de su entorno regular.** Esto es importante para que su comportamiento no sea malinterpretado por otras personas, por ejemplo la policía, y para que no sufran un retroceso.

Palabras finales

Las enfermedades mentales no son nuevas, pero durante mucho tiempo estuvieron rodeadas de misterio y estigmas, y han producido una patología propia relacionada con el miedo y la culpa por algo que no debería despertar más reacciones que una apendicectomía o una fractura de brazo. Muchas personas se ocultan por miedo a ser diagnosticadas con una enfermedad mental; y con justa razón, considerando las reacciones de la gente. Aunque hemos dejado atrás los días en que las enfermedades mentales se consideraban producto de la brujería o de ataques demoniacos, todavía estamos aprendiendo a separar a la persona del padecimiento y a tratar a los pacientes con dignidad y respeto. Los expertos también están aprendiendo todavía cómo y por qué se producen estas alteraciones. En general, la moderna generación de medicamentos, aunque en algunos casos salva vidas, tiene un éxito limitado y en algunos casos incluso puede complicar las cosas.

A pesar de estos desafíos, soy optimista. Creo que podemos enfrentar las enfermedades mentales y mejorar. Confío en que el diálogo seguirá abriéndose y que reducirá el miedo, la vergüenza y la culpa. Conforme avancemos encontraremos más respuestas que ayudarán a más y más personas.

9

ADICCIÓN

EL DÍA QUE LA ADICCIÓN TOMA LAS RIENDAS

Los adictos convierten sus placeres en dioses vengativos.
MASON COOLEY

Si este día te has topado directamente con el hecho de que padeces una verdadera adicción —eres un drogadicto, un borracho—, déjame decírtelo con franqueza: tu vida está en peligro. Si estás funcionando en este mundo, criando hijos, conduciendo un auto o efectuando otras actividades que pueden afectar a otros, y de hecho lo hacen, también estás poniendo en peligro la vida de otras personas. No importa cuán listo seas, cuán refinado o cuán bonita es la casa donde vives: si eres drogadicto o alcohólico, estás fuera de control y es mejor que despiertes *de inmediato*. Si el problema no es tuyo, sino de alguien que amas y te preocupa: tu hijo, tu esposa, un miembro de la familia, un amigo o un compañero de trabajo, todo lo que acabo de decir se aplica también. Incluyo a éste como uno de los siete días porque pienso que la adicción está adquiriendo proporciones epidémicas en Estados Unidos. Tú, yo, nuestros hijos —todos nosotros— estamos en riesgo.

No te engañes pensando que la situación es diferente si obtienes la sustancia de manera legal en vez de recurrir a un traficante en un callejón oscuro. El hecho de que tú o la persona que amas pudiera tener una receta expedida por un doctor en la cartera o en el bolsillo no cambia el poder y la naturaleza amenazante de la adicción. Tampoco importa si comenzaste a tomar drogas por una razón válida. Tal vez tuviste una cirugía de espalda o rodilla y tuviste que tomar medicinas contra el dolor. Si eres ahora una persona que va de un médico a otro o consigues drogas en internet, no eres diferente de quien las compra de un traficante en las calles.

El rostro de la dependencia de sustancias ha cambiado de manera drástica. Es más fácil que nunca conseguir alcohol y drogas (sea de modo legal o no). Los vendedores de drogas no están sólo en los barrios marginados o escondidos en parques y callejones. Laboratorios de metanfetaminas están proliferando en los suburbios y los traficantes están tan cerca como lo está tu computadora. A menudo vienen a buscarte en un correo electrónico o puedes entrar en uno de los muchos sitios que venden recetas médicas, responder unas cuantas preguntas, pagar con una tarjeta de crédito y, en pocos días, llegarán tus píldoras por correo en un discreto envoltorio café.

Tus hijos están creciendo en un mundo con nuevas reglas, donde las fronteras entre lo que es socialmente asequible (e incluso aceptable en algunos círculos) y lo que no, se desdibujan más que nunca. El *San Francisco Chronicle*[1] informó que hubo un incremento de 200 por ciento en el uso de metanfetaminas sólo en el área exclusiva de Lafayette entre 2003 y 2005, con un promedio de un arresto por semana. El doctor Alex Stalcup, un experto de fama nacional en la adicción a estas drogas y quien dirige una clínica ahí, dice que Lafayette no es ni con mucho la peor área en Estados Unidos y afirma que se trata de una epidemia nacional.

"Menciona el grupo que quieras: directores de empresa, gerentes de finanzas, gente que amasa fortunas, madres que llevan a sus hijos al futbol, todos los segmentos de la población, desde abuelas hasta niños".

Si tú o alguien que amas sufre por una adicción, cierta y tristemente no estás solo. Las estadísticas son pasmosas: cerca de 18 millones de estadounidenses abusan del alcohol o son alcohólicos.[2] ¡Eso significa uno de cada 13 adultos! Y de cinco a seis millones tienen problemas de drogas,[3] y eso considerando que las cifras que se informan están muy abajo de la realidad. No sorprende que las adicciones sean el principal problema de salud del país,[4] al destruir familias, sobrecargar nuestro sistema de salud y nuestro sistema penal y crear una amenaza para la seguridad pública. Casi la mitad de las muertes en accidentes de tráfico están relacionadas con el alcohol.[5] La dependencia y el abuso de sustancias causan más muertes, padecimientos y discapacidades que cualquier otro problema evitable de salud. Y créeme, los peligros están más cerca de tu hogar de lo que supones.

En estos días incluso productos legales, que parecen inofensivos y que se encuentran alrededor de la casa o la oficina, pueden tornarse drogas mortales. Nate, de 20 años, nunca imaginó que inhalar limpiador para computadora podría realmente ser tan peligroso; ¿es sólo aire comprimido, cierto? Había escuchado sobre el limpiador para computadoras desde la secundaria, donde sus amigos lo usaban porque tenían un acceso limitado a las drogas "reales". Por desgracia, no sabía que el efecto del refrigerante era impredecible. Podías hacerlo 20 veces y no sentir más que un zumbido o podías hacerlo una vez y morir al congelarse tus pulmones. Un condiscípulo encontró a Nate en el rincón de los vestidores del gimnasio, retorciéndose con los ojos abiertos y la lata en su mano, sin respirar. Había ocurrido en segundos, sin que nada lo anunciara. Los padres de Nate —y todos los demás—

estaban conmocionados de que algo tan común y tan fácil de obtener como "aire" enlatado pudiera literalmente parar en seco a un muchacho.

Sean cuales sean las características de este día, la mala noticia es que ya seas tú un adicto, o estés ligado a uno, se trata de una relación unilateral en la cual todo y todos los demás están en el último lugar para quien es adicto.

Si éste es el día que has reunido las agallas para detenerte y reconocer la verdad, te felicito: es el primer paso.

La adicción es alarmante, no importa la sustancia. Podrías convencerte de que hay drogas recreativas o aliviar tu conciencia con el hecho de que el alcohol es legal, pero créeme: no hay adictos recreativos y no hay alcohólicos "sociales". Incluso si consideras que eres "totalmente funcional", si eres adicto a las drogas o al alcohol, es como si bajaras a toda velocidad por una pendiente en un coche sin frenos. Si éste es el día que has reunido las agallas para detenerte y reconocer la verdad, te felicito: es el primer paso. Pero reconocer el problema y hacer algo al respecto son dos cosas totalmente distintas.

En este capítulo te diré la verdad, la quieras oír o no, porque es importante no minimizar la importancia del asunto. Sea quien sea el adicto, tú o tu hijo adolescente, tu esposa, tu madre o tu padre, un amigo o colega, negarlo puede ser mortal. Y déjame sólo plantearte algo. Si has encontrado drogas, instrumentos para drogarse o alcohol en el cuarto, el auto, la cómoda o cualquier otro espacio personal de tu hijo, sólo acepta que es suyo. No lo está guardando para otra persona; sabe que está ahí y no es una simple coincidencia. Si camina como pato, se ve como pato y actúa como pato, entonces por favor, mamá: es un *pato*. No te unas a las filas de esos padres con pretensiones de superioridad moral y despistados que insisten en pensar que el pequeño Billy o Susie no haría eso. Y no creas ni por un segundo que es sólo "lo que los chicos hacen ahora". Si tu hijo está tomando drogas o alcohol y no haces nada al respecto, estás siendo estúpido y, lo que es peor, pudieras incurrir en responsabilidad legal. Más importante aún, estás *permitiendo* que tu hijo tome un camino perjudicial.

Cómo hablar a los niños sobre drogas y alcohol

Puede ser difícil encontrar las palabras cuando hablas con tu hijo sobre drogas y alcohol. Aquí te presento un ejemplo de cómo puedes empezar la conversación: "Eres mi hija y te amo. Quiero que me quieras, pero eso es secundario para mi función de padre, que es conducirte a través de estos años sin que te dañes a ti misma. No subestimes mi determinación. Si piensas por un segundo que estoy dispuesto a aceptar la idea de que "todo mundo lo hace" y dejarte que persistas en este comportamiento, estás equivocada. Quiero que tengas diversión, libertad y la oportunidad de encontrarte a ti misma, pero estoy estableciendo límites estrictos y vallas altas para contenerte hasta que demuestres —a mí y a ti misma— que no infringirás estas normas. Puede que yo te agrade o no, pero mi trabajo es hacer por ti lo que no estás haciendo por ti misma. Nunca aceptaré estos comportamientos autodestructivos, así que hagamos un plan con el que ambos nos sintamos entusiasmados".

Ahí la tienes, la verdad pura y dura. Un cuadro bastante sombrío, ¿no crees? Pero cuando se llega a la adicción, puedes hacerle frente o no. Yo quiero que la enfrentes, así que tenemos que hablar sobre ello. Se mantendrá sombrío si hundes tu cabeza en la arena o decides que eres la excepción a la regla y que puedes manejarlo por ti mismo. No puedes darte el lujo de cometer ese error. Seré honesto contigo. La adicción al alcohol y las drogas es muy difícil de resolver porque, igual que otras enfermedades como la diabetes, el asma o la hipertensión, son complejas, a menudo refractarias al tratamiento y con frecuencia sujetas a recaída o reincidencia. Tan peligroso como negar la presencia de una verdadera adicción es utilizarla como excusa para un mal comportamiento o un desempeño mediocre, así que, ¡no lo hagas!

Ahora vienen las buenas noticias: como con otras enfermedades, un tratamiento médico o psicológico apropiado puede ayudar, y con un compromiso serio de tu parte puedes forjarte tu camino para salir de este estado de disfunción. La adicción es muy manejable con tratamiento, si se tienen los programas y la guía correctos. Este progreso que se ha logrado en la comprensión y el tratamiento de la dependencia a las drogas es un buen motivo para tener esperanzas. Si eres adicto tu vida no ha acabado; no estás condenado a vivir esa vida por siempre. Pero debes enfrentar la realidad de la situación y obtener la ayuda progresiva que ahora está disponible tanto para pacientes internados como externos. Para quienes recurren a programas estructurados de rehabilitación por dependencia a las drogas o alcoholismo, la tasa de éxito varía en función de dos cosas: la calidad del programa y la aportación del paciente en el proceso de convalecencia.

La adicción es muy manejable con tratamiento,
si se tienen los programas y la guía correctos.

¿Qué es la adicción?

Adicción es un término empleado para explicar una atracción o apego patológico a una sustancia, como una droga (recetada o ilegal) o el alcohol. Según el National Council on Alcoholism and Drug Dependence (NCADD) la investigación científica define el alcoholismo y la dependencia a las drogas como una enfermedad que tiene sus raíces tanto en la propensión genética como en la conducta personal.[6] Es una circunstancia grave y debilitante que se caracteriza por la pérdida de control, preocupación, estrechez de intereses, deshonestidad, culpa y recaídas crónicas.[7] Con toda probabilidad estás ante un comportamiento adictivo cuando te ves a ti mismo o a quien amas perseverar en el uso de una sustancia no obstante sus significativas consecuencias negativas. En términos simples, no está funcionando para ti ni para ellos, pero de cualquier forma uno de ustedes continúa haciéndolo.

Antes de profundizar en lo que es una verdadera adicción y por qué nuestra vida (o la de algún otro) pudiera depender de que seas capaz de superar este terrible día, quiero hablar un poco sobre lo que *no* es. Para mí, es un asunto crucial. Pienso que la palabra "adicción" se ha vuelto un término trillado en nuestra sociedad para referirse a gente que tiene una fuerte inclinación por algo o es indisciplinada e indulgente consigo misma y busca una excusa para ser menos productiva de lo que podría o debería ser. Alegar adicción puede ser una gran excusa para actuar con cobardía, tomar decisiones erróneas o comportarse mal, o no ser todo lo que puedes ser como individuo, madre, padre, hijo o hija. Es como si dijeras: "Oigan, estoy enfermo: la adicción es una enfermedad; no me pueden culpar por mi conducta. Soy una víctima y deberían sentir lástima por mí, apoyarme y aplaudir cuando regrese al buen camino durante unos meses. Pero por favor no me hagan responsable". Por desgracia, este tipo de tonterías protege al adicto de cualquier expectativa de que él o ella debe cambiar con la ayuda de un tratamiento apropiado y al mismo tiempo trivializa la naturaleza catastrófica y devastadora de una adicción auténtica.

El término se ha vuelto parte de nuestro lenguaje cotidiano. Por ejemplo, la gente dice cosas como: "Soy adicto a las galletas con chispas de chocolate". No, no eres adicto; sólo te gustan mucho. O se dice: "Soy adicto a *Esposas desesperadas*. No, no lo eres. Sólo te gusta tener algo que hacer los domingos por la noche. Si te sientes obligado a buscar otra cosa o hacer otra cosa para satisfacer tu gusto por el dulce, no manifestarías síntomas de abstinencia como ataques, vómitos, sudores nocturnos o *delirium tremens*, los cuales en algunos casos pueden ser fatales.

**El éxito en el tratamiento se produce
según cada vida y día a día.**

Cuando en verdad eres adicto a una sustancia, puedes perder el control y abstraerte totalmente en la sustancia o el comportamiento al que eres adicto, convirtiéndote en un esclavo de tu adicción en términos mentales, emocionales, de conducta o físicos. Cualquier plan que hayas tenido alguna vez en la vida se somete a tu nuevo amo. Los cambios bioquímicos causados por el uso de la sustancia pueden poner en peligro la vida y la dependencia puede volverse tan poderosa que de hecho torna imposible detener el comportamiento adictivo sin ayuda profesional.[8] Abundaré más en esto después, pero cada situación es diferente. El éxito en el tratamiento se produce según cada vida y día a día.

Comprendiendo la adicción

Aunque la lista de adicciones puede ser muy amplia —desde la pornografía y el juego hasta muchos otros vicios secretos y destructivos— yo me concentro en la dependencia *química*, lo que significa adicción a sustancias químicas. Quiero que entiendas los entresijos de la adicción porque el conocimiento es poder y sin importar que seas tú o tu ser amado quien la padece, vas a necesitar todo el "poder" que puedas obtener. Así que aquí vamos. Empleo la palabra "dependencia" porque es diferente de "abuso". La dependencia es el término formal para adicción, mientras abuso describe el estado previo antes de convertirse uno en adicto. La lista de sustancias incluye al alcohol y cualquier otra sustancia que altere la conciencia y de la cual uno pudiera convertirse en dependiente (las cuales también incluyen drogas médicas y productos para el hogar). Si vamos a hablar sobre este problema, necesitamos manejar términos correctos.

Como aseveré, una de las razones por las que es tan difícil tratar con éxito a la gente que es dependiente de las drogas o el alcohol es que las adicciones son complejas. Las propensiones genéticas, las dependencias fisiológicas y psicológicas y los componentes sociales y de estilo de vida son factores por los cuales una persona es atraída por las sustancias o los comportamientos adictivos y otra no. De todas las sustancias, la metanfetamina en cristal tiene la tasa más alta de recaída, con 92 por ciento,[9] debido al "efecto combinado" de los aspectos psicológicos y fisiológicos de la adicción; luego sigue la cocaína. Aunque la cocaína en sí sale del cuerpo por lo general en alrededor de dos a cinco días, el daño psicológico por esta sustancia puede prolongarse por meses, si no es que más.[10] Y hay una ansiedad psicológica que puede atrapar incluso a la gente con la mayor fuerza de voluntad.

La dependencia psicológica puede incluso ser más grande si has utilizado tu adicción como mecanismo para escapar, pregonar o controlar tu ansiedad o como facilitador social. Los elementos sociales constituyen gran parte del cuadro, porque a menudo la gente con la que un adicto pasa el tiempo está haciendo lo mismo y es parte de la cultura en la que está inmerso. Todos estos factores operan en cualquier adicción y tienes que atenderlos a todos para vencerla.

Algunas veces la gente es especialmente vulnerable al alcohol o las drogas cuando está en un ritmo rápido de vida. Derek y Miranda eran la pareja a la que más se invitaba en su círculo de Silicon Valley. Derek era un ejecutivo de desarrollo de software que se veía como Gary Cooper y Miranda era su perfecta pareja rubia. Ella había sido obesa de niña pero en esos días no tenía un gramo de grasa en su cuerpo bronceado y en forma, incluso después de tres hijos. Todo era perfecto, excepto por el oscuro secretito que guardaba el grupo de Silicon Valley. Derek y la mayoría de sus amigos —quienes también tenían que seguir el ritmo de semanas agobiantes de 70 horas de trabajo y enormes demandas de su tiempo y energía— habían aprendido pronto que un poco de ayuda de metanfetamina en cristal hace posible lo imposible.

Varias de las mujeres también eran adictas, aunque por una razón diferente. Para ellas era el plan perfecto para bajar de peso; y no sólo eso, sino también las ayudaba a mantener el ritmo de sus actividades sociales y a limpiar su casa de dos plantas en menos de dos horas y tenían mucha energía para dedicar a los niños. Lo que no advirtieron fue la cuota que la droga estaba cobrando en sus mentes y cuerpos. Después de un par de años, comenzó a manifestarse en la forma de depresión, después paranoia y luego incluso cosas como abuso familiar hasta signos físicos delatores de "boca de metanfetamina", con visitas al dentista para tratar de salvar los dientes podridos.

Miranda colapsó primero, con alucinaciones y ansiedad que la dejaban sin poder dormir. Incluso aunque su cuerpo comenzó a ser dañado y su matrimonio se resquebrajaba, ella aún no podía renunciar a su pequeño "ayudante", hasta que un día sufrió intensas convulsiones y uno de sus hijos llamó al 911 en un arrebato de pánico. Después ella se desmoronó y enfrentó el hecho de que se estaba matando ella y lastimando a sus hijos. Obligó a Derek a buscar consejo junto con ella para romper el círculo vicioso, pero debido a que sus amigos no habían llegado al mismo punto, ellos decidieron dar un viraje completo y mudarse a un pueblito en el Medio Oeste. Derek canjeó su alto puesto por uno menos glamoroso y tuvieron que aprender a vivir con menos, pero fue un precio pequeño para recuperar su salud, tranquilidad de conciencia y libertad. Nunca planearon ser adictos y nunca soñaron que casi lo perderían todo, aunque cualquiera que estuviera observando cómo se desenvolvía este pequeño drama podía haberlo visto venir kilómetros antes. Se creían "demasiado listos" para ser enganchados: sólo le ocurría a gente que no tenía lo que ellos tenían. Estaban equivocados.

PROPENSO, NO PREDESTINADO

Ahora hablemos un poco sobre el aspecto genético de la adicción. En la mayoría de los casos, la genética te dice quién es *más probable* que experimente cierto fenómeno pero no quién lo hará. Cuando se aplica a abuso de sustancias o dependencia de drogas, una historia familiar significa que necesitas ser especialmente cauteloso, porque pudieras estar predispuesto a este problema. Por ejemplo, los hijos de alcohólicos son cuatro veces más propensos que la población en general a padecer problemas con el alcohol[11] (también puedes crecer en un ambiente alcohólico y esa exposición también tiene repercusión). Sin embargo, no significa que estás condenado. Sólo significa que no deberías jugar con fuego. Mi padre fue alcohólico, así que no tuve duda de que era más vulnerable que alguien que no tenía un pariente alcohólico. Pero eso no significaba que yo iba a serlo. Pronto tomé la decisión de que no iba a beber. Recuerdo haber visto las situaciones sin salida a las que el alcohol orilló a algunos de mis amigos y a mi familia, y decidí que eso no era para mí. Como yo, muchos hijos de alcohólicos no beben porque han experimentado de primera mano el efecto devastador de la enfermedad. Pero con frecuencia *sus* hijos (los nietos del alcohólico) no afrontaron el caos y todavía son muy susceptibles de convertirse en adictos por razones genéticas y, por tanto, la enfermedad con frecuencia se salta las generaciones.[12] Esto confiere una importancia crítica a no ocultar un "secreto" familiar y exponerlo abiertamente en el momento indicado para evitar que un nieto inocente sea tomado por sorpresa porque ignora su vulnerabilidad.

Es lo mismo si tienes padres obesos. No significa que tú vas a ser obeso; sólo que podrías tener una lucha más ardua que otra persona. Lo que quiero que entiendas es que aún puedes elegir.

Sí, hay un componente genético en tu adicción y en esa parte no puedes hacer nada al respecto. ¿Qué *puedes* hacer? Puedes cambiar muchas cosas: tu ambiente, el diálogo contigo, tus amigos y lo que estás dispuesto a aceptar. Ésta es la parte sobre la que tienes control, así que es en la que me concentraré.

Cuando te das cuenta (o admites finalmente) que tienes una adicción incapacitante y peligrosa para tu vida y que estás en combate por tu vida, has dado un viraje importante que podría significar que el día más desafiante fue ayer, *antes* de que reunieras el coraje para ser sincero contigo mismo. He dicho que no puedes cambiar lo que no reconoces. Si has reconocido tu problema, éste puede ser un día de esperanza, un día de nuevos comienzos.

Qué esperar

Ya sea que seas adicto o que tengas una relación con alguien que lo es, necesitas saber qué puedes esperar afrontar en el día más desafiante.

Si eres tú, piensa sobre ello: el día anterior a que fueras sincero contigo no podías ni mirar al espejo porque habrías tenido que admitir que tu vida ya no estaba bajo tu control. Porque antes de admitir dónde estabas, habías concedido el poder a las drogas y al alcohol. No tenías resistencia. La adicción era el mono en tu espalda cuyo abrazo alrededor de tu cuello sólo se estrechaba conforme ibas de un día al siguiente. Cuando eres dependiente de una sustancia, te consume todas las horas de todos los días y toda tu energía se ocupa en cómo te vas a drogar otra vez. Eso puede ser tan poderoso que elegirás tu adicción por encima de tus amigos, familia e incluso tus hijos.

En el fondo de tu cerebro sabes que las decisiones que pudieras tomar —como abandonar a tus hijos, vender tu anillo de bodas o no aparecerte por tu trabajo tres días seguidos— son una total estupidez. Pero puedes llegar a un punto donde no te importe mientras obtengas tu dosis. Pudieras incluso robar a tu mejor amigo, padres, patrón o incluso el fondo para la universidad de tus hijos para pagar tu adicción. A cualquier precio, encontrarás una manera de sostenerla. Pudieras llegar a un punto en que ansíes una dosis tan desesperadamente que cuando la consigas, tu primera preocupación será si no obtendrás otra. Y con el abuso de sustancias o la dependencia de drogas como la metanfetamina o la cocaína, incluso tu cuerpo conspira en tu contra.

El uso de la primera vez de la mayoría de las drogas causa una "inundación de dopamina", por lo que tu cerebro libera cientos de miles de veces la cantidad de "placer" químico en tu cuerpo para un éxtasis único que nunca se repetirá. Pero esto no evita que un adicto trate de repetir esa sensación. Lo que es peor, meterse con esta parte de tu cerebro a menudo causa problemas a largo plazo por el daño cerebral efectuado sobre estos delicados sistemas de comunicación intracerebral, donde la capacidad de "restablecer" la emisión de dopamina se daña y la depresión puede extenderse.[13] La paranoia y la psicosis pueden también resultar del abuso de la metanfetamina y la cocaína.[14] Este daño cerebral también es el que causa ansiedad: estos sistemas de neurotransmisores (como la serotonina, la dopamina y GABA) tienen un cortocircuito.[15] En un artículo de revista, la popular cantante Fergie, de Black Eyed Peas, exponía su antigua adicción a la metanfetamina en cristal. Una paranoia extrema acompañaba su adicción y ella insistía en que todos —desde el FBI hasta sus amigos cercanos— estaban en su contra. "Tenía alrededor de 20 teorías", dijo la estrella, quien bajó 40 kilos durante sus días más oscuros. "Pinté las ventanas de mi departamento de negro para que 'ellos' no pudieran ver dentro",

Cuenta un incidente cuando había tocado fondo: "Un día, un tipo llega hasta mí. Yo buscaba pistas de por qué 'ellos estaban' tras de mí. Tengo un sombrero de vaquero y labios rojos. Me ofrece un panquecito. Estoy pensando: *Está en esto. ¿Hay un mensaje dentro?* Se lo arrebato. En retrospectiva, me doy cuenta de que él supuso que era una indigente".[16]

La vida como adicto

Hoy, es de esperar que te sientas solo. Muy solo. Probablemente has herido y mentido a tantos amigos y miembros de tu familia que muy pocos quieren tener que ver algo contigo. Después de todo, tú no te preocupaste realmente de nadie excepto de ti mismo. Te sientes como una persona diferente e incluso no puedes reconocerte o recordar al antiguo tú. Cuando estás sobrio a medias, te sientes culpable de haber robado a tus padres, cobrado ese cheque que alguien envió a tu hija por su décimo cumpleaños o mentido a un amigo sobre por qué necesitabas pedir prestado esos 100 dólares. Tomaste decisiones terribles y lo sabes. Pero, por desgracia, esa culpa insoportable fomenta tu adicción. Quieres escapar, de modo que consigues para eso bebida o droga, confiando en que borrará ese dolor.

Tal vez te descubra un amigo o un miembro de la familia y, si es el caso, espera sentir una gama de emociones como el enojo y la vergüenza. Pudieras ponerte a la defensiva cuando te confronten. Pudieras comenzar con un torrente de mentiras. Quizá dirás que puedes manejarlo, que no estás atrapado o que sólo fueron un par de tragos. Pudieras estar preocupado por cómo vas a resolverlo. Quieres soltarte de este amo, pero no tienes idea de cómo. Todo este pánico sólo hace que quieras más.

Es de esperar que te sientas desesperado y ansioso, en especial si ser descubierto te impide conseguir aquello a lo que eres adicto. En otras palabras, tu esposa guarda tus tarjetas de crédito de modo que no puedes comprar alcohol o tus padres te quitan tu coche y ya no puedes reunirte con tu traficante. Tu mente busca cómo conseguir el dinero para mantener tu hábito: robarle a un amigo, vender tu cuerpo, atracar un Starbucks. Estas cosas no son legales y lo sabes. Pero en realidad no te importa. En todo lo que piensas es que harás lo que sea para obtener lo que sea que aniquila tu dolor. Y si ha pasado un rato desde que lo usaste por última vez, podías estar sintiendo mucho dolor. Si estás en la primera etapa de la abstinencia, probablemente te sentirás extremadamente agitado, con vómito, temblores, insomnio y síntomas parecidos a los de un resfriado. Si estás en una etapa más avanzada, podrías estar pasando por todo: desde ataques y *delirium tremens* hasta alucinaciones y transtornos cardiovasculares y neurológicos.

Un adicto en la familia

Si el adicto es un ser querido, tu día más desafiante es cuando te das cuenta que has sido engañado y traicionado por alguien a quien creías confiable. Ellos no se preocupan por ti. Mentirán, robarán y engañarán y se aprovecharán de ti de cualquier manera posible para alimentar la adicción. De hecho, si te interpones entre ellos y su adicción, podrías convertirte en el enemigo. Encontraste una botella de vodka debajo del asiento delantero del coche de tu esposo. Los dos han estado luchando porque eso termine, pero un recibo demuestra que compró otras cuatro botellas al mismo tiempo. Vas a poner la mesa para una celebración, pero no puedes encontrar la platería que ha estado en tu familia por tres generaciones. Después sabes que tu hija adulta —esposa y madre de tres hijos— la vendió para mantener su hábito a la cocaína. Encuentras una bolsa sellable de marihuana y papel de liar en el bolsillo de los pantalones de tu hijo cuando estás lavando ropa. Conmocionada, buscas en su cuarto y encuentras una caja llena de la parafernalia para drogarse en el fondo de su clóset. No hay palabras para describir el dolor de darse cuenta de que un amigo o un miembro de la familia tiene una adicción. Si no lo sospechabas antes, podrás estar perplejo y decirte: *¿Cómo ocurrió esto? ¿Cómo la esposa que pensé conocer o el hijo que crié cayó en este camino? ¿Cómo contribuí a eso?*

Espera sentir ira y resentimiento porque te ha mentido y traicionado. Podrías sentir que has fracasado en tu relación. Si el adicto es tu cónyuge, enfrentas una alta probabilidad de que tu matrimonio termine. También experimentarás sentimientos de vergüenza y turbación cuando imagines lo que otros dirán cuando lo descubran. Pensarán que te casaste con un perdedor o criaste a uno: un vago que no te ama y que se preocupa más por una botella de alcohol o una dosis de heroína que por ti. Podrías sentirte impotente y solo, y que has sido abandonado.

O quizás es el día en que te das cuenta de que la persona que amas está muriendo por esta terrible enfermedad y tú no puedes impedir que continúe destruyéndose. Pudieras también sentirte culpable o estúpido por no saber que algo estaba ocurriendo. O enojado contigo mismo porque no hiciste nada respecto de esas pequeñas señales de alarma que *sí* viste. Cuando un hijo se vuelve adicto, es de esperarse que sientas que has fracasado como su protector y tutor. Incluso podrías culparte: *¿Fue algo que hice o que no hice? ¿Pude evitarlo?*

Si confrontas a la persona que amas, podría emprenderla contra ti y atacarte verbalmente (o incluso físicamente). Podrías incluso ya no reconocerlo; la droga que ha elegido lo controla y lo ha cambiado de manera drástica. Debes esperar que cada cosa que diga sea una sarta de mentiras. Puede mentir descaradamente y decirte que el hachís no es suyo o que los cargos en la tarjeta de crédito por cuentas de bar "deben ser un error" y llamarán y lo aclararán en ese mismo momento. E incluso si lo confiesan, pudiera no ser la verdad completa. Tal vez te dirán que fue la primera vez, que lo tienen bajo control y que no sucederá de nuevo. No creas una palabra de lo que dicen. No seas ingenuo ni le des la espalda a la realidad.

Podrías también experimentar otras dificultades como resultado de la adicción de la persona que amas. Por ejemplo, si una adicción es el motivo por el que fue despedido de su empleo y es el único proveedor de la familia, tu situación financiera puede estar en peligro. O si tu cónyuge es quien se hace cargo de los niños cuando tú trabajas, probablemente necesitarán encontrar a alguien que los cuide. Podría haber problemas legales de los cuales preocuparse si la persona que amas ha hecho algo como robar o falsificar cheques para sostener su hábito. Todo esto puede hacerte sentir fuera de control. Ahora estás acorralado en esas circunstancias horrorosas y sientes que no hay nada que puedas hacer o que no tienes idea de por dónde comenzar.

Cuestionario sobre adicción

El siguiente cuestionario te ayudará a determinar si tú o la persona que amas tiene una adicción. Para cada descripción de sentimientos y actitudes específicos sobre sustancias y actividades, determina cuál de las cuatro respuestas que se mencionan enseguida es la más apropiada.

Nunca: Estos patrones de pensamiento no se han presentado o no has estado consciente de ellos.

Ocasionalmente: Estás consciente de ellos, pero no han interferido con tus relaciones o no han restringido tu funcionamiento normal en tu trabajo o empleo.

Significativamente: Has tenido estas ideas y pensado en ellas todos los días y han restringido de manera significativa tus relaciones sociales, tu vida social o tu trabajo en las últimas dos semanas.

Gravemente: Se han restringido gravemente tus relaciones, tu vida personal o tu trabajo, de modo que eres incapaz de cambiar tus hábitos o dejar de usar tales sustancias o de ocuparte en estas actividades.

Nota: en este cuestionario "sustancias" significa cualquier sustancia que utilizas por necesidades psicológicas, incluyendo cualquier droga, como la marihuana y la cocaína; sustancias aceptadas socialmente, como la nicotina y el azúcar, y drogas medicinales. En este cuestionario, "actividades" significa cualquier actividad a la que te dedicas y a la que se recurre por necesidades emocionales, como el juego y el sexo.

1. Ansío una sustancia porque me hace olvidar mi falta de confianza y me hace sentir seguro de mí mismo.

   Nunca ___ Ocasionalmente ___ Significativamente ___ Gravemente ___

2. No he cumplido mis promesas de dejar de usar esta sustancia o participar en esta actividad.

   Nunca ___ Ocasionalmente ___ Significativamente ___ Gravemente ___

3. Tengo la necesidad psicológica de una sustancia que borre el dolor y la incomodidad.

   Nunca ___ Ocasionalmente ___ Significativamente ___ Gravemente ___

4. Pienso en consumir una sustancia o en realizar una actividad más de lo que pienso en cualquier otra cosa.

   Nunca ___ Ocasionalmente ___ Significativamente ___ Gravemente ___

5. Prefiero estar solo y consumir esta sustancia que ser visto y observado por los demás.

    Nunca ___ Ocasionalmente ___ Significativamente ___ Gravemente ___

6. Participar en esta actividad específica es mi mayor necesidad.

    Nunca ___ Ocasionalmente ___ Significativamente ___ Gravemente ___

7. Me es difícil imaginar la vida sin esta sustancia o actividad.

    Nunca ___ Ocasionalmente ___ Significativamente ___ Gravemente ___

8. Mi vida gira alrededor de esta sustancia o actividad.

    Nunca ___ Ocasionalmente ___ Significativamente ___ Gravemente ___

9. Cuando esta sustancia o actividad no está a mi alcance, me vuelvo irritable y antisocial.

    Nunca ___ Ocasionalmente ___ Significativamente ___ Gravemente ___

10. No tengo control sobre mi necesidad de esta sustancia o actividad.

    Nunca ___ Ocasionalmente ___ Significativamente ___ Gravemente ___

Calificación

Si anotaste "Gravemente" al menos una vez, lo más probable es que estés sufriendo de una adicción severa y requieras ayuda profesional.

Si anotaste "Significativamente" al menos dos veces, es probable que estés enfrentando adicciones a sustancias enlistadas al principio de este cuestionario. Escucha y presta atención a algunas vías elementales para comenzar a poner los cimientos que te permitirán tratar este problema y consultar a un profesional si es necesario.

De vuelta a días mejores

Como he dicho reiteradamente en este capítulo, la adicción es una enfermedad crónica y opino con firmeza que no romperás el círculo de la adicción por tus propios medios. No es porque seas débil o no tengas la voluntad, sino porque estás en un punto en que tu capacidad para tomar decisiones ya no está funcionando. Tu hábito puede haber comenzado en una forma que podías controlarlo. Quizás bebías una cerveza después del trabajo para aliviar la ansiedad del día o creías que fumar marihuana los fines de semana te relajaba y te daba un panorama claro de la realidad. Pensabas que la cocaína era la respuesta a tus oraciones por tu falta de pasión y energía. Sentiste incluso que tu concentración y tu atención mejoraban cuando ingerías algunas medicinas.

Pero una vez que estás atrapado, necesitas ayuda. Una vez que eres un pepinillo en salmuera, nunca más serás un pepino. Eso se debe, como mencioné antes, en el caso de adicciones fisiológicas, a que la toxicidad y las sustancias químicas han modificado tu cerebro. Han cambiado las numerosas conexiones que afectan tu juicio. Pudieran también haber dañado la química de tu cerebro a tal grado que de hecho tienes ansiedad fisiológica cuando estás haciendo tu mejor esfuerzo por parar. Muchas veces este nivel de toxicidad y bioquímica puede requerir al menos un año para limpiarse antes de tener el criterio para tomar buenas decisiones.[17] (Ésa es la razón por la que una persona puede completar un programa de rehabilitación de 30 días, pero fracasar si no invierte en un programa de convalecencia a largo plazo. Cuando se cruza esa línea, estás en la situación de enfermo. Y necesitas ayuda.)

ACCIONES

Sí tú eres el adicto

▶ **Encuentra tu verdad personal**

El problema con la cultura del alcohol y la droga es que la admisión es gratuita, aparentemente. Para estar en un programa de debate, debes ser un buen polemista. Para estar en un equipo de basquetbol, cuando saltas debes tirar bien. Para estar en un coro debes poseer una buena voz. Para ser aceptado en la cultura del alcohol y las drogas sólo debes estar dispuesto a ingerirlos. No tienes que ser atractivo, inteligente, alto, bajo, gordo, delgado, talentoso, dotado, gracioso; sólo tienes que beberlo o usarla. El problema es que, como digo a menudo, para la mayoría de la gente el principal miedo en la vida es el rechazo, y la necesidad principal es la aceptación. Así que si tienes una verdad personal negativa —lo que tú, en el centro absoluto y sin censura de tu ser, has llegado a creer sobre ti—, el mundo de las drogas o el alcohol es un sitio al que sabes cómo ingresar. Eso hace muy fácil gravitar en esa dirección.

Otra razón por la que pudieras inclinarte por las drogas o el alcohol es para remediar cosas que no te agradan de tu vida. Tal vez piensas: *Sobrio soy aburrido, pero cuando me emborracho soy divertido. Soy más interesante y la gente quiere pasar el tiempo conmigo.*

Es posible que sea cierto. Pudiera ser la manera sencilla de sacar a flote tu personalidad, de estar cómodo entre la gente, de escapar del abatimiento. Es ciertamente una manera sencilla de adormecer tu dolor. Pero el precio que tienes que pagar no vale ninguna de esas cosas y hay caminos alternativos para obtener lo que quieres, caminos que no tienen los inconvenientes que tienen las drogas. A largo plazo, nada es fácil para un adicto. Los efectos colaterales son espantosos. No estás aburrido o triste nunca más; estás borracho o drogado. Es la manera fácil de huir en contraste con afrontar la realidad: como superar tu depresión, cambiar de vida, desarrollar tu personalidad, establecer relaciones y afinar tus capacidades y habilidades de modo que logres tener aceptación dentro de una comunidad de pares en vez de conformarte con la única cosa en la que puedes entrar gratis.

▶ Consulta a un experto
Es un hecho que ciertas sustancias tienen tal efecto fisiológico que el simple hecho de suspender el uso de la droga puede, por sí mismo, causar la muerte. Así que (dependiendo a qué eres adicto) es muy posible que necesites ayuda profesional. En particular, con la adicción a sustancias, necesitas una guía médica directa porque no la puedes manejar por ti mismo. Esto no se debe a que no tengas fuerza o voluntad. Es porque recuperarse de una adicción o de otra enfermedad crónica no es sencillo. Y, en especial, hay algunas drogas —como los antidepresivos, los estabilizadores del humor y los antipsicóticos— cuyo síndrome de abstinencia puede poner tu salud y tu vida en peligro.[18]

Retirar cualquier sustancia a la que tu cuerpo está acostumbrado puede ser peligroso; por ejemplo, las investigaciones han mostrado que retirar bruscamente algo tan inocuo como la aspirina o un antidepresivo suave después de tomarlo con regularidad pudiera incrementar el riesgo de tener un ataque al corazón o un infarto.[19] Necesitas un supervisor médico para estas cosas y la ayuda de gente especializada en desintoxicación y rehabilitación de estas sustancias. Esto puede requerir hospitalización, atención como paciente externo, una combinación de ambas o grupos de apoyo.

En algunos casos se podría prescribir medicación para ayudar a prevenir la recaída. De acuerdo con el National Institute on Drug Abuse (NIDA),[20] "los medicamentos son un elemento importante del tratamiento para muchos pacientes, en especial cuando se combinan con asesoría y otras terapias del comportamiento". Por ejemplo, los adictos a la heroína pueden recibir buprenorfina, droga narcótica que bloquea la ansiedad así como los efectos placenteros de la heroína y otros opiáceos, para así ayudar a reducirlos. Los alcohólicos pueden preguntar a su doctor sobre naltrexona, di-sulfiram o acamprosato, tres medicamentos que según el National Institute of Alcohol Abuse and Alcoholism (NIAAA)[21] ayudan a aliviar los síntomas de abstinencia. La naltrexona viene ahora en dosis inyectada con efecto de 30 días. No importa la combinación, el éxito del tratamiento depende de ti. Debes reconocer que hay un problema, elegir cambiar y comprometerte con el proceso como una decisión permanente de vida.

Es bien sabido que una vez que has sido adicto a una sustancia, no puedes ingerir esa sustancia nunca más. Si eres alcohólico, nunca puedes beber otra vez, ni en cinco años ni socialmente ni en ninguna forma. Otro asunto importante es que una vez que has sido adicto a una sustancia, eres mucho más vulnerable a serlo de otra. Así que una vez que dejes de usar drogas, no puedes comenzar a beber. Hay muchos sitios informativos de internet, como www.enterhealth.com y los del NIAAA, NIDA y del National Council on Alcoholism and Drug Dependence (NCADD), así como las organizaciones de Alcohólicos Anónimos, que te pueden ayudar.

Si el adicto es un ser querido

▶ **Apoya, no facilites las cosas a quien estás tratando de ayudar**
Tu primer impulso cuando descubres que alguien que te
preocupa tiene una adicción es ayudarlo, en especial si es un
cónyuge, padre o hijo. Como la mayoría de la gente, probablemente sentirán que has hecho todo lo humanamente posible
para protegerlo y salvarlo de un daño. No hay nada equivocado en ello; es naturaleza humana. El problema, empero,
es que esto puede poner las cosas peores para un adicto. Tu
amor, algunas veces fuerte y positivo, puede permitirlo. Una
buena metáfora es el sida. En esta enfermedad el virus se apo-
dera del sistema inmunológico, de una parte de nosotros que
normalmente está para protegernos, y lo vuelve en contra del
propio cuerpo. Para un adicto, tu amor puede crear un efecto
de facilitación y, por desgracia, podrías descubrir que no estás
apoyándolo tanto sino apoyando su adicción cuando niegas la
situación, le das dinero que él destina de inmediato a su hábito, lo encubres e inventas excusas por su irresponsabilidad
o que aumentas en cualquier forma su capacidad de continuar con su adicción mediante tu comportamiento erróneo y
disfuncional.

▶ **Prepara una intervención**
No estoy de acuerdo con el mito popular de que un adicto
debe "tocar fondo" antes de que pueda recibir ayuda. En mi
opinión, esto es totalmente falso; necesitas conseguir ayuda
para alguien que amas y está luchando contra la adicción a
una sustancia, porque fondo puede significar dos metros bajo
tierra. Aunque no puedes tomar por alguien la decisión de
cambiar su vida, una intervención estructurada (si se hace
de manera apropiada) puede llevar a la persona dependiente

hasta la ayuda que requiere para empezar a recuperarse. Mi recomendación es que recurras a un profesional, pero también he incluido una guía de intervención así como información adicional en la guía de recursos.

Si decides emprender una intervención, debes tener presentes estos puntos cuando estés listo para confrontar a la persona farmacodependiente.

► **Forma tu equipo**
Reúne a tu alrededor a la gente interesada que ayudará. Cada persona tiene que estar dispuesta a mirar al adicto a los ojos y decir: "Tienes un problema y necesitas ayuda". Si alguien del equipo se siente incómodo con ello, tienes un eslabón débil que no debe incorporarse al proceso.

► **Confronta con hechos, pero con amor, cariño y preocupación**
Lleva a la reunión una lista en la que describas en detalle las pruebas de que la persona que amas está usando drogas. Confróntala con hechos, no con argumentos.

► **Recuerda que estás hablando con las drogas, no con la persona**
Siempre que alguien es adicto a las drogas, la sustancia asume el control sobre su razonamiento y su capacidad para resolver problemas y crea todo tipo de paranoia e ira.

► **Crea una crisis para la persona en problemas**
Recuerda que los argumentos son un espacio cómodo para una persona drogadicta porque le permiten negar la situación. Lleva las cosas a un punto crítico dándole la elección de recibir tratamiento o enfrentar alternativas indeseables como ser encarcelado, echado de la casa, privado de contacto con la familia y otras semejantes.

▷ **Concéntrate sólo en asuntos relacionados con la sustancia**
Mantén las cosas enfocadas en el hecho de que el adicto tiene
una enfermedad para la cual requiere ayuda profesional. Sé
específico en cuándo, dónde y con quién han ocurrido los incidentes relacionados con las sustancias. Mantente firme sin
emociones o distracciones. No se trata de gritos o chillidos, ni
de tus opiniones, sino de hechos.

▷ **Obtén el compromiso del adicto de ir a tratamiento o prepárate para perder el contacto**
Tienes que estar preparado para la difícil decisión de dejar
que la persona se vaya si rechaza el tratamiento. Esto no sólo
afecta al adicto; tiene un grave efecto para la familia entera.

▷ **Ten un plan firme e inmediato**
No pierdas tiempo después de lograr el compromiso. Si la persona está de acuerdo en conseguir ayuda, ten un centro de tratamiento listo para admitirlo de inmediato. Si la persona no acepta
el tratamiento, ten preparada la manera en que responderás.

Recuerda que, a pesar de las buenas intenciones y los planes, tu
amor y deseo de ayudar no son los factores decisivos en la recuperación del otro. Lo único que debes enfrentar es la dura realidad de que no importa lo mucho que quieras mejorar la situación
del ser querido, a final de cuentas no hay nada que puedas hacer
para controlar a otra persona. No estoy diciendo que sea fácil
de enfrentar. No lo es. Es tremendo, no puedo pensar en nada
peor que ver a tu hijo, padre, socio, cónyuge o cualquier otro que
ames destruyendo su cuerpo y su vida. Querrás creer que puedes salvarlo o mejorarlo, pero cuando la demanda del adicto por
droga es más fuerte que su capacidad de elegir (o de no elegir),
no parará ante nada para obtenerla. De nuevo, la única manera

de que ocurra un cambio es que el adicto no sólo necesite ayuda sino que quiera recibirla.

Encontrarás más información sobre cómo lidiar con la adicción en la guía de recursos al fin de este libro.

Palabras finales

La adicción es una de las peores enfermedades que hay. Un verdadero adicto venderá su alma al diablo o a cualquier otro que la compre con tal de obtener la sustancia que ha elegido. Esta mente obsesionada es peligrosa porque no se detendrá ante nada. Pero aun cuando ésta sea una de las peores guerras contra las que te enfrentarás jamás, hay esperanza, ya sea que tú seas el adicto o tu amigo o un miembro de la familia. Mucha gente se recupera y tú puedes hacerlo también. Pero, como la mayoría de las cosas que requieren un cambio de vida, no es fácil. Requiere amor, coraje y paciencia. Requiere tiempo y requiere trabajo. Habrá días realmente duros y malos, pero puedes superarlos. Sólo necesitas elegir lo que debe elegirse sin importar lo que hagan los demás. Si lo haces, te aseguro que *recuperarás* el control de tu vida y a fin de cuentas ésa es la única parte de la que eres responsable.

Mira, tú sabes que yo no suavizo las cosas, así que confío en que me creas cuando te digo que la adicción al alcohol y a las drogas es tratable. Puedes tenerla bajo control, puedes dejarla atrás y puedes retomar la ruta a una vida maravillosa, más sana, más feliz. Sabemos ahora mucho más sobre el tratamiento que lo que sabíamos apenas una generación atrás. Ten esperanza, comprométete, sé honesto contigo y confía en mí cuando te digo: ¡puedes lograrlo!

Ten esperanza, comprométete, sé honesto contigo y confía en mí cuando te digo: ¡puedes lograrlo!

Si eres tú quien tiene una adicción a las drogas o al alcohol, reconoce que no puedes lidiar con ella por ti mismo, que no puedes moderarla ni controlarla por ti mismo. No hay alternativa más que obtener ayuda y abstenerse completamente y para siempre. Tal vez tengas que hacerlo un minuto, una hora o día a día, pero de una manera o de otra tiene que suceder.

10

CRISIS EXISTENCIAL
EL DÍA QUE PIERDES EL RUMBO Y NO TIENES RESPUESTA A LA PREGUNTA "¿POR QUÉ?"

> Quien tiene un porqué para vivir
> puede soportar casi cualquier cómo.
> FRIEDRICH NIETZSCHE

Pienso que hay un momento en la vida de todos en que paras y te preguntas seriamente: "¿Qué caso tiene? ¿Por qué me afano en hacer lo que hago todo el día? Nadie lo valora, no cambia el mundo, no tiene repercusión, no tengo voz y sólo estoy azotando mi cabeza contra la pared". Si no tienes respuestas a estas preguntas, puedes sentirte desesperanzado cuestionando hasta la médula de tu alma cuál es el significado o el propósito de tu vida. Esto va más allá de hacerse la víctima o sentir pena por uno mismo. Va más allá de plantear estas preguntas a otros sólo para llamar la atención, por compasión, confortar o encolerizarse; eso es lo que la mayoría de la gente llama lloriqueo. De lo que estoy hablando es de cuando te planteas a ti mismo estas preguntas y sinceramente no tienes respuesta. Lo opuesto a la cita de Friedrich Nietzsche es también verdad: si no tienes *por qué* vivir, entonces no puedes soportar ningún *cómo,* aun si disfrutas de una forma de vida acomodada o incluso envidiable. No tener por qué vivir puede hacer que cada tarea se vuelva agobiante y que cada minuto se sienta como un año. Puede ser un vacío devastador.

Algunas veces es más fácil reconocer el dolor y los problemas en otros que en uno mismo. Si observaras esta actitud en uno de tus hijos estarías muy preocupado, y con razón. Harías lo que fuera para ayudarlo a sentir que importa, que pertenece y que no sería lo mismo sin él. Para un niño, sentir de otra manera es vivir una existencia horrible. He hablado con muchos niños sobre el abandono que sienten al pensar que si mueren o desaparecen nadie se va a preocupar o los va a extrañar. Tal vez tú te sientas de ese modo también, como un niño abandonado, solitario y asustado. El día en que estoy escribiendo al respecto es el día en que tú o alguien a quien tú amas profundamente se topa con un muro y no puede empezar a encontrar una respuesta, un significado o un propósito para continuar. Pudiera sentirse que la razón por la que no puedes encontrar una respuesta es porque simplemente no la hay.

Después de todo, como la gente pesimista, quejumbrosa y que dice no a todo, es feliz al declarar: "Nosotros sólo pateamos, peleamos, arañamos, mordemos y forcejeamos; al final vamos a terminar como alimento de gusano". Tal vez el punto más elocuente de esta opinión es que nada parece importar en lo más mínimo porque al final todos vamos a morir y, como se ha dicho por mucho tiempo, "Nada te vas a llevar contigo". Algunas veces esa aseveración puede hacer que quieras vivir para el momento, pero en este día, hace que te preguntes: "¿Qué caso tiene?".

De acuerdo, si no estás deprimido, perdido o te sientes vacío en la actualidad, podrías estar pensando que todo esto es un verdadero punto de vista deprimente y una inmensa sobresimplificación. Pero la verdad es que la mayoría de la gente algunas veces encuentra en su jornada que estas luchas diarias, a veces agobiantes, pueden amontonarse, arrastrarte al fondo, chuparte la energía y hacer que la "lucha" llamada vida parezca no tener caso. Puede haber días en los que sientas que das un paso adelante y diez para atrás, que nada parece tener significado o propósito. Entonces nos preguntamos, "¿Qué relevancia tengo?". Nos preguntamos: "¿Por qué pongo todo de mi parte en esto cuando a fin de cuentas quizás no importe?".

Cuando ves a un hámster corriendo sin parar en el mismo lugar en una de esas ruedas, has de pensar: "Estúpido hámster". Bueno, la razón por la que lo traigo a colación es porque pienso que una cantidad espantosa de gente, tal vez tú algún día, sí le encuentra sentido a sus vidas aun cuando este mundo se siente mucho como si fuera una gran rueda de hámster. La mayoría de la gente habla sobre esto en términos abstractos, filosóficos. Pero si tú o alguien que amas está ahora afrontando este dilema o tú mismo te encuentras frente a él en algún momento en el futuro, quiero hablarte de él en términos corrientes, de sentido común, sin palabrería psicológica, del día con día. De lo que estamos hablando es de lo que los filósofos a lo largo de la historia han denominado ansiedad existencial o crisis existencial.

¿Qué es una crisis existencial?

Obviamente no estoy hablando de un mal humor o un desánimo pasajero. La crisis existencial o la ansiedad existencial es un nombre extravagante para la antiquísima búsqueda del significado de la vida, tomado de la frase "la razón para existir". Puede desencadenarse por un acontecimiento, o llegar después de años de errar sin meta en el mundo sin propósito o pasión. Puede ocurrir a cualquier edad; si ocurre a medio camino de la vida, se le denomina a menudo como la crisis de la edad mediana. Pero en realidad de lo que hablo es mucho más que algo que se pueda resolver con un coche deportivo rojo o una limpieza facial. Este día no debe confundirse con una crisis pasajera de la edad mediana. La ansiedad existencial es en verdad un dolor profundamente enraizado que proviene en gran parte del fracaso por darle sentido o encontrar un motivo en un mundo que algunas veces simplemente parece no tener sentido. No puedes tener ansiedad existencial si no *quieres* al menos cuidar algo o por lo menos quieres ser tomado en cuenta. Si en verdad no sientes "energía" o aportación en tu vida, podrías sencillamente relajarte y continuar hacia ninguna parte. Y la pura verdad es que si te has molestado en plantear estas preguntas significa que eres alguien que, en cierto grado, sí se preocupa.

No puedes tener ansiedad existencial si no quieres
al menos cuidar algo o por lo menos quieres
ser tomado en cuenta.

Estamos familiarizados con el famoso verso de Shakespeare: "Ser o no ser, ésa es la pregunta". Tal vez en este caso se aplica una versión un tanto distinta. La cuestión para la que quiero prepararte no es sólo "ser o no ser" sino también *por qué ser* o *cómo ser*. Estar aquí de una manera que está definida en el *porqué* de tu propósito. Y eso es exactamente lo que te preguntarás a ti mismo en el día más desafiante: no *quién* eres tú sino *por qué* eres. ¿Por qué estás aquí? ¿Por qué haces lo que haces?

Antes de dar un paso más tengo que poner un asunto en la mesa porque todo lo demás que tengo que decir está fundamentado en esta verdad: te guste o no, no tienes elección respecto de estar aquí. Digo esto porque rechazo de plano la autodestrucción y el suicido como una opción racional y viable. En mi opinión el suicidio es inmoral, egoísta y cobarde porque dejas atrás gente que sentirá culpa por siempre (aunque de manera irracional) sobre una elección que *tú* tomaste. Quizás no elegiste nacer en el lugar o en la situación en la que estás, lo que tal vez no parezca justo. Pero justo o no, no puedes elegir cuándo o cómo morirás. Lo que puedes elegir es *cómo* vas a vivir. Puedes elegir la actitud que tienes respecto a tu vida y lo que hay en ella, y hay un gran poder en esa capacidad. El gran psiquiatra y ex prisionero de guerra Viktor Frankl, quien en buena medida es responsable de introducir el concepto de existencialismo en la era moderna, nos enseñó que tú puedes y debes esforzarte por encontrar un significado incluso en tu sufrimiento. Sin ese significado, los tiempos difíciles de la vida pueden ser sólo un castigo doloroso. Pero si se le encuentra sentido, ese dolor puede al menos tornarse lleno de un propósito. Eso es parte de la nobleza de la vida y de la brújula y la conciencia moral que los seres humanos poseen.

Cuando fracasas en identificar lo que importa para ti, qué te apasiona y qué te da alguna gratificación personal, estás luchando por encontrar significado. Cuando fracasas en definirte a ti mismo de una manera que te haga sentir vitalmente comprometido en tu vida y dedicado a lo que acontece, puedes ir derecho a un estado de ansiedad existencial. De hecho, es esta pura falta de conexión y compromiso lo que hace este día tan doloroso. Todos necesitan saber que importan y tú no eres la excepción. Todos necesitan sentir que son parte de algo y tener un fuerte sentido de pertenencia. El ultimátum en la crisis existencial es cuando tú aceptas el sinsentido de tu vida y, más importante, no haces nada al respecto. A veces huimos, o tratamos de distraernos, ante la falta de un verdadero sentido tratando de ocuparnos con frenesí en el trabajo.

Sé de muchos adictos al trabajo que han sacrificado mucho para ganar dinero o para lograr cierto nivel en su carrera sólo para despertar un día y preguntarse, *¿Es esto todo?* Esto es aún más cierto si, en el momento en que despiertan, han tirado al basurero algunos matrimonios y sus hijos apenas les hablan porque han estado emocionalmente ausentes por muchos años. También conozco gente que sacrifica todo por sus carreras y entonces un día va al trabajo y encuentra que cambiaron las cerraduras de las puertas de sus oficinas. En vez de dirigir un departamento, van camino a la oficina para desempleados.

Hay gente que piensa que se están poniendo en el papel de mártires por negar sus propias necesidades y sacrificar su vida entera, matrimonio y existencia por sus hijos. Eso es lo que le sucedió a Martha, una ex ejecutiva de la publicidad con una maestría. Cuando sus hijos nacieron, renunció a su carrera meteórica para estar en casa y criarlos. Como la gran triunfadora que era, se dedicó completamente a la maternidad. Pasaba horas arreglando reuniones de juego para sus hijos, cosiendo laboriosamente los disfraces para las obras escolares, horneando para colectas y llevando en coche a sus tres hijos de una actividad a otra. Aunque extrañaba la descarga de adrenalina de su antiguo trabajo y la sensación de logro que había tenido ahí, disfrutaba observando a sus hijos crecer y pensaba que sacrificar todo por ellos era hacer lo correcto. Sus hijos nunca parecieron "entenderlo" o valorar que su madre hubiera elegido renunciar a su propia vida con tal de hacerlos felices. *Lo comprenderán algún día,* se diría Martha a sí misma después de otro arrebato grosero de su hija o de demasiadas horas sentada en un coche acalorado esperando a que terminara el entrenamiento de futbol. Pero nunca lo hicieron. El vacío se impuso cuando los hijos, ahora mayores, siguieron sus propias vidas y dejaron a Martha. Las personas que habían tomado casi cada hora de su amanecer y le habían dado alguna vez un propósito en su vida simplemente se convirtieron en voces al otro lado del teléfono o en un lacónico mensaje de correo electrónico una o dos veces por semana. Fue como si ella hubiera estado en un profundo sueño mientras el resto del mundo había circulado a una velocidad vertiginosa. No tenía nada más que la hiciera sentir bien o la definiera porque había abandonado todos sus pasatiempos, no había permanecido al corriente de los avances en el mundo de la publicidad y dejó que se desvanecieran muchas de sus amistades porque quitaban su atención de sus hijos. Incluso su esposo parecía un extraño sin la única cosa que ambos tenían en común: sus hijos. Se sentía indefensa y aterrada y cayó en una depresión tan profunda que pensó en suicidarse. ¿Por qué continuar en este planeta y en este mundo, se preguntaba ella, cuando no habría diferencia alguna sin mí? Martha había perdido su objetivo y su pasión, en parte porque se había definido a sí misma en función de su papel en la vida de alguien más. Era tiempo de redefinirse a sí misma en sus propios términos basada en lo que le importaba a ella.

¿Cuál es la respuesta? ¿De qué se trata todo esto?

La pregunta de por qué existimos ha sido planteada por millones de personas a través del tiempo. Si eres una persona espiritual y no estás en medio de una crisis de fe, entonces tienes en buena medida las respuestas a dicha pregunta. Aunque soy cristiano, sé que en un gran país como el nuestro hay mucha gente que sigue muchas creencias y caminos que sienten que la llevan a Dios. Respeto y entiendo la elección de otros que buscan la fortificación mediante otras prácticas. Sin embargo, lo usual es que la fe en general tenga un efecto positivo y disminuya ciertos niveles de ansiedad. Pienso que cualquier religión o sistema de creencias que cree en un ser supremo y algún tipo de otra vida —como una después de esta existencia o la reencarnación— en efecto proporciona a sus seguidores cierto significado a su lucha y su sufrimiento. Después de todo, si crees que estás en una transición hacia la vida que realmente importa y que lo que haces determinará tu posición o el acceso a la siguiente, con seguridad eso te da un propósito cada día. La religión puede también darte la sensación de que eres parte de algo más grande que tú mismo y por sí misma puede ayudarte a descubrir una parte más profunda de tu vida.

Pero incluso para algunas personas religiosas, pudiera no ser suficiente. Podría ayudar a tranquilizar el alma sobre lo que viene después, pero las prácticas religiosas no siempre atajan las tensiones psicoemocionales sobre los retos de la vida en el aquí y ahora. Podrías todavía encontrarte a ti mismo preguntándote *por qué*. ¿De qué se trata, además de la otra vida? Este sentimiento es de hecho bastante común, aunque pocos lo confiesen por miedo a ser juzgados. O quizá te juzgues a ti mismo. Observo que muchas veces la gente no afronta sus propias preguntas sobre la vida en un intento por no traicionar su sistema de creencias de cara a lo que aparece como incierto. Si eres una persona creyente, pienso que es muy importante que no sientas que has traicionado tu fe si tienes preguntas o necesitas ayuda para lidiar con problemas. Recuerda al hombre de la Biblia descrito en Marcos 9: 24 que clamaba a Jesús diciendo "Creo, ayuda mi incredulidad". Es una descripción clara y contundente del hecho de que podemos estar seguros acerca de algunas cosas pero todavía tener preguntas sobre ellas.

Si sientes como si tu vida no tuviera sentido, entonces no puedes permanecer pasivo y simplemente pensar que esto es lo que Dios quiso para ti. No. Creo que Dios quiso para ti que vivieras e hicieras lo mejor. Dios quiso para ti que usaras todos los recursos que te dio para vivir tu mejor vida. Esto es un asunto significativo para la gente creyente y le permite fortificar su fe con lecturas de orientación y complementarias y con materiales de consulta, sin sentir que han traicionado el valor de lo que tienen en la fe que han elegido.

Las buenas noticias son que esta búsqueda de significado —y el dolor que viene con ella— es una motivación poderosa para hacer algunos cambios en tu vida. Es como cuando era sólo un niño y mis amigos y yo caminábamos descalzos en medio del asfalto abrasador de la autopista en un caliente día de verano en Texas. Éramos jóvenes y como es bastante claro no muy brillantes. Aprendí realmente rápido, de hecho fue un aprendizaje de sopetón, que el asfalto estaba tan caliente estaba pegajoso y sentí un dolor enorme ¡y estaba seguro de que no iba a quedarme quieto en mitad del camino y derretirme! Cuando algo lastima —y quiero decir que *realmente* lastima— la gente se aleja del dolor. Hace algo distinto. El dolor puede en verdad ser un gran motivador. Y puede recompensar.

La gente su mueve y hace cambios por ambas razones. Algunas veces huye del dolor y a veces persigue recompensas. Como dije antes, tu valía son las recompensas o compensaciones que obtienes cuando persistes en ciertos comportamientos. Ya sea que seas consciente de ellos o no, todos los tenemos. Es sólo un rasgo de la naturaleza humana el que tendamos a hacer cosas basados en las compensaciones que obtendremos a cambio. Por cierto, eso no nos hace egoístas, sólo nos hace humanos. Podría ser algo tangible como el dinero, el alimento, un nuevo par de zapatos; o podría ser intangible como un logro, una contribución, atención, elogios, privilegios o tiempo pasado con una persona que se ama o ayudando a otra persona.

Es sólo un rasgo de la naturaleza humana el que tendamos a hacer cosas basados en las compensaciones que obtendremos a cambio.

Vivir tu "porqué" es importante, y creo que si no estás haciendo algo que favorezca *tu* valía, necesitas detener lo que estás haciendo y empezar a hacer algo que lo haga. Puedes elegir usar los dones, las capacidades y las habilidades que Dios te dio. Te gustará tener la sensación de autodeterminación y la sensación de tomar una opción. Te gustará ser capaz de dirigir tu travesía a lo largo de esta vida y obtener satisfacción personal de ello.

Una cosa que es importante recordar es que lo que está bien para ti pudiera no estarlo para todos. Pero eso es lo que hace que el mundo gire. Lo que me importa a mí pudiera no importar a otro y viceversa. Para otra persona puede ser construir un gran puente o conseguir una nueva semilla que pueda incrementar la cosecha. Conozco gente que está orgullosa y siente profunda satisfacción en disponer almohadillas, lápices, placas de identificación y refrigerios para una gran reunión; o conductores que tienen una inmensa satisfacción por llevar personas a esas reuniones. Ellos sienten que desempeñan un papel crucial, y lo hacen. El reto es encontrar lo que te hace a *ti* sentir más lleno de vida y con un propósito. La valía de una persona no es más o menos importante que la de otra persona.

Palabras como "significado" e "importancia" hacen que suene necesario hacer algo inmenso y grandioso para encontrar un propósito en tu vida. Por supuesto, puedes hacer grandes cosas, pero la dimensión de las normas de otras personas no importa cuando se trata de dar un propósito y un sentido a tu vida. No tienes que escalar el monte Kilimanjaro o construir una casa para los indigentes con tal de encontrar lo que importa para ti. Yo no he hecho ninguna de esas cosas y tengo una gran sensación de objetivo. Sentía ese propósito cuando entrenaba a un equipo de niños de básquetbol año tras año, algunas veces sin haber ganado siquiera un juego. Algunos podrían pensar que el equipo de básquetbol de niños que entrenaba era trivial en el gran entorno de las cosas. Pero me sentí realmente bien cuando vi cuánto disfrutaba mi equipo al ir a jugar e ir mejorando. Estaban gozando y yo con ellos. Para mí, ése fue un gran logro. El asunto es que tú siempre tienes la opción de crear un sentido y propósito para tu vida, porque no es la actividad lo que tú buscas, es el sentimiento que acarrea hacerla.

Hablando en un tono menos serio, una vez aconsejé a un esposo que era infiel a su esposa y nunca veló por sus hijos. ¡Le dije que él podía al menos ser el mejor peor ejemplo que nadie podía haber encontrado! Una especie de enfoque de sabelotodo, pero creo que, aunque estaba bromeando, ¡realmente lo avergoncé para que hiciera algunos cambios! ¿Quién sabe?

VIVIR PARA Y EN EL MOMENTO

Ninguno de nosotros es inmune a perder su camino en cierto punto. Incluso en este momento, cuando amo totalmente lo que está sucediendo con mi vida en varios niveles, hay todavía momentos en que me pregunto por qué o como podía o permitiría Dios que ocurrieran ciertas cosas. Es una pregunta antiquísima, ¿por qué los malos prosperan y los buenos a menudo sufren y mueren? También hay ocasiones en que miro a mi alrededor y me doy cuenta de que incluso con todos mis esfuerzos, capacidades y habilidades, sólo soy un arrendatario. Sólo estoy de paso por este mundo. Los viejos dichos se convierten en viejos dichos porque son profundos y, como dije antes: "Tómalo o déjalo" es uno de ellos. Lo mismo vale para el viejo refrán indio de que: "No puedes dejar huella en un arroyo". En otras palabras, alguien vivirá en mi casa después de que muera. Alguien trabajará en mi estudio después de que me marche y alguien influirá en otros después de que finalmente elija dejar de hablar y hablar y hablar. Así que, ¿cuál es el problema? En estos momentos lo que quiero hacer entender es que reconocer que ayudando a la gente ahora y haciendo la experiencia de alguien mejor, en el momento, es suficiente por el momento. También creo firmemente en el efecto dominó. Si, por ejemplo, puedo lograr que una persona controle su ira y sus impulsos, y por tanto deje de abusar de su hijo, ese efecto puede reproducirse en varias generaciones venideras.

Puede ser extenuante vivir en este mundo sin sentido y en lo que llamo papeles asignados, los cuales son aquéllos que te adscriben otras personas que están desconectadas de tu ser auténtico. Recuerdo lo desgastante que era y, aunque estaba cerca de los 40 años cuando finalmente lo comprendí, tenía que hacer algo al respecto. Esto es porque vivir de esa manera te roba energía. Negar el verdadero propósito en este mundo es como cuando estás pequeño y tratas de mantener una pelota de playa bajo el agua. He usado esta analogía antes, pero lo hago porque es pertinente. La tendencia natural de la pelota es salir a la superficie y, por tanto, necesitas mucha fuerza para luchar y mantenerla abajo. A menudo, tienes que usar todo tu cuerpo para lograrlo. Con el tiempo, te cansas y te consumes. (Además, vivir de esta manera es tensionante y el estrés crónico tiene una repercusión enorme en tu bienestar físico y emocional, como lo expuse en el capítulo 3).

Sin embargo, cuando averiguas por qué existes, tienes la energía, la pasión y la motivación para manejar tu vida, a pesar de los obstáculos. No necesitas de toda tu energía sólo para salir de la cama cada día, de manera que puedes dirigir tu esfuerzo hacia cosas que amas. Te sientes animoso y facultado. Te sientes inspirado, por más que no puedas hacer nada, y todo el mundo se ve diferente. Cada día no es ya más una carga; es un don.

Cuestionario sobre crisis existencial

Para averiguar si estás experimentando una crisis existencial, responde este cuestionario. Lee las descripciones de pensamientos y sentimientos, y elige cuál de estas cuatro respuestas se adapta mejor a tu situación.

Nunca: estos pensamientos o emociones no se han presentado o no has estado consciente de ellos.

Ocasionalmente: estás consciente de ellos, pero no han interferido con tu vida normal.

Significativamente: has tenido estas emociones o pensamientos todos los días y han influido de manera significativa en tus relaciones sociales, la calidad de tu vida o tu trabajo.

Gravemente: se ha restringido gravemente la forma en como puedes mantener tus relaciones presentes, tu vida personal o tu trabajo por esta misma actitud.

1. Estoy preocupado porque he dejado atrás muchos años de mi vida y no he comenzado aún a vivir realmente.
    Nunca ___ Ocasionalmente ___ Significativamente ___ Gravemente ___

2. Me doy cuenta de que tengo una misión especial en la vida, pero no sé cuál es y no tengo idea de cómo descubrirla.
    Nunca ___ Ocasionalmente ___ Significativamente ___ Gravemente ___

3. Estoy deprimido por las cosas que me prometí a mí mismo que haría pero no he hecho.
    Nunca ___ Ocasionalmente ___ Significativamente ___ Gravemente ___

4. Me preocupa lo que se supone que es mi vida o quién se supone que soy.
    Nunca ___ Ocasionalmente ___ Significativamente ___ Gravemente ___

5. Si conseguí todo lo que me propuse, me pregunto que importancia tiene realmente lograrlo para alguien.
    Nunca ___ Ocasionalmente ___ Significativamente ___ Gravemente ___

6. Dudo que mi vida valga la pena.
    Nunca ___ Ocasionalmente ___ Significativamente ___ Gravemente ___

7. Estoy revisando los valores por los que he vivido y me pregunto cómo podía saber la verdad de la vida.
    Nunca ___ Ocasionalmente ___ Significativamente ___ Gravemente ___

8. Me pregunto quién soy y qué dejaría a la posteridad o como legado espiritual a la familia.
    Nunca ___ Ocasionalmente ___ Significativamente ___ Gravemente ___

9. Me pregunto por qué existimos y por qué estamos aquí.
    Nunca ___ Ocasionalmente ___ Significativamente ___ Gravemente ___

10. Me pregunto qué nombre, cultura o familia elegiría si pudiera.
    Nunca ___ Ocasionalmente ___ Significativamente ___ Gravemente ___

Calificación

Si anotaste sobre todo "Nunca" u "Ocasionalmente" es improbable que estés experimentando una crisis existencial. (No obstante, algunos de los consejos que siguen pueden ayudarte en tu vida, así que deberías seguir leyendo).

Si apuntaste "Gravemente" cuatro o más veces, podrías estar experimentando una crisis existencial. En ese caso quizás necesites evaluar tus valores y aclarar el sentido que le das a tu vida, algo que podría requerir una pausa en tus exigencias presentes.

Si anotaste "Significativamente" al menos cinco veces o "Gravemente" más de cuatro, es probable que estés enfrentando una crisis existencial moderada pero importante. Debes prestar atención adicional a formas de autoayuda para lidiar con esta lucha.

Si apuntaste "significativamente" cinco veces, podrías estar lidiando con una ansiedad temporal relacionada con el comportamiento dentro de tus valores esenciales y tu autenticidad. Como resultado, presta mucha atención a las recomendaciones de autoayuda que siguen de manera que puedas empezar a controlar tu vida de manera más eficiente.

Qué esperar

Una cosa que es muy común en este día es un sentido agobiante de desamparo. Si lo sientes, créeme, no estás solo. El término psicológico para estas emociones —percibidas como falta de control sobre tu vida o una evidente incapacidad para escapar de un dolor angustiante—, acuñado por el psicólogo Martin E. P. Seligman, es el desamparo aprendido (apagas tu proceso de aprendizaje cuando ya no puedes procesar la nueva información que pudo haberte dado alivio; tu cerebro ha dicho que no hay ayuda, esperanza y "cierra la cortina" a esa nueva información que fluiría), y es un estado en el cual te sientes como si no tuvieras control sobre lo que te ocurre. Podrías sentirte atrapado y creer que cualquier esfuerzo por ayudarte a ti mismo es inútil. Mucha gente que intenta suicidarse confiesa tener esta sensación de desamparo y dice que su acción es resultado de sentir que no tenían otra salida. Después de todo, sentir como si no tuvieras la capacidad de controlar o influir en tu futuro puede ser agobiante. Esta falta de dirección, desesperación y desesperanza puede ser un componente importante en esta crisis.

Otras emociones que pudieras experimentar son odio a ti mismo, ira, ansiedad paralizante, vacío, letargo, carencia de autorrespeto y que no importas. Podrías volverte cínico. Podrías cuestionar todos tus valores y a tu familia. Si crees en Dios, podrías cuestionar por qué lo haces. Podrías ver que te separas de la sociedad y te aíslas de otras personas. Eso se debe a que todo tu mundo se ha conmocionado: la parte de ti que está cuestionando tu propósito en la vida también está cuestionando los motivos de otras personas para cuidarte. O podrías verlos como locos y que *su* vida no tiene sentido.

Si comienzas a hablar sobre este asunto, no te sorprendas si algunos amigos y miembros de la familia se alejan. Es la manera más sencilla que tienen para no plantearse a sí mismos la pregunta o afrontar aspectos más profundos de sus vidas. Ellos pudieran alentarte a simplemente seguir la corriente en vez de hacer olas. Todo esto podría ser muy frustrante cuando estás tratando de examinar los fundamentos mismos de tu existencia.

De vuelta a días mejores

En esta hora de la verdad, cuando se trata de *tu* crisis, *tú* necesitas averiguar qué le da sentido a tu vida. Y no pienses que el tiempo se detendrá hasta que lo averigües. En la actualidad el promedio esperado de vida en este país ¡es de 78 años![1] Esto significa que si tienes 38 años de edad, te restan 40 años de vida. Eso es 480 meses o 14,600 días. ¿Qué vas a hacer con ese tiempo? ¿Qué vas a hacer para darle sentido? ¿Tienes un plan para saber cómo vas a pasar los días que tienes por delante y el significado de tu vida? Por un lado, 480 no parece ser mucho tiempo. Pero si los pasas sentado en la cerca en vez de vivir con pasión, puede ser un tiempo muy, muy largo. Debes esforzarte para encontrar tu lugar, tu significado, tu propósito.

Antes de seguir adelante en cómo lo harás, hay unos cuantos puntos clave que necesito dejar claros. Como dije antes, en el capítulo en que se expone el día en que te das cuenta que el temor domina tu vida, tu ser auténtico —completo de propósito y pasión— está dentro de ti y siempre ha estado ahí. Sólo necesitas encontrarlo. El problema es que la mayoría de nosotros no dejamos que nuestros seres verdaderos afloren y tomen un papel central en nuestras vidas. Por la razón que sea, otras cosas los desplazan. La vida es una serie de interacciones tanto con el mundo exterior como con tu mundo interior. Esto significa que aunque comiences con ciertos rasgos y características, tu paso por el mundo y las subsecuentes interacciones y reacciones te cambian. Si tus experiencias de vida han generado resultados que consideras negativos y dolorosos, y sientes como si fueras impotente para evitarlos, tu ser verdadero y auténtico y tu propósito real en la vida pueden quedar sepultados mientras tratas de "arreglártelas" en vez de vivir con un motivo. Después de un rato, estás tan acostumbrado a ese impasible personaje ficticio que no estás seguro de quién eres en realidad. Pero las buenas noticias es que el tú auténtico está ahí dentro y siempre lo ha estado; puedes encontrarlo y reconectarte con estas características y rasgos cuando estás listo para buscarlos.

Si quieres significado, crea significado

Una manera de encontrar una salida saludable a una crisis de significado, una crisis de dolor y vacío, es comprometerse no sólo con *encontrar*, sino de hecho con *crear* significado y propósito en tu vida diaria. La vida puede doler; no hay duda al respecto. Pero no es un proceso que tiene que ser en vano. Puedes hacer que importe, que signifique algo. Antes mencioné a Viktor Frankl, quien sobrevivió tres años del Holocausto en cuatro diferentes campos de concentración. Él podía haber tenido un desplome por el horror ante la brutalidad y la muerte diarias que lo rodeaban, pero en vez de ello eligió encontrar sentido en sus luchas y en las condiciones espeluznantes de su mundo. Sin encontrar ese significado, sin crear esperanza en su mente, no veo cómo hubiera sobrevivido. El significado que él "encontró" fue en parte sobrevivir a fin de compartir su comprensión con otros: no importa cuáles sean las circunstancias de tu vida, no importa cuánto intenten otros controlar tu comportamiento, tú siempre tienes el derecho y la capacidad de elegir la actitud que tomas frente a ello. Por cierto, *tú* y *yo* estamos entre aquellos por los que Frankl sobrevivió para contarles.

Lo más probable es que no tendrás que hallar un significado en un sufrimiento tan horrible como el doctor Frankl lo hizo, para darle sentido a tu vida, pero el proceso es básicamente el mismo. Siempre me ha gustado y creo en el pasaje de Eclesiastés 3:11 que dice: "Dios ha hecho todo bello para su propio tiempo. Ha plantado eternidad en el corazón del hombre, pero aún así la gente no puede ver toda la obra de Dios de principio a fin". Seas o no cristiano, tienes que reconocer que son palabras profundas. Están acordes con mi creencia de que no hay casualidades y que las cosas pasan por una razón, aun cuando no podamos entender en un principio por qué.

He tenido experiencias que no fueron divertidas (para ponerlo en términos suaves) cuando ocurrieron. Pero sin ellas (aunque suene a cliché) tengo que admitir que no sería quien soy. Como cualquier otro, cuando algo va mal batallo con preguntas como: ¿de qué se trata esto? ¿Es mi culpa? ¿Yo ocasioné esto?, así que sé que es de poca utilidad decirte que no pases por ese ejercicio mental porque probablemente lo harás, si no es que ya lo has hecho. El asunto es que si vas a plantearte estas preguntas, *respóndelas*. Responsabilízate de tus malas elecciones si las has tomado, pero luego encuentra la fuerza y la madurez para perdonarte. La manera en que el pasado se convierte en tu futuro es si pasas todo tu tiempo viendo hacia el pasado. Por supuesto, tal vez en realidad metiste la pata, tal vez tomaste algunas decisiones realmente malas, pero no afrontar la culpa y el arrepentimiento y no dejarlos atrás para perdonarte (y a otros) significa que siempre serás prisionero de tu pasado. Ni Dios puede cambiar lo que ha ocurrido. Perdónate a ti y a otros contra quienes abrigas ira, resentimiento y odio, y sigue adelante.

¿Eres responsable de tus elecciones? Por supuesto que lo eres. ¿Mereces una sentencia de castigo por la cual lleves siempre la carga de la culpa? No. Es tiempo de sacar las lecciones que haya de estos errores o malas decisiones y seguir realmente adelante al siguiente capítulo de tu vida.

Cuando te enfrentas a una crisis existencial, debe ser duro saber lo que es adecuado para ti. Incluso si lo supieras, probablemente no sentirías deseos de hacerlo. Podrías no tener la confianza. Pero nuestros valores están profundamente enraizados y esta crisis existencial no los ha borrado. Pudieran no estar ocupando un lugar central en tu mente, pero están ahí y son esos valores los que nos dicen lo que está bien y lo que está mal. Aun cuando pudieras estar luchando por encontrar o crear sentido en tu existencia y pudieras sentir que tu brújula se ha estropeado, tienes la capacidad de ver tu vida en retrospectiva y reconocer cuáles *han sido* los principios que te han guiado en tiempos mejores. En seguida recorreremos los valores en tu vida que pudieras haber dado por sentados y que pudieras no haber nunca expresado incluso para ti mismo. Por eso es que ahora, más que nunca, es importante pensar en ellos e identificar qué creencia es importante en tu vida y cuál es realmente tu valía. Necesitas definir lo que es importante para ti. Más adelante hay preguntas en esta sección que pueden ayudarte a averiguarlo.

———◦◦◦◦———

Pero nuestros valores están profundamente enraizados y esta crisis existencial no los ha borrado.

———◦◦◦◦———

Ninguna de tus emociones negativas —ira, amargura, desesperación, soledad, vacío o depresión— es sólo resultado de algo que ha pasado o no ha pasado en tu vida. Como señalé antes en el libro, todas estas emociones son producto de lo que te has dicho a ti mismo, basado en tus percepciones y membretes para lo que sea que ocurrió o no ocurrió en tu vida. Conforme progresemos en esta pugna por el significado, presta más atención a cómo te estás hablando a ti mismo sobre ti mismo y los acontecimientos de tu vida.

Es claro que tu historia y tus percepciones de esa historia te ayudan a determinar tu futuro. La primera parte del descubrimiento de tu valor actual es seleccionar los acontecimientos más positivos para ti en tu vida (es decir, aquellos que has catalogado en forma positiva mediante tu diálogo interno) y registrar los sentimientos que hicieron esas ocasiones tan gratificantes. Recuerda, no es el objeto externo o la meta sino los sentimientos autogenerados de recompensa los que son importantes. En psicología describimos a los sentimientos autogenerados como valores intrínsecos y los que vemos en nuestro mundo externo, como valores externos. Por ejemplo, uno de los acontecimientos podría haber sido elegir y comprar tu primer coche. Los sentimientos intrínsecos que probablemente experimentaste fueron euforia por poseer una propiedad tan valiosa y orgullo por tu capacidad para adquirirlo, en tanto que las fuentes extrínsecas de los sentimientos podrían haber sido la admiración de tus amigos o incluso sentirte más atractivo cuando estabas detrás del volante. Si éste fue en realidad un sentimiento positivo, entonces estabas catalogando este acontecimiento con pensamientos positivos. Otro ejemplo podría ser cuando te casaste o te graduaste de la escuela. Podrías haber tenido el sentimiento de convertirte en un adulto que toma sus propias decisiones y de orgullo por lograr algo tan significativo. Incluso la vez que hiciste reír a una amiga enferma cuando estaba sentada en una cama de hospital, si lo catalogas positivamente, puede crear un sentimiento real de aportación. Comprende, no estoy diciendo que todo lo que tienes que hacer es mentirte a ti mismo sobre un acontecimiento para generar sentimientos positivos. Sabes cuando te estás diciendo la verdad a ti mismo, así que es tu trabajo poner las cosas en contexto, no reaccionar sobremanera o ver catastróficamente cuanto ocurra, sino encontrar sentido y propósito en todos los días de tu vida. Tienes ese poder porque tienes el poder de controlar lo que te dices a ti mismo sobre lo que ocurre en tu vida.

Quiero ayudarte a que reconsideres un par de cosas que pudieran haber caído fuera de tu radar, de modo que puedas tener una respuesta sobre por qué nos empeñamos en esta lucha llamada vida; quiero ayudarte a definir (o a reconectarte) con tus valores fundamentales. Si tú o alguien a quien tú amas se siente sin sentido, sin objetivos y sin dirección el día de hoy, probablemente estás comenzando a sentirte desconcertado ahora mismo. Eso está bien. Sé que cuando comenzamos a hablar sobre conceptos rimbombantes como "valores fundamentales" y "sentimientos intrínsecos y extrínsecos" es fácil terminar confundido y con el ceño fruncido. Por tanto, quiero que volvamos a lo elemental. Voy a orientarte sobre algunos conceptos importantes y a sugerir algunas ideas para que te sirvan de guía a través de este proceso. No son sólo conceptos que voy a inventar hoy para ti —en este momento—, son orientaciones probadas y verdaderas que he visto que otras personas utilizaron con éxito para definir un significado para sus vidas. He aquí algunas cosas que quiero que discutas contigo mismo.

¿Valoras cosas como la integridad, el amor y la responsabilidad? ¿Qué significan para ti cada una de estas cosas?

▶ **¿Qué significa integridad para ti?** Para mí, tener integridad significa hacer lo correcto cuando nadie está observando excepto yo.

▶ **¿Qué significa amor para ti?** Tal vez significa que te preocupes del bienestar de otras personas más que del tuyo.

► ¿Qué significa responsabilidad para ti? Para mí, significa hacerme responsable por las decisiones que he tomado y no hacerme la víctima y culpar a otros.

Piensa en otros valores y cualidades que son importantes para ti. Los tres que enumeré son sólo un comienzo, así que haz tu propia lista ahora. Nada es demasiado pequeño si te importa y te define.

Si reconoces que has tenido cualquiera de estas tres cualidades que enlisté, entonces has encontrado parte de la respuesta a la pregunta de "¿Por qué molestarse?". Tú haces de este mundo un lugar mejor para cualquera que esté en él. Eres una fuerza de bien en este mundo. Una fuerza que sienten los que te rodean. Ser una persona —un ciudadano, un padre, un hermano, un hijo, una esposa, una madre, un esposo o una hija— que vive con estas cualidades significa que haces mejor la vida de otras personas, haces mejor a tu familia, haces mejor a tu comunidad y haces mejor tu propia vida. Si no tienes estas cualidades, tal vez eso es algo que debes esforzarte por adquirir o reavivar.

Ahora que hemos identificado algunos de tus valores fundamentales que crean el filtro a través del cual miras el mundo, vamos a hablar con mayor detalle de lo que es importante en tu vida. Lo siguiente que querrías hacer si te sientes como si tu vida no tuviera objeto es identificar cuáles son las prioridades para tu vida.

En 1998 escribí un libro titulado *Estrategias de vida* y en él pedía a la gente que hiciera un ejercicio que entonces pensaba que era muy importante y que lo pienso ahora. Voy a explicarte el mismo ejercicio ahora. Quiero que hagas una lista de lo que realmente te importa de tu vida. No estoy hablando de rasgos y características. Me refiero a las cosas, las actividades, la gente y los elementos de tu vida que te importan o que te han importado en determinado momento. En la columna de la izquierda enlista estas prioridades; las cosas que valoras y que tienes más cerca de tu corazón. Enlista las cinco prioridades principales, comenzando por la más importante. Empieza por escribir en el primer espacio aquella que tú consideras la cosa más importante de tu vida. Luego enlista la que consideras que debe estar en segundo lugar y así hasta el número cinco. Por ejemplo, mi prioridad principal es proporcionar tranquilidad, refugio, seguridad y comodidad a mi familia; y la segunda es, junto con mi esposa Robin, preparar a nuestros hijos para que sobrevivan y prosperen en este mundo por ellos mismos. La tercera podría ser tener una repercusión positiva en el mundo donde vivo. Éstos son sólo algunos ejemplos para que empieces; ¿cuáles son tus prioridades? Comprendo que pudiera no haber mucha distancia entre algunos de estos valores, pero no obstante oblígate a ordenarlos del uno al cinco. Medítalos cuidadosamente y busca con afán en tu corazón lo que es importante para ti.

Después de que listes tus prioridades, usa la columna de la derecha para enlistar tus asignaciones de tiempo en orden descendente. En el primer espacio anota la actividad u objetivo al que le dedicas mayor parte de tus horas de vigilia. Sé sincero y preciso, porque es un ejercicio *cuantitativo*. Por ejemplo, ¿cuánto tiempo de cada día realmente pasas con tu familia? Piensa en ello: despiertas a la 6:00 a.m., te apuras, te alistas para trabajar, vas a trabajar; es una hora de recorrido, así que te vas a las 7:00 a.m. y llegas a las 8:00 a.m., trabajas hasta las 5:00 p.m., haces una hora para regresar, de modo que llegas a casa alrededor de las 6:00 p.m., los niños están haciendo su tarea y la cena se está preparando, y entonces tú miras televisión. ¿Cuánto, sin bromas, de tiempo de calidad, cara a cara, pasas con quienes amas? Toma un momento para anotar tus propias asignaciones de tiempo, con franqueza y exactitud, en el espacio siguiente.

Prioridades	Asignación de tiempo
1. _____	1. _____
2. _____	2. _____
3. _____	3. _____
4. _____	4. _____
5. _____	5. _____

Después de haber seguido las instrucciones, procedamos a analizar lo que acabas de escribir. Pregúntate si has omitido algunas de tus prioridades. Sospecho que si te estás sintiendo de esa manera, no has sido franco con tus prioridades. Presta atención a estas incongruencias. Si Dios y tu familia están en la cima de tus prioridades, pero el trabajo está en lo alto de tu asignación de tiempo, tienes un problema. ¿Cuánto tiempo estás dedicado a lo que te preocupa? Por ejemplo, ¿cuánto tiempo pasas con tu familia? Si estás ocupado todo el día como tanta gente, es probable que sea una fracción del tiempo que dedicas al trabajo y probablemente menos del tiempo que pasas mirando televisión. Así que si ése es el caso, basado estrictamente en tu asignación de tiempo, la televisión debe ser más importante para ti que tus hijos.

No estoy diciendo que debas renunciar a tu empleo y arriesgarte a la indigencia con tal de que puedas pasar más tiempo con tu familia. Pero sí te digo que podrías querer equilibrar más estas cosas. Esto pudiera implicar apagar la televisión a fin de que tengas tiempo real para conversar. Pudiera implicar alejar el control del videojuego de las manos de tu hijo cuando está jugando futbol, salir al patio y divertirse con un verdadero futbol. Pudiera implicar crear sentido, propósito y valor cambiando activamente la forma en que vives tu vida. Para crear sentido, tienes que cambiar cómo has estado viviendo tu vida, porque basándose en los resultados, no estás haciendo esto por ti, y yo sólo estoy tratando de darte algunas sugerencias sobre dónde podrías empezar a mirar para hacer algunos cambios.

Sé sincero contigo mismo en este cuestionario. Si te das cuenta de que estás dedicando hora y media a tu familia, 10 horas al trabajo y cuatro horas a ver televisión, tu reacción pudiera ser: "Espera un minuto, quizá necesite deshacerme de esos coches, renunciar al segundo empleo y pasar el tiempo con mis hijos". Te garantizo que ellos prefieren ir a la escuela contigo en un Honda '98 a verte alejarte en un nuevo Lexus. Ellos preferirían pasar tiempo contigo en el patio de una casa modesta que no verte nunca mientras se sientan solos en una mansión. Si estás en esa trampa, puede ser que te sientas sin sentido porque no estás siendo congruente con lo que es importante para ti. *Estás* haciendo las cosas que no tienen significado y descuidando las que lo tienen. Eso puede generarte fuertes sentimientos de frustración y sinsentido en tu vida. La solución que propuse —bajar de categoría tu vida material— podría sonar como un sacrilegio, pero eso es exactamente lo que necesitas hacer. Quizá conlleve desechar algunas *cosas* con el fin de ser capaz de concentrarse en la gente y los objetivos. Tal vez necesites mudarte a una casa en mejores condiciones, en la que puedas sentirte como miembro de una familia rica. Quizá necesites resistirte a la tendencia y volver a algo que te permita ir tras lo que realmente te importa. Si lo haces, quizá comenzarías a sentirte más compensado por tu vida. Te digo todo esto porque a menudo nos sentimos tan abajo que no sabemos realmente dónde empezar. He tenido gente que me dice: "Doctor Phil, *sí* quiero crear sentido para mi vida, pero no sé por dónde comenzar, no sé incluso dónde empiezo". Bueno, si estás en ese caso, tengo una sugerencia de por dónde empezar.

El año próximo va a llegar, ya sea que te estés reconfortando y generando el dinero que te hace sentir mejor o que lo botes todo y te sientes en el borde de la acera.

AHORA TE PREGUNTO: ¿POR QUÉ NO?

Si ninguna de las filosofías y estrategias que he esbozado en este capítulo te conmueve, déjame plantearte otra pregunta. Durante este día desafiante en que te sientes vacío y sin propósito, pregunta: "¿Por qué estoy luchando? ¿Por qué continúo cuando no parece importar?". Tal vez una respuesta simple a tu pregunta se encuentre en otra pregunta: "¿Por qué no?". Incluso si crees que tu vida no tiene caso ni sentido y no puedes justificar tu existencia en este planeta, ¿por qué no *tratar*? ¿Por qué no luchar y tratar de conseguirlo? ¿Qué otra cosa tienes que hacer? Como ya dije, si tienes 38 años y padeces una crisis existencial, ¿qué ganarás lamentándote y compadeciéndote por los próximos 40 años o 480 meses?

Tu única opción es trabajar para generar cierta satisfacción, cierta autorrecompensa, cierta paz y seguridad. Al menos identifica tu valía. ¿Cuánto vales? ¿Qué te hace sentir mejor hoy? Averígualo y entonces trabaja para crear un poco hoy. Del mañana, preocúpate mañana. Sé egoísta en este momento y crea algo de autosatisfacción. ¿Por qué? Porque se siente mejor cuando lo haces que cuando no. ¿No preferirías sentirte mejor? Genera algo que te haga sentir mejor hoy. Y por cierto, eso no es *totalmente* egoísta, por-que cuando te sientes mejor, lo haces mejor, no sólo para ti sino para todos. Al menos quieres estar caliente y seco o estar bien alimentado. El año próximo va a llegar ya sea que te estés con-fortando y generando el dinero que te hace sentir mejor o que lo botes todo y te sientes en el borde de la acera. Pudiera no haber un propósito en esta vida que puedas identificar de inmediato, pero al menos preocúpate por ti mismo y por lo menos protege tu existencia de algún modo. Y quién sabe, "¿por qué no?, pudiera ser el primer paso en tu jornada para averiguar por qué.

Palabras finales

Una última nota importante: esta búsqueda de significado y pro-pósito en tu vida no debe tomarse a la ligera. Piensa sobre ello, en toda la historia del mundo sólo ha habido alguien como tú. Otros pudieran compartir tu nombre. Hay muchos Bobs, Bills, Karens y Susans, pero cada uno es único. Tú eres único y está a tu alcance encontrar tu lugar en el mundo, crear la repercusión que sólo tú puedes crear y definir tu existencia en una forma que en verdad sea distintivamente tuya. Te exhorto a no mirar la realidad como una carga o un problema, sino como algo que puede cambiar tu vida de maneras que no puedes imaginar, si sólo valoras la opor-tunidad que eres *tú*. Podrías sentir que no eres algo especial en este instante y puedes torcer la mirada si quieres, pero quédate con ello y, al cabo, pienso que estarás de acuerdo. Porque con es-fuerzo, paciencia y dedicación puedes comenzar a definir tu pa-pel en la jornada a través de esta vida y tu papel en las vidas de quienes viajan contigo.

Es absolutamente correcto cuestionar cosas hasta que estés satisfecho con las respuestas. La clave es continuar preguntando hasta que obtengas las respuestas. Tú no quieres frustrarte y abandonar la brega. Nos hemos beneficiado como sociedad y cultura de los cuestionamientos colectivos que se dan. Ha sido definitivamente un movimiento del pensamiento a lo largo del tiempo. Plantear las preguntas difíciles es algo bueno, detenerse en la búsqueda de respuestas no lo es. Nuestra sensibilidad como especie humana parece haber llegado a una nueva comprensión de la vida en general. Incluso parece que nos hemos acercado a tener una profunda gratitud por la tierra en la cual vivimos y por nuestras responsabilidades vinculadas con ella. Hay claras pruebas que nosotros, en conjunto, derivamos nuestros niveles de conciencia de la acumulación de preguntas existenciales y de las respuestas que encontramos juntos individualmente. Todos tienen una parte, lo cual puede ser aterrador. Después de todo, se requiere coraje y sabiduría para crear y, más importante aún, para ser dueño de tu experiencia vital.

11
EL SIGUIENTE PASO

Si vas a través del infierno, continúa andando.
WINSTON CHURCHILL

D e acuerdo, hemos dado una ardua mirada a las realidades de los siete días más desafiantes de tu vida. Y no fue divertido. Tal vez te enteraste de más detalles de los que habrías querido o necesitado saber. Pero puedo asegurarte que *cuando* tú o alguien a quien amas se despierte en uno de estos días más desafiantes y menos deseado, estarás contento porque hiciste el trabajo de prepararte para ese reto.

La vida es todo menos fórmulas y siete no es un número mágico de días. Te apuesto que podrías añadir algunos a la lista sobre los que no escribí aquí. Podrías experimentar sólo cuatro o cinco de ellos; podrías haber pasado por los siete, y por desgracia podrías haber pasado por algunos de ellos más de una vez. Como sea, entiendes que la previsión, la planeación y las expectativas racionales son cruciales en cuanto a cómo reaccionarás ante estas u otras crisis. Quizá que no haya nada que puedas hacer respecto a si ocurren o no, pero ahora has hecho algo para estar listo cuando sucedan.

A pesar de las buenas decisiones y los mejores deseos, ni tú ni yo podemos esquivar *todas* las dificultades. Podemos vivir correctamente, decidir con acierto, ser listos y estar alerta, y evitar los problemas que acarrea vivir de manera imprudente, pero hay toda una categoría de problemas que simplemente vienen con el ser humano y el ciclo de la vida. La pregunta no es si es justo o no porque mucha de nuestra experiencia en la vida no es justa. El asunto es que *es*. Como dije cuando comencé esta conversación, en verdad creo que tú, yo, todos nosotros tenemos dentro, o podemos adquirir, el intelecto, la fuerza, la profundidad, la brújula moral y la determinación para sobrevivir y, de hecho, lidiar con éxito con cualquier reto que encontraremos en nuestras vidas. Ahora bien, eso no significa que no tengamos que aprender ciertas técnicas o conjuntos de habilidades. Tampoco significa que te gustarán estos retos o que no te lastimarán y cambiarán tu vida. Pero tienes la profundidad para superar esos desafíos y encontrar una forma de existir con valor y propósito. Es el hallazgo de esa forma en lo que hemos estado trabajando aquí.

Pero tienes la profundidad para superar esos desafíos y encontrar una forma de existir con valor y propósito.

Con este libro intento hacer al menos dos cosas: una, quiero que creas en ti lo suficiente para saber que estos días podrían hacerte doblarte pero no quebrarte, que tienes dentro de ti esa fuerza y fortaleza que describí; y dos, quise proveerte de ciertas capacidades específicas y de estrategias mentales y emocionales para sacar lo máximo de los dones, los rasgos y las características con que te dotó Dios. Tienes lo que necesitas para sobrevivir y prosperar, pero como la mayoría de nosotros, incluyéndome a mí, pudieras necesitar una llamada de atención. Éste es tu recordatorio de que en la vida se trata de elegir y que tú tienes el privilegio y la capacidad de hacerlo. Elegir bien en el fragor de la batalla puede ser difícil si no es que imposible. Las cosas ocurren muy rápidamente, las emociones nos embargan y las distracciones pueden paralizar la mente. Es precisamente por eso que necesitas prepararte *con anticipación*.

Incluso los pilotos profesionales de las aerolíneas con quienes vuelan tú y tu familia confían en este enfoque. Ellos confían en los "letreros" y listados en negritas impresos en rojo brillante y colocados en su área de visión sobre el panel de instrumentos. Estos letreros describen las pasos inmediatos que se requieren para afrontar una urgencia como la falla de un motor o un incendio. ¡Eso ciertamente está en sus listas de los días más desafiantes! Estos profesionales reconocen que la capacidad de pensar bajo presión se fortalece de modo notable por la planeación previa y teniendo algo que los impulse en el momento. Espero que este libro se vuelva parte de tu "letrero en negritas" para los siete días más desafiantes de tu vida. Espero que haya en él información de la que hayas aprendido y a la que puedas acudir cuando la necesites. No será tu único recurso, pero confío en que pueda ayudar. Como he dicho a lo largo de este libro las buenas noticias son que varias de las estrategias están basadas en el estilo de vida y están centradas en tus decisiones meditadas; decisiones como actitud, enfoque, emocionalidad y expectativas, todas las cuales proceden de tu interior y que sin duda persisten de un día de crisis al siguiente.

Hablo de esto desde la experiencia porque he tenido varias crisis en mi propia vida. He experimentado reveses financieros y situaciones desesperadas. He vivido la dolorosa pérdida de mi padre, la súbita muerte de mi suegra y mi suegro, y algo que tuvo quizás una repercusión aún más fuerte en mí, el tremendo dolor que estas muertes causaron en mi esposa. Verla sufrir tuvo, tal vez, un efecto inmenso en mí. Todas estas cosas fueron agotadoras y difíciles, pero aprendí de cada experiencia. Me observé en estos momentos adversos y descubrí que, mientras era vulnerable, "elegí" sobrevivir. Tú puedes tomar esa opción también, y lo que es más, la tomarás mejor con la práctica. Supongo que eso es lo que llamamos madurez. Hubiera querido saber durante esa primera crisis en mi vida lo que sabía para cuando afronté la crisis más reciente. Mi esperanza es que este libro haya hecho que tú aceleres en algo la adquisición de este importante conocimiento para ti.

Cuando pienso en cuán perdida y frágil se veía mi madre el día que murió mi padre, me recuerdo preguntando cómo podía superarlo. ¿Cómo sería la vida para ella? ¿Vería de nuevo su espíritu vivaz? ¿Siquiera la vería reír? No voy a decir que estos primeros meses y aun años no fueron difíciles. Porque lo fueron para todos nosotros. Pero con el tiempo mi madre encontró el ritmo de su nueva vida. Se mudó a una casa más pequeña, cuidó su césped e hizo amigos entre los vecinos. No estoy diciendo que olvidara a su marido. En lo absoluto. Ella simplemente encontró otra manera de vivir su vida. Ella floreció en este inesperado capítulo de su vida. Superó el dolor desgarrador. Y tú puedes hacerlo.

Obviamente no puedo garantizar que serás feliz por lo que te resta de vida y no me creerías si lo hiciera; ninguno de nosotros es tan tonto. Lo que puedo prometerte es que conforme lidies con los momentos más oscuros de tu vida, tú cambiarás; serás más sabio y, apuesto, valorarás más las épocas de calma en tu vida. Puedes encontrar tu camino de vuelta a una vida de alegría y con propósito después de cualquiera de estos siete o más días.

Puedes encontrar tu camino de vuelta a una vida esperanzada y de amor. Es un cliché decir que los tiempos difíciles moldean el carácter, así que no lo diré. Lo que diré es que eres inteligente y aprenderás. Saldrás adelante y vivirás con pasión y objetivo. Tim McGraw cantaba: "Vive como si estuvieras muriendo".

Puedes encontrar tu camino de vuelta a una vida de alegría y con propósito después de cualquiera de estos siete o más días. Puedes encontrar tu camino de vuelta a una vida esperanzada y de amor.

La continuidad de la vida

Madeleine L'Engle dijo con gran sabiduría: "Lo sensacional de envejecer es que no pierdes todas las otras edades que has tenido". Pienso que es muy importante que mantengamos una relación continua entre quienes somos hoy y quienes éramos cuando teníamos 10, 12, 15, 20 o 30 años, incluso tan recientes como tus cuarentas y tus cincuentas. Esto es especialmente crucial en estos siete días, porque necesitas recordar y estar en contacto con quien fuiste *antes* de que ese día ocurriera. Cuando sobreviene una crisis, te abstraes en ella y puedes literalmente olvidar quién eres. Podemos perder de vista lo que nos ha identificado como únicos durante años porque estamos abrumados, asustados y confundidos —incluso hasta el pánico— a tal grado que olvidamos nuestra historia de fortaleza y éxito. Podemos comenzar a cuestionar todo lo que pensamos que sabíamos, cada fortaleza que pensamos que teníamos e incluso el valor de cada recurso y persona alrededor de nosotros. Es en verdad, pero en verdad muy fácil sentirse perdido y solo en nuestras horas más oscuras. Pero estas horas oscuras no deben hacer a un lado a quien fuimos antes de que ocurrieran, es decir, a menos que lo permitamos. Nota al margen: te estoy diciendo que te levantes ante la adversidad y seas un jugador, una sobreviviente en el juego de la vida. Lo has hecho ya y puedes elegir hacerlo en adelante. Piénsalo: a la edad de dos o tres años, dominaste la habilidad de caminar y el habla, y en los primeros cinco años de tu vida tu personalidad ya se había forjado. Para el final de tu educación secundaria habías vencido la mayoría de las enfermedades mortales que matan una cantidad enorme de niños en todo el mundo con un sistema inmunológico bien afinado. Habías acumulado grandes cantidades de información y obtenido cierto nivel de habilidades para resolver problemas que te han llevado lejos en este complejo mundo. Tu desarrollo es un proceso acumulativo y has pagado el precio conforme avanzaste.

No creo que las crisis hagan héroes. Creo que las crisis sólo dan a los héroes en ciernes una oportunidad para despuntar. Cada uno de estos días necesita un héroe para mostrarse y ese héroe puedes ser tú. Sé de cierto que las mismas cosas que me hicieron sobrellevar la vida por mí mismo cuando tenía 15 años y de hecho viví en la calle con unos cuantos centavos en mi bolsillo, son las mismas cosas que me hacen superar cada crisis por la que he pasado desde entonces. A menudo digo que el mejor vaticinador del comportamiento futuro es el comportamiento pasado. Sé que sobreviví a todo eso porque me vi a mí mismo haciéndolo y mientras lo recuerdo sé que sobreviviré a lo que sea que me depare el futuro. También necesitas saberlo tú.

La vida es una película, no una instantánea. Por tanto, si paras la película de tu vida en cualquier momento, no tendrás una verdadera muestra de quién eres. Si la detienes en tus momentos más gloriosos, tendrás una visión distorsionada de quién eres y de cómo es tu vida. Y si lo haces en los peores momentos de tu vida —como uno de estos siete días—, también tendrás una visión distorsionada de quién eres y de qué se trata tu vida. Sólo si ves toda la película hasta la fecha y la continuidad de ello es que obtendrás un sentido verdadero de quien eres. El otro aspecto del asunto es que si pierdes tu continuidad, pierdes tu identidad.

En lo personal siento una sensación de poder y autodeterminación debido a esa continuidad. Una manera de estar en contacto con mi identidad y la verdad personal de quién realmente soy es por medio de la música. Escucho mucho las viejas melodías. Tanto que no puedo decirte cuántas veces mis dos hijos han dicho: "Oye, papá, tus viejas canciones se están volviendo realmente viejas". Pero cuando estoy solo y quiero en particular concentrarme en quien soy y donde he estado, las viejas melodías tienen un notable poder emocional. No es porque esté viviendo en el pasado o quiera volver a ese tiempo. No. Me gusta mi vida ahora más que la que tengo en cualquier punto de mi pasado. Pero escucho esa música para recordar cómo fue mi vida en ese tiempo y la uso como un ancla de quien soy. Recuerdo cómo me sentí cuando estaba herido, decepcionado o solo o cuando estaba victorioso y en la cima del mundo. La música es una "máquina del tiempo" eficaz porque las canciones son de hecho procesadas en las mismas áreas de nuestro cerebro que nuestras emociones. Como resultado, escuchar una de estas canciones nos reconecta con los sentimientos de la época que representan. Por ejemplo, *Divina gracia* es uno de los más apreciados e importantes himnos evangélicos para mucha gente. De hecho, la mayoría te puede decir el día —incluso el momento— cuando ese himno se volvió significativo para ellos. Ése es el mismo mecanismo que causa que la música de un momento victorioso en nuestro pasado nos inspire y saque lo mejor de quienes somos en el presente. Una vez que entiendes y estás consciente de esta continuidad, como quiera que te conectes con ella, te das cuenta de que las raíces se han hecho muy profundas. Y cuanto más hondo crecen, más difícil es arrancarlas.

El tema central es que es muy importante seguir concentrado en tu vida *entera*, no sólo en quien eres o en qué vas a hacer hoy. Eres más que hoy. Eres más que esta semana. Eres la suma total de todos los años de tu vida. Tu pasado constituye un enorme volumen de pruebas de quien eres. Tengo 57 años de pruebas que me muestran quien soy realmente. Como resultado, incluso si algo horrible sucedió ayer o algo duro ocurre hoy o mañana no va a definir así como así los muchos años que he pasado en este planeta o alterar los años que ya he vivido. En general, me gusta el tipo que he estado observando los últimos 57 años. Sería su amigo si me lo encontrara en alguna parte a lo largo del camino, así que necesito ser su amigo ahora, en especial en tiempos difíciles. Estoy bien con él y con las opciones que ha tomado en su vida y lo que ha hecho. Por supuesto, ha cometido errores, pero tengo compasión por él y los sitios donde se ha equivocado. Él *puede* y *lo hará*: prosperar —aprender y crecer—, pero en el transcurso y a lo largo del camino; es un buen muchacho. ¿No significa algo ser tu mejor amigo?

Mirando adelante

A fin de ver tu vida en contexto y con equilibrio, también echa una mirada a las bendiciones. Sé que tienes muchas cosas estupendas delante de ti, así que dale una mirada al futuro por un momento. Creo que vas a experimentar *por lo menos* siete milagros —momentos que no se parecen a ninguno— y los conocerás cuando lleguen. Sí, tenemos fricciones y virajes predecibles en nuestras vidas que pueden ponernos al borde del desastre. Pero también hay milagros que pueden ocurrir cualquier día de nuestra vida. Y lo que es en verdad maravilloso es que si los vemos, la alegría que proviene de estos milagros puede pesar más que el dolor de tus crisis. A continuación te enumero los que casi te puedo asegurar que ocurrirán en tu futuro.

El milagro de la vida. Es probable que vayas a atestiguar el momento único del nacimiento de un bebé, ya sea tuyo o de alguien más. Las palabras no pueden describir esto, pero el sentimiento que te surge es prueba de que estás en el centro de algo realmente milagroso y más allá de tu propio entendimiento. Hay veces que somos egotistas y estamos centrados en nosotros mismos, pero hay otras ocasiones en que nos damos cuenta de que somos una parte pequeña pero única de un cuadro mucho mayor. No tenemos idea de cómo se crea vida de incluso la más simple pulga. Somos extremadamente primitivos en la dinámica y la mecánica de cómo funciona este órgano de kilo y medio que llamamos nuestro cerebro. Estoy totalmente conmocionado cuando leo libros que cuestionan la existencia de Dios y el origen de la vida, en especial cuando tenemos un infinitesimal conocimiento incluso de una célula. Sólo estamos siendo soberbios al suponer que podemos definir la vida.

El milagro del amor. El amor es más fuerte que la muerte porque es algo que permanece con nosotros aun después de que el amado se fue. El amor es una fuerza curativa que es tanto física como mental, y el amor nos vincula. Lo asombroso es que es una de las pocas cosas que tenemos en cantidad infinita; nuestra capacidad de amar nunca se contrae sino que sólo se expande. Incluso después de que alguien muere, somos capaces de encontrar el amor de nuevo; quizá no el mismo amor, pero de alguna manera abrimos el corazón otra vez. Hay veces que te vas a sentir amado, incluso cuando piensas que no lo mereces. Sé esto de primera mano porque voy a ser el primero en admitir que en más de tres decenios de matrimonio esto ha sucedido cuando incluso *yo* no creo que merezca el amor que Robin me dispensa. En verdad creo que este tipo de emoción incondicional, y el hecho de que puedas ser amado a pesar de ti, es un verdadero milagro.

El milagro del perdón. El perdón es un don, ya seas tú la persona perdonada o la que perdona. Cuando alguien te lastima profundamente, es demasiado fácil quedar absorto por las emociones que impiden continuar adelante. Esta ira y necesidad de venganza y las intenciones de lastimar con tal de satisfacer tu propio dolor corroen cualquier alegría que puedas tener. Es un acto de voluntad enferma que puede atar a ambas personas en un vórtice de destrucción tanto física como mental. El milagro ocurre cuando tienes la capacidad de dejar ir esa deuda emocional, porque puede en verdad transformar tu vida.

El milagro de la belleza. Vas a ver algo tan bello que te vas a quedar sin aliento. Tal vez será un maravilloso ocaso, una cordillera sobrecogedora o un increíble momento de ternura entre tu hijo y tu esposa. También vas a oír algo de una magnitud similar, que puede ser una canción de cuna, las palabras de un poema, un himno, una canción de boda o la primera vez que tu hijo dice: "Te quiero".

El milagro de la compasión. Vas a atestiguar el altruismo de alguien que sin egoísmo da de sí. Tal vez sea un soldado arriesgando su vida en el frente por los tuyos, o tal vez sea gente tendiendo la mano para ayudar a completos extraños en tragedias como lo hicieron después del huracán Katrina y los atentados del 11 de septiembre. Pero estos momentos deberían recordarte que nunca estás solo.

El milagro de la salud. Sí, los siete días más desafiantes de tu vida están llenos de dolor, tanto mental como físico, pero aun cuando los acontecimientos que hemos estado tratando son tan sombríos, el *verdadero* milagro radica en que hemos sido bendecidos con salud. No somos máquinas en las que una vez que una parte se descompone se quedan así. Nuestros cuerpos y mentes están programados para sanar. Piensa en la gente que experimenta el peor trauma que puedas imaginar como niños o adultos jóvenes —traumas que podían fácilmente incapacitarlos— y aún así sobreviven.

El milagro de la conciencia. Tienes la conciencia de que no estás solo sino que eres parte de algo más grande que tú mismo. La mayoría de la gente se siente aislada y segregada en sus sufrimientos, en particular cuando experimenta dolor emocional o físico. Tal vez el origen de eso se deba a que la raíz de la palabra *pena* proviene de la palabra latina para *castigo*. Después de todo, es muy común creer que la gente buena es recompensada mientras que la que no es tan buena es castigada. En consecuencia, este sentido del dolor tiende a aislarnos y nos causa una vergüenza inmensa. En contraste, compartir el dolor y darte cuenta de que eres parte de algo más grande que tú mismo te puede salvar. Te sientes conectado. Te transformas. Los alcohólicos encuentran gran consuelo y vínculo cuando tratan con otros alcohólicos quienes, como ellos mismos, están luchando para sobrellevar su enfermedad. Los sordos son reconocidos por sacar una fortaleza inmensa cuando se unen con otros sordos, hasta el punto de que se niegan a hacerse la cirugía que podría devolverles la facultad de oír.

OBSERVA TU PROPIA VIDA

Quiero que pruebes algo por mí. Por tantas noches como consideres conveniente, antes de ir a dormir, anota al menos un milagro o una bendición que hayas experimentado ese día. Tal vez es algo tan asombroso como ver al bebé de tu mejor amigo cuando sólo tiene horas de nacido o tan pequeño como que un vecino te auxilie a cargar los víveres cuando las bolsas estaban a punto de romperse. Escríbelas en un lugar: una libreta o un diario. Al final de cada mes quiero que revises cada día y veas qué sucedió. Ve si reconoces algunos de los siete que he mencionado antes. Se siente bien, te lo aseguro.

Además de observar tu vida y advertir todas las bendiciones, es clave ser proactivo y hacer el resto de tus días lo mejor que puedan ser. En los capítulos iniciales, comprendiste que te quedan muchos días en esta Tierra. Es bueno pasar algún rato en silencio pensando qué haremos con esos días e incluso anotar esas cosas que quieres conseguir en el mismo lugar donde anotaste tus bendiciones. No tomará más de cinco minutos al día y tú mereces ese rato personal de tranquilidad.

El resultado puede llenarte de fuerza. Franklin D. Roosevelt dijo: "No hay nada que temer más que al miedo mismo". Yo no podría estar más de acuerdo. El miedo a menudo es el mayor obstáculo para la alegría y la paz. Después de todo, nadie quiere que su obituario hable sobre cómo no defendió sus valores o dio un salto porque tenía miedo. El miedo es el asiento de toda limitación en la experiencia humana, pero redunda sólo en un final destructivo. Haz tu mejor esfuerzo para hacerlo a un lado. Como he dicho una y otra vez, en realidad, no hay nada que no puedas soportar.

Por cierto, eso no significa que tienes que pasar solo todas tus luchas o escalar todas tus montañas. De hecho, a menudo es difícil dar el primer paso (o incluso el quinto o el sexto) para superar los tiempos difíciles por ti mismo. Es bueno sentirte de esta manera; mucha gente lo hace. Tú tampoco deberías sentirte débil, inadecuado o mal respecto a ti mismo por querer recurrir a la ayuda profesional de un psicólogo, un psiquiatra o un pastor por uno o todos estos duros momentos de nuestra vida. El tiempo pasado con un especialista objetivo en el cuidado de la salud mental puede ser invaluable mientras lidias con estas siete crisis o cualquier otro día de tu vida. Nadie obtiene puntos extras en la vida por ir solo.

El final... por ahora

He dedicado estos capítulos a hablar sobre asuntos de los que nadie quiere oír, los difíciles, sombríos días que pueden ponernos de rodillas y preguntarnos cómo lograremos llegar al siguiente minuto. Pero la vida también está llena de belleza y riqueza que no puedes siquiera predecir, y ahora que estás preparado para algunos de los días más desafiantes, creo que verás lo mejor aún más claramente. En tu viaje por este libro, espero que hayas cambiado tu actitud respecto al proceso de tu vida. Mantenerse al margen es un desperdicio de tiempo precioso. Dejar que otras personas o acontecimientos determinen tus decisiones es meramente equivocado. Has recibido el don de elegir y, afortunadamente, ahora tienes algunas ideas adicionales sobre cómo elegir bien. Hacerte responsable de tus acciones y saber que creas tu propia experiencia te ayuda a vivir con una sensación de calma, paz y seguridad. Recuerda, si estás metido en medio de un día sombrío o incluso en una crisis mayor y sientes que necesitas un milagro, tú sé ese milagro.

Apéndice A

1. Insensibilización y terapia cognitiva

La insensibilización es un proceso en el cual la carga emocional de un suceso o una imagen puede retirarse para permitir al individuo observarlo más racionalmente. La premisa de este procedimiento es básicamente que no puedes experimentar temor o relajación al mismo tiempo (estar en un estado simpático y parasimpático en forma simultánea) porque la mente simplemente no funciona así. El proceso consiste en establecer una asociación relacionada con la relajación, en vez de una asociación relacionada con el miedo.

Hay más de un protocolo, pero te daré un ejemplo. Imagina que tuviste una experiencia muy atemorizante cuando intentaste conducir por primera vez un auto; tuviste un accidente o escuchaste una historia horrible con la que te identificaste y, desde entonces, tienes miedo de tocar un volante. El terapeuta podría comenzar el reaprendizaje ayudándote a identificar los factores específicos de la asociación. Luego realizaría actividades para desvanecer el miedo y reasociar los sucesos con una relajación racional, como enseñarte a respirar y a relajar tus músculos mientras imaginas que conduces un auto y al hacerlo.

La terapia cognitiva es un enfoque que se concentra en tus pensamientos irracionales que producen tu miedo y ayuda a cambiar los patrones de pensamiento. Te enseña que puedes *elegir* tus pensamientos y, por tanto, elegir aquellos con que reaccionas a los sucesos que afrontas. Y si tienes la libertad de cambiar tus pensamientos, puedes cambiar tus miedos. Puedes tomar mejores opciones, opciones no motivadas por el temor sino por deseos verdaderos. En vez de vivir con pensamientos inmutables —por ejemplo, que no eres digno de amor o reconocimiento— puedes cambiar tus pensamientos hacia la verdad de que mereces cosas buenas sin importar lo que otro piense.

Nota: esta información no se te proporciona para autodiagnóstico, sino para que reconozcas la presencia de ciertos rasgos, características o patrones de pensamiento que pudieran requerir de ayuda profesional.

1. TIPOS DE TRASTORNOS DEL ESTADO DE ÁNIMO

▶ **Trastorno depresivo mayor:** se caracteriza por uno o más periodos de depresión aguda que duran por lo menos dos semanas.
▶ **Distimia:** se caracteriza por la falta de disfrute o placer por la vida la mayoría de los días durante al menos dos años. Los síntomas son más suaves que los de las depresiones mayores y la persona afectada es capaz de funcionar, aunque menos que en un desempeño máximo.
▶ **Trastorno bipolar I:** por lo general se le considera la forma "clásica" de la enfermedad; se caracteriza por oscilaciones extremas entre lapsos de euforia llamados "episodios maniacos" y lapsos de postración conocidos como "depresión", los cuales podrían alternarse con periodos de ánimo normal.[‡‡*]

[‡‡*] La depresión por lo general sigue al final de un episodio maniaco, cuando la mente de la persona finalmente reduce la velocidad lo suficiente para reconocer las consecuencias de sus acciones.

◉ **Episodio maniaco:** un episodio de intensos, eufóricos puntos culminantes que ocurren casi cada día por al menos una semana durante la cual una persona se siente casi indestructible. Podrían hablar más o más rápido de lo usual, tener un sentido exagerado de la autoestima, volverse fácilmente entusiasmable o distraído, tener pensamientos apresurados y más energía de lo usual, y necesitar menos sueño. Estas personas pueden parecer "la vida en la fiesta", pero la manía puede ser peligrosa, aleja a la persona afectada de la realidad y la lleva a gastar o jugar de manera impulsiva; a tener negocios o decisiones personales imprudentes, a manifestar una conducta sexual riesgosa al uso excesivo de drogas o alcohol.

▶ **Trastorno bipolar II:** es una forma menos severa que la bipolar I en la cual los altos y bajos característicos están presentes pero, en vez de que los altos sean episodios maniacos, son episodios hipomaniacos.

◉ **Episodio hipomaniaco:** periodo alto con síntomas similares a los de un episodio maniaco pero no tan grave. No justifica hospitalización o causa impedimentos obvios en la vida social o laboral de la persona.

▶ **Depresión posparto mayor:** se caracteriza por síntomas depresivos graves que suceden después del parto y duran semanas o meses. Las mujeres pueden ser vulnerables a la depresión durante esta etapa por los cambios hormonales que siguen al parto combinados con las tensiones psicosociales como la falta de sueño.

2. TIPOS DE TRASTORNOS RELACIONADOS CON LA ANSIEDAD

▶ **Ataques de pánico:** una inesperada explosión de terror en la cual predominan los sentimientos de fatalidad, aprensión o medrosidad. Pudiera ir acompañado de síntomas físicos de miedo como dolor de pecho, vértigo o falta de aire.

▶ **Agorafobia:** temor a lugares y situaciones donde escapar podría ser difícil en caso de un ataque de pánico, lo que conduce a eludir las actividades normales fuera de casa.

▶ **Fobia:** ansiedad significativa, por lo común irracional, suscitada por una circunstancia o un objeto específico.

▶ **Trastorno obsesivo-compulsivo:** se caracteriza por pensamientos repetitivos e indeseados (obsesiones) o comportamientos o rituales repetitivos efectuados para evitar tales pensamientos o hacerlos desaparecer (compulsiones).

▶ **Trastorno de estrés postraumático:** intensa ansiedad al revivir un suceso o una experiencia extremadamente traumática (que implica daño físico o la amenaza de éste) por medio de imágenes o de una exposición asociada a circunstancias o señales similares.

▶ **Trastorno de ansiedad generalizada:** intensa ansiedad, por un largo periodo sin causa aparente y que provoca una preocupación y un estrés exagerados (al menos seis meses).

3. TIPOS DE TRASTORNOS MENTALES GRAVES

▶ **Esquizofrenia**: trastorno que dura al menos seis meses y que se caracteriza por alucinaciones, conducta desordenada, delirios o trastornos de pensamiento.

Clases de esquizofrenia
- ◉ **Paranoide**: se caracteriza por delirios y alucinaciones que por lo general tienen un tema en común, como delirios persecutorios o de grandeza.
- ◉ **Catatónica**: perturbación de movimientos, cuerpo y lenguaje que pudiera manifestarse en un negativismo extremo, ensimismamiento, posiciones inusuales y en hacer eco de los comentarios de otros.
- ◉ **Desordenada**: discurso desordenado y una grave reducción de la expresividad emocional que puede mostrarse en cosas como una escasa higiene personal o simplezas y risas sin relación con el tema de conversación.

▶ **Esquizoafectivo**: combinación de esquizofrenia y un trastorno del estado ánimo.

▶ **Esquizofreniforme**: moderada manifestación de esquizofrenia que es temporal (uno a seis meses).

▶ **Esquizofrenia breve**: conducta esquizofrénica que se prolonga de uno a treinta días.

▶ **Trastorno delirante**: trastorno caracterizado por delirios que no son estrambóticos y carecer de otros aspectos de la esquizofrenia.

Nota: si adviertes la presencia de uno o más de estos patrones de pensamientos, rasgos o características, puede ser indicación de que debes buscar ayuda profesional.

Aprende a reconocer señales de alarma

Donde hay humo, puede haber fuego. Y mientras más pronto llegues a la fuente, más rápido puedes hacer algo al respecto y menos oportunidad tienes de que se convierta en un fuego devastador que acabe con todo, incluyendo tu futuro.

A continuación se presentan señales de que las cosas pudieran estar saliéndose de tus manos o de alguien que amas.

Señales de depresión

Por cada una de las siguientes señales, decide si alguna de estas emociones o sentimientos han limitado gravemente tus relaciones sociales, tu vida o tu trabajo:

▷ Sentirte triste y vacío por lo que no has logrado en la vida o lo que pudieras lograr en el futuro.

▷ Sentir que el mundo podría estar mejor sin ti.

▷ No tener energía o motivación para hacer nada que podría hacerte sentir mejor emocionalmente.

▷ No tener interés en actividades que solías disfrutar o realizar.

▷ No poder dormir o dormir todo el tiempo.

▷ Sentirte fatigado.

▷ Sentirte despreciable.

▷ Tener una carga de culpa que impide que disfrutes las cosas.

▷ No poder concentrarte.

▷ Tener pensamientos recurrentes de muerte y pensar en el suicidio.

▷ Sentirte solo, aun cuando hay gente a tu alrededor.

SEÑALES DE TRASTORNOS DE ANSIEDAD

Para cada una de las siguientes señales, considera si alguna de estas emociones o sentimientos ha restringido gravemente tus relaciones sociales, tu vida o tu trabajo:

▷ Tener tensión intensa y expectativas angustiantes (preocupaciones) sobre sucesos y actividades (el trabajo, la escuela, el matrimonio, la familia, etcétera).

▷ No poder controlar la aprensión y la tensión, de modo que persiste hasta que alguien o algo la interrumpe.

▷ Sentirte agitado o con los nervios de punta (es más común que lo estés a que no lo estés).

▷ Sentirte fatigado y cansado, sin importar lo que hayas hecho, durante la mayor parte del tiempo.

► Tener dificultades para concentrarte en algo la mayor parte del tiempo.

► Estar con frecuencia irritable, impaciente y poco tolerante con los demás.

► Experimentar una gran tensión muscular en hombros, piernas y cuello, tanta que llega a doler.

► Experimentar grandes dificultades para dormir o despertar enseguida y ser incapaz de volver a conciliar el sueño.

► Tener temores irracionales respecto al entorno (a estar fuera de casa, a la gente, las alturas, etcétera).

► Tener temores irracionales sobre controlar cosas relativas a tu salud (ganar peso, la contaminación, tener una enfermedad grave, etcétera).

Señales de esquizofrenia o psicosis

Para cada una de las siguientes señales, considera si alguna de estas emociones o sentimientos han coartado gravemente tus relaciones sociales, tu vida personal o tu trabajo.

► Oír voces que te dicen que te lastimes a ti o a otros.

► A menudo tener delirios y alucinaciones que no experimentan otros.

► Sentirte agobiado con los desafíos de tu vida y no poseer las capacidades para lidiar con ellos.

► Tener problemas graves para saber dónde estás y que tu realidad sea totalmente diferente de la realidad verdadera.

► Vivir en un mundo de sospecha y temeroso de objetos invisibles y distorsionados que te pueden afectar físicamente.

► Estar temeroso de todo lo que implica la vida.

► Experimentar grandes dificultades para tener buenas relaciones con la familia o tener relaciones íntimas de larga duración.
► Tener escasa salud mental y manifestar un comportamiento inapropiado que te priva de buenas experiencias laborales.
► Tener pensamientos confusos y desorganizados.

NOTAS

Capítulo 3: Estrés

1. Citado en Vince Fox, *Addiction, Change, and Choice* (*Véase* Sharp Pr, 1993).
2. Harvey Simon, "Stress", University of Maryland Medical Center, 25 de octubre de 2006, http://www.umm.edu/patiented/articles/what_health_consequences_of_stress_000031_3.htm (consultado el 2 de febrero, 2009).
3. Rick E. Luxton y David D. Ingram, "Vulnerability-Stress Models", en *Development of Psychopathology: A Vulnerability-Stress Perspective*, Benjamin L. Hankin y John R. Z. Abela (eds.), Sage Publications, 2005: 520.
4. D.S. Charney y H.K. Manji, "Life Stress, Genes, and Depression: Multiple Pathways Lead to Increased Risk and New Opportunities for Intervention", *Sci. STKE 2004*, re5 (2004).
5. David R. Imig, "Accumulated Stress of Life Changes and Interpersonal Effectiveness in the Family", *Family Relations,* julio de 1981: 367-371.
6. Lyn W. Freeman y G. Frank Lawlis, *Mosby's Complementary and Alternative Medicine: A Research-Based Approach,* St. Luis, Mo.: Mosby, 2001.
7. Harvey Simon, "Stress", University of Maryland Medical Center, 25 de octubre de 2006, www.umm.edu/patiented/articles/what_healt_consequences_of_stress_000031_3.htm (consultado el 27 de mayo de 2008).
8. Ernest Lawrence Rossi, *Psychobiology of Mind-Body Healing: New Concepts of Therapeutic Hypnosis.* Nueva York: W.W. Norton & Company, 1993.
9. J. C. Coyne y A. DeLongis, "Going Beyond Social Suport: The Role of Social Relationships and Adaptation", *Journal of Consulting and Clinical Psychology,* núm. 54, 1986: 454.
10. J. D. Wilson, E. Braunwald, K. J. Issenbacher *et al.*, *Harrisson's Principles of Internal Medicine,* 12va. ed., Nueva York: McGraw-Hill, 1991.

11. Janice Kiecolt-Glaser, Laura D. Fisher, Paula Ogrocki, Julie C. Stout, Carl E. Speicher y Ronald Glaser, "Marital Quality, Marital Disruption, and Immune Function", *Phychosomatic Medicine,* 1987: 13-34.

12. The American Institute of Stress, "Job Stress", http://64.233.167.104/search?q=cache:RuhgnCNhFKYJ:www.stress.org/job.htm+1+million+people+call+in+sick+to+work+each+day+due+to+stress&ht=en&ct+clnk&gl=us (consultado el 27 de mayo de 2008).

13. Jenna Bryner, "Job Stress Fuels Disease", LiveScience.com, noviembre de 2006.

14. S. Melamed, A. Shirom, A.S. Toker y L.Shapira, "Burnout and Risk of Type 2 Diabetes: A Prospective Study of Apparently Healthy Employed Persons", *Psychosomatica Medicine, núm. 68,* 2006: 863-869.

15. C. Aboa-Eboule, C. Brisson, E. Maunsell *et al.,* "Job Strain and Risk of Acute Recurrent Coronary Heart Disease Events", *Journal of the American Medical Association,* núm. 298, 2007: 1652-1660.

16. J. K. Kiecolt-Glaser, W. Garner, C. E. Speicher *et al.,* "Psychosocial Modifiers of Immuno Competence in Medical Students", *Psychosomatic Medicine,* núm. 46-1, 1984: 7.

17. L. D. Kubzansky, I. Kawachi, A. Sprio *et al.,* "Is Worrying Bad for Your Health? A Prospective Study of Worry and Coronary Heart Disease in the Normative Aging Study", *Circulation,* núm. 95, 1997: 818.

18. J. Denollet y D. L. Brutsaer, "Personality, Disease Severity, and the Risk of Long Term Cardiac Events in Patients with a Decreased Injection Fraction after Myocardial Infarction", *Circulation* núm. 97, 1998: 16.

19. J. Milam, "Post-traumatic Growth and HIV Disease Progression", *Journal of Consulting and Clinical Psychology,* núm. 74-.5, 2006: 317.

20. *Americans Report Stress and Anxiety On-the-Job Affects Work Performance, Home Life: Almost Half of Employees Say Their Anxiety Is Persistent, Excessive, 2006 Stress & Anxiety Disorders Survey* Silver Spring, Md.: The Anxiety Disorders Association of America, 2006.

21. The British Council y Richard Wiseman, "Pace of Life Project", *Pace of LIfe: A Quirkology Experiment,* 22 de agosto de 2006, www.paceoflife.co.uk (consultado el 10 de julio de 2008).

22. Centers for Disease Control and Prevention, "Physical Activity", *Department of Health and Human Services Centers for Disease Control and Preven-*

tion, 26 de marzo de 2008, www.cdc.gov (consultado el 10 de julio de 2008).

23. Mayo Clinic Staff, "Aerobic Exercise: What 30 Minutes a Day Can Do: Need Inspiration to Start a Fitness Program? Explore the Many Benefits of Aerobic Excercise, from Increased Energy and Improved Stamina to Disease Prevention", *MayoClinic.com,* 16 de febrero de 2007, www.mayoclinic.com/health/aerobic-exercise/EP00002 (consultado el 10 de julio de 2008).

24. G. F. Lawlis, D. Selby y D. Hinnan, "Reduction of Postoperative Pain Parameters by Presurgical Relaxation Instructions for Spinal Pain Patients", *Spine*, 1985: 649-651.

25. Radha Chitale, "You Feel What You Eat: Certain Foods May Have Direct Impact on Emotional State", *ABC News*, 5 de marzo de 2008, www.drgeorgepratt.com./main_reviews_article_abc-20080305.html (consultado el 10 de julio de 2008).

26. "Stress from Foods", *Stressinfo.net,* 2005, www.stressinfo.net/Foods.htm (consultado el 10 de julio de 2008).

27. Frank Lawlis y Maggie Greenwood-Robinson, *The Brain Power Cookbook,* Nueva York: Plume, 2008.

28. "Prevent Stress Setbacks", *MayoClinic.com,* 20 de julio de 2006, www.mayoclinic.com/health/stress-management/SR00038 (consultado el 24 de junio de 2008).

29. Michael Braunstein, "Humor Therapy Part 2: The Few, The Proud, Funny", Heartland Healing Center, 1999, www.heartlandhealing.com/pages/archive/humor_therapy_pt2/index.html (consultado el 24 de junio de 2008).

Capítulo 4: Pérdida

1. Martha Tousley, *Understanding the Grieff Process*, 1999-2000, www.grief-healing.com/column1.htm (consultado el 25 de junio de 2008).

2. Richard H. Steeves, R. N. y Ph.D., "The Rhythms of Bereavement", *Family Community Health*, 2002: 1-10.

3. Karen Kersting, "A New Approach to Complicated Grief: Better Assessments and Treatments Lead to a Brighter Outlook for People with Severe Grief, According to a Report from an APA Group", *Monitor on Psychology*, 2004: 51-54.

4. Cathy Meyer, "Supporting Yourself After Divorce", www.divorcesupport. about.com/od/lovethenexttimearound/a/support_divorce.htm (consultado el 10 de julio de 2008).

Capítulo 7: Salud

1. Andrew Steptoe (ed.), *Depression and Physical Illness*, Nueva York: Cambridge University Press, 2007.
2. Patricia Blakeney Creson y Daniel Creson, "Psychological and Physical Trauma", *Journal of Mind Action: Victim Assistance*, 2002.
3. J. K. Kiecolt-Glaser, J. R. Glaser, S. Gravenstein *et al.*, "Chronic Stress Alters the Immune Response in Influeza Virus Vaccine in Older Adults", *Proceedings of the National Academy of Sciences* USA, núm. 93, 1996): 3043.
4. National Institute on Alcohol Abuse and Alcoholism (NIAAA), "The Genetics of Alcoholism", *Alcohol Alert*, núm. 18 Rockville, Md.: 1992.
5. American Diabetes Association, "The Genetics of Diabetes", www.diabetes. org/genetics.jsp (consultado el 11 de julio de 2008).
6. American Heart Association, "Heredity as a Risk Factor: Can Heart and Blood Disease Be Inherited?" 11 de julio de 2008, www.americanheart. org/presenter.jhtml?identifier=4610 (consultado el 1 de julio de 2008).
7. Martin L. Rossman, *Guided Imaginery for Self-Healing*, Tiburon, Calif.: H. J. Kramer/ Novato, CA/New World Library, 2000.
8. Jeanne Achterberg y G. Frank Lawlis, *The Health Atrribution Test*, Champaign, Ill.: IPAT, 1979.
9. Jeanne Achterberg y G. Frank Lawlis, *Bridges of the Bodymind: Behavioral Approaches to Health Care* Champaign, Ill.: Institute for Personality and Ability Testing, 1980.
10. Organización Mundial de la Salud, "World Health Organization Assesses the World's Health Systems", 2 de junio de 2000, www.who.int/whr/ 2000/media_centre/presss_release/en/index.html (consultado el 22 de mayo de 2008).
11. Barnaby Feder, "New Priority: Saving the Feet of Diabetics", *The New York Times*, 30 de agosto de 2005.
12. *Ibid*.
13. Lyn Freeman y G. Frank Lawlis, *Mosby's Complementary and Alternative Medicine: A Research-based Approach*, St. Louis, Mo.: C. V. Mosby, 2000.

Capítulo 8: Salud mental

1. National Institute of Mental Health, *Depression: What Every Woman Should Know,* U.S. Department of Health and Human Services, 2000.
2. William Glasser, *Defining Mental Health as a Public Health Issue,* The William Glasser Institute, 2005.
3. Organización Mundial de la Salud, "Mental Health: A Call for Action by World Health Ministers", *Ministerial Round Tables 2001. 54th World Health Assembly,* Ginebra, 2001: pp. 43-45.
4. DuPage County Health Department, "Mental Health Matters", www. dupagehealth.org/mental_health/stigma.html (consultado el 3 de marzo de 2008).
5. Tomado en parte de la Canadian Mental Health Association (CMHA), *Understanding Mental Illness,* 2008, www.cmha.ca/bins/contents_page. asp?cid=3 (consultado el 27 de junio de 2008).
6. Virginia Aldige Hiday, Marvin S. Schwartz, Jeffrey W. Swanson, Randy Borum y H. Ryan Wagner, "Criminal Victimization of Persons with Severe Mental Illness", *Psychiatric Services: A Journal of the American Psychiatric Association,* 1999: 62-68.
7. National Institute of Health, "The Numbers Count: Mental Disorders in America", 26 de junio de 2008, www.nimh.nih.gov/health/publications/ the-numbers-count-mental-disorders-in-america.shtml #Anxiety (consultado el 27 de junio de 2008).
8. American Psychiatric Association, *Diagnostic and Statistical Manual of Mental Disorder: DSM-IV-TR,* Washington, D.C.: American Psychiatric Association, 2000.
9. C. Mazure, "Life Stressors as Risk Factors in Depression", *Clinical Psychology: Science and Practice,* núm. 45, 1998: 867-872.
10. webMD, "Depression Caused by Chronic Illness", 4 de mayo de 2008, www.webmd.com/depression/guide/depression-caused-chronic-ilness (consultado el 27 de junio de 2008).
11. Noreen Cavan Frisch y Lawrence E. Frisch, *Psychiatric Mental Health Nursing: Understanding the Client as Well as the Condition,* 2a ed., Albany: Delmar Buplishers, 2002: 456.
12. National Institute of Mental Health, *"Depression: What Every Woman Shold Know",* Washington, D.C.: U.S. Department of Health and Human Services, 2000.

13. "Mayo Foundation for Medical Education and Research (MFMER)", CNN.
com., 14 de febrero de 2006, www.cnn.com/HEALTH/library/DS/00175.
html (consultado el 6 de mayo de 2008).

14. National Institute of Mental Health, "The Numbers Count: Mental Disorders in America", 26 de junio de 2008, www.nih.gov/health/publica-
tions/the-numbers-count-mental-disorders-in-america.shtml#Anxiety
(consultado el 27 de junio de 2008).

15. Whitney Matheson, "Pop Candy: Unwrapping Pop Culture's Hip and
Hidden Treasures: A Q&A with… Alan Alda", *USA Today,* 9 de noviembre de 2005, www.blogs.usatoday.com/popcandy/2005/11/a_qa_with_
alan_.html (consultado el 2 de julio de 2008).

16. Graham K. Murray, Luke Clark, Philip R. Corlett, Andrew D. Blackwell,
Roshan Cools, Peter B. Jones, Trevor W. Robbins y Luise Poustka, BMC
Psychiatry, "Lack of Motivation in Schizophrenia Linked to Brain Chemi-
cal Imbalance", *Science Daily,* 8 de mayo de 2008, www.sciencedaily.com/
releases/088/080508075216.htm (consultado el 27 de junio de 2008).

17. Thomas W. Heinrich y Garth Grahm, "Hypothyroidism Presenting as
Psychosis: Myxedema Madness Revisited", *The Primary Care Companion
to the Journal of Clinical Psychiatry,* núm. 203: 260-266.

18. American Art Association, "About Art Therapy", www.arttherapy.org/
about.html (consultado el 19 de julio de 2008).

19. American Music Therapy Association, "Frequently Asked Questions
About Music Therapy", 1999, www.musictherapy.org/faqs.html (consultado el 9 de julio de 2008).

20. Robert Fried y Joseph Grimaldi, *The Psychology and Physiology of Breathing:
In Behavioral Medicine, Clinical Psychology and Psychiatry,* The Springer
Series in Behavioral Psychophysiology and Medicine, Nueva York:
Springer, 1993.

Capítulo 9: Adicción

1. C. W. Nevius, "Meth Speeds Headlong into Suburbs", *San Francisco
Chronicle,* 5 de marzo de 2005, B-1.

2. Michael D. Lemonick, "The Science of Addiction (How We Get Addicted)",
Time, diciembre de 2007: 42-48.

3. National Council on Alcoholism and Drug Dependence, "Facts: America's Number One Health Problem", 20 de julio de 2007, www.ncadd.org/facts/numberoneprob.html (consultado el 3 de mayo de 2008).

4. *Ibid.*

5. National Center for Statistics and Analysis, "Traffic Safety Facts: Data", Washington, D.C., 2005.

6. "Facts: America's Number One Health Problem", National Council on Alcoholism and Drug Dependence, junio de 2002, www.ncadd.org/facts/numberoneprob.html (consultado el 26 de junio de 2008).

7. "Addictive Behaviors," Psychologist 4therapy.com, 2 de mayo de 2008, www.4therapy.COM/consumer/life—topics/category/566/Addictive+Behaviors (consultado el 3 de mayo de 2008).

8. Charles N. Roper, "Myths and Facts about Addiction and Treatment", www.alcoholanddrugabuse.com/article2.html (consultado el 14 de julio de 2008).

9. "CBC News Indepth: Drugs", CBC, 19 de septiembre de 2006, www.cbc.ca/news/ background/drugs/crystalmeth.html (consultado el 2 de mayo de 2008).

10. Eric J. Nestler, "The Neurobiology of Cocaine Addiction", *Science & Practice Perspectives*, 2005: 4-12.

11. National Institute of Alcohol Abuse and Alcoholism, "A Family History of Alcoholism", septiembre de 2005, http://pubs.niaaa.nih.gov/publications/FamilyHistory/ famhist.htm (consultado el 3 de mayo de 2008).

12. Dr. Barry Starr, "Ask a Geneticist", 12 de mayo de 2006, www.thetech.org/genetics/ asklist.php (consultado el 14 de julio de 2008).

13. National Institute on Drug Abuse, *NIDA InfoFacts: Understanding Drug Abuse and Addiction*, 2 de enero de 2008, www.nida.nih.gov/infofacts/understand.html (consultado el 28 de junio de 2008).

14. Darryl S. Inaba, "Discoveries in Brain Chemistry", 30 de enero de 2008, www.cnsproductions.com/drugeducationblog/category/in-the-news/ (consultado el 13 de julio de 2008).

15. "Cocaine and Meth Information", *Inpatient-Drug-Rehab.info*, 2007, www.inpatient-drug-rehab.info/cocaine-meth.php (consultado el 14 de julio de 2008).

16. "Fergie's New Fight", *Marie Claire*, abril de 2008, www.marieclaire.com/world/make-difference/fergie-fights-aids (consultado el 2 de mayo de 2008).
17. Amanda J. Roberts, Ph. D. y George F. Koob, Ph. D., "The Neurobiology of Addiction: An Overview", *Alcohol Health and Research World*, 1997: 101-106.
18. American Psychological Association, "Monitor on Psychology: Empty Pill Bottles", marzo de 2007, www.apa.org/monitor/maro7/ernptypill.html (consultado el 2 de mayo de 2008).
19. Faculty of the Harvard Medical School, "Aspirina Quitting Cold Turkey Could Be Dangerous", 21 de agosto de 2006, www.body.aol.COM/conditions/aspirin-quitting-cold-turkey-could-be-dangerous (consultado el 3 de mayo de 2008).
20. "InfoFacts. Treatment Approaches for Drug Addiction", National Institute on Drug Abuse, agosto de 2006, www.nida.nih.gov/infofacts (consultado el 26 de junio de 2008).
21. "Helping Patients Who Drink Too Much", National Institutes on Alcohol Abuse and Alcoholism, 2005, www.pubs.niaaa.nih.gov/publications/Practitioner/Clini ciansGuide2005; shguide.pdf (consultado el 26 de junio de 2008).

Capítulo 10: Crisis existenciales

1. "Life Expectancy Average United States", www.data360.org (consultado el 29 de junio de 2008).

Guía de recursos

La información proporcionada en esta guía de recursos refleja muchos puntos de vista y temas, y muchos son de fuentes distintas al autor. La inclusión de una organización o de un servicio no implica un aval a la organización o el servicio, ni la exclusión implica que se desaprueba. Te concierne a ti, el usuario, determinar qué organizaciones o servicios pudieran ser los mejores para ti y tu situación particular. Si crees necesitar ayuda inmediata, llama por favor al número de emergencia local o a un teléfono directo de auxilio enumerado en las páginas siguientes o en las páginas del gobierno de tu guía telefónica local.

Estrés: los días entre las cimas y los valles

PÁGINAS WEB

The American Institute of Stress
www.stress.org
(914) 963-1200

El American Institute of Stress es una organización sin ánimo de lucro dedicada a incrementar la comprensión entre los estadounidenses del papel del estrés en la salud y la enfermedad, la naturaleza e importancia de las relaciones entre mente y cuerpo, y cómo utilizar el propio potencial para autocurarse. Sirve como almacén de la información sobre todos los temas relacionados con el estrés. Su página de internet contiene información sobre el estrés en el empleo y la relación entre el estrés y diversas enfermedades y trastornos; información y recursos sobre estrés; una biblioteca que se actualiza constantemente con nueva información, y reimpresiones sobre todos los asuntos relacionados con el estrés, tomados de publicaciones científicas y para legos (de las cuales se pueden ordenar paquetes informativos), un boletín mensual que informa sobre los últimos avances de la investigación sobre el estrés y asuntos relevantes de salud, e información sobre servicios de consulta.

Para evaluar en línea tu nivel de estrés, ve a:
The Perceived Stress Scale
www.macses.ucsf.edu/Rescarch/Psychosocial/notebook/PSS10.html

El PSS fue diseñado para que lo utilice gente con al menos educación secundaria. Es fácil de entender y los resultados son fáciles de comprender.

Prueba de estrés en línea:
www.helenjarvis-aromatherapy.co.uk/stresstest.html
Esta página combina el bien conocido cuestionario del grado de tensión de Holmes-Rahe con la escala de Hanson, de la resistencia al estrés de la vida, para ayudarte a clasificar tu nivel de estrés total.

Para información sobre cómo los estadounidenses lidian con la tensión, ve a:
"Americans Reveal Top Stressors, How They Cope: Century-Old Movement Launches New Era of Mental Wellness".
www1.nmha.org/newsroom/systeminews.vw.cfm?do=vw&rid=903

Esta información de NMHA revela qué estresa a la mayoría de los estadounidenses y cómo hacen frente a la tensión.

Para más información sobre tensión y enfermedad, ve a:
Stress and Diseases
www.medicalmoment.org/–Content/risks/dec04/279555.asp

Este artículo del National Institute of Child Health and Human Development (NICHD) ofrece una descripción sobre el estrés y cómo se relaciona con las enfermedades.

Stress
www.umm.edu/patiented/articles/what–health–consequences–of–stress-000031-3.htm

Este artículo lo revisó el doctor Harvey Simon, redactor jefe, profesor adjunto de medicina en la Harvard Medical School y médico en el Hospital General de Massachusetts, y brinda un informe profundizado sobre las causas, el diagnóstico, el tratamiento y la prevención de la tensión.

LECTURAS RECOMENDADAS

Blonna, Richard, *Coping with Stress in a Changing World*, 4a ed., Nueva York: McGraw-Hill, Humanities/Social Sciences/Languages, 2006.

_____, *Seven Weeks to Conquering Your Stress*, BookSurge, 2006.

Childre, Doc, y Deborah Rozman, *Transforming Stress: The Heartmath Solution for Relieving Worry, Fatigue, and Tension*, Oakland, California: New Harbinger Publications, 2005.

Ellis, Albert y Robert A. Harper, *A Guide to Rational Living*, 3a ed. rev., Chatsworth: Wilshire Book Company, 1975.

Freeman, Lyn W. y G. Frank Lawlis. *Mosby's Complementary and Alternativa Medicine: A Research-Based Approach*, St. Louis, Mo.: Mosby, 2001.

Lawlis, G. Frank, *The Stress Answer: Train Your Brain to Con-quer De-pression and Anxiety in 45 Days*, Nueva York: Viking, 2008.

Maultsby, Maxie C., *You and Your Emotions*, Appleton, Wisc.: Rational Self-Help Books, 1974.

Wheeler, Claire Michaels, *10 Simple Solutions to Stress: How to Tame Tension and Start Enjoying Your Life (10 Simple Solutions)*, Oakland, California: New Harbinger Publications, Inc., 2007.

Pérdida
El día que tu corazón se hace trizas

PÁGINAS WEB

Association for Death Education and Counseling
www.adec.org/coping/index.cfm
(847) 509-0403

ADEC es una de las más antiguas organizaciones interdisciplinarias en el campo de la agonía, la muerte y la pérdida. Sus casi dos mil miembros incluyen una amplia gama del personal en salud mental, educadores, clero, directores de funerarias y voluntarios.

The Grief Recovery Institute
www.grief-recovery.com
(818) 907-9600

Este website tiene recursos inestimables para quienes afrontan una muerte, un divorcio u otra pérdida importante, en particular si te has dado cuenta que no sabes qué hacer para ayudarte a ti mismo con el fin de manejar las emociones que estás experimentando. También tiene información para los que deseen entrenarse para ayudar a otros a enfrentar la pérdida y para quienes buscan información sobre la pena y la recuperación para sus organizaciones. Por ejemplo, puedes aprender sobre programas patrocinados para la organización de tu servicio social, facilidades para el cuidado médico, para un grupo religioso o espiritual, corporación o pequeña empresa.

Grief Healing
www.griefhealing.com

Esta página web es para quienes se están anticipando o haciendo frente a una pérdida significativa en su vida y desean entender mejor la pena que acompaña tal pérdida, incluida la pérdida de una mascota. La página es operada por la consejera certificada en manejo de pérdidas de una residencia para desahuciados, Martha Tousley.

The U.S. Department of Health and Human Services
www.hhs.gov
(877) 696-6775

Dedicado a mejorar la salud, la seguridad y el bienestar en Estados Unidos. Utiliza está página web para buscar diversos artículos y recursos sobre la pena.

Rivendell Resources, Inc.
www.griefnet.org

GriefNet-org es una comunidad de personas en internet que se ocupan de la pena, la muerte y de la pérdida con casi 50 grupos de ayuda por correo electrónico y dos páginas web. Es dirigido por Cendra Lynn, psicóloga clínica y traumatóloga certificada; tiene un enfoque integrado para ayuda en línea respecto de la pena y proporciona apoyo a la gente mediante materiales de muchos tipos relativos a la pérdida y la pena.

LECTURAS RECOMENDADAS

Botwinick, Amy, *Congratulations on Your Divorce: The Road to Finding Your Happily Ever-After*, Deerfield Beach, Fla.: Health Communications, 2005.

Bustanoby, Andy, *But I Didn't Want a Divorce*, Grand Rapids, Mich.: Zondervan, 1978.

Deits, Bob, *Life after Loss: A Personal Guide Dealing with Death, Divorce, Job Change and Relocation*, Tucson, Ariz.: Fisher Books, 1992.

Kübler-Ross, Elisabeth, *On Death and Dying*, Nueva York: Touchstone, 1969.

Kushner, Harold S., *When Bad Things Happen to Good People*, Nueva York: Avon Books, 1981.

Neuman, Gary, *Helping Your Kids Cope with Divorce the Sandcastle Way*, Nueva York: Times Books, 1998.

Rando, Therese A., *How to Go on Living When Someone Dies*, Lexington, Ky.: Lexington Books, 1998.

_____, *Understanding Grief, Dying, and Death*, Clinical Interventions for Caregivers, Champaign, Ill.: Research Press, 1984.

Shriver, Maria y Sandra Speidel, *What's Heaven?*, Nueva York: St. Martin's Press, 1999.

Tousley, Martha, *Finding Your Way Through Grief: A Guide for the First Year*, Phoenix, Ariz.: Hospice of the Valley, 2000.

Miedo
El día que descubres
que te has traicionado a ti mismo

Páginas web

Para más sobre terapia congnoscitiva, ve a:
The American Institute for Cognitive Therapy
www.cognitivetherapynyc.com
(212) 308-2440

Este sitio proporciona abundante material de lectura e información sobre la terapia cognoscitivo-conductual, ejercicio que puede ayudarte a elegir tus pensamientos, a cambiar tus miedos y a tomar mejores decisiones.

Para más información sobre la insensibilización autoadministrada, ve a:
www.guidetopsychology.com/sysden.htm

Esta página web proporciona información sobre la insensibilización sistemática autoadministrada, un procedimiento en el cual los acontecimientos que causan ansiedad se recrean en la imaginación y entonces la ansiedad se disipa con una técnica de relajación.

Para más información sobre salud mental y emocional, ve a:
www.mental-emotionalhealth.com

Esta página web te permite explorar aspectos de salud mental y emocional y aprender cómo hacer frente en épocas difíciles.

Para información sobre técnicas de libertad emocional (EFT), ve a: www.eft-therapy.com

Esta página web proporciona información sobre las EFT, técnica que recurre y se enfoca en los 12 canales meridianos principales y los dos principios rectores de la medicina china para ayudar a fomentar la liberación, despejando así el dolor físico o emocional en el que se está trabajando.

Para información sobre inteligencia emocional, ve a: www.eqi.org

Este sitio proporciona información sobre inteligencia emocional (el potencial innato para sentir, utilizar, comunicar, reconocer, recordar, describir, identificar, aprender de, manejar, entender y explicar emociones) y otros asuntos relacionados como podría ser el abuso emocional.

LECTURAS RECOMENDADAS

Adams, Kathleen *Journal to the Self. Twenty-two Paths to Personal Growth. Open the Door to Self-Understanding by Writing, Reading, and Creating a Journal of Your Life*, Nueva York: Warner Books, 1990.

Ellis, Albert, *Overcoming Destructive Beliefs, Feelings, and Behaviors: New Directions for Rational Emotive Behavior Therapy*, Amherst, Mass.: Prometheus Books, 2001.

Fiori, Neil A., *Awaken Your Strongest Self: Break Free of Stress, Inner Conflict, and Self-Sabotage*, Nueva York: McGraw-Hill, 2007.

Luciani, Joseph, *The Power of Self Coaching: The Five Essential Steps to Creating the Life You Want*, Hoboken, N.J.: Wiley, 2004.

McGraw, Phillip C., *Self Matters: Creating Your Life from the Inside Out*, Nueva York: Free Press, 2003.

Roberts, Mark D., *Dare to Be True: Living the Freedom of Complete Honesty*, Colorado Springs: WaterBrook, 2003.

Staples, Walter Doyle. *In Search of True Self: 21 Incredible Insights that Will Revitalize Your Body, Mind, and Spirit,* Gretna, La.: Pelican, 1996.

Crisis de adaptabilidad
El día que te descubres incapaz de hacer frente a las exigencias de la vida

PÁGINAS WEB

Para más sobre Abraham Maslow y la jerarquía de necesidades, ve a:
http://webspace.ship.edu/cgboer/maslow.html

Esta página web proporciona información sobre el psicólogo Abraham Maslow y la jerarquía de necesidades, un modelo famoso que clasifica y categoriza las necesidades humanas.

Para más sobre las creencias irracionales, ve a:
www.coping.org/growth/beliefs.htm

Este sitio ofrece consejos sobre cómo reconocer las creencias irracionales y los pasos para refutarlas.

Para más información sobre búsqueda de empleo, cambio de carrera y planeación de carrera, ve a:

Thejobsolution.com
www.thejobsolution.com

Esta página web proporciona un listado de las oportunidades de trabajo en línea, vínculos para búsqueda de trabajo que pueden ayudarte a identificar listas de empleos locales, vínculos con solicitudes de empleo en línea, vínculos con servicios de currículum y búsquedas de empleo, y mucho más.

CareerPlanner.com
www.careerplanner.com

Esta página web ofrece pruebas sobre carreras profesionales, vínculos con la prueba de personalidad de Myers-Briggs, una herramienta gratuita de búsqueda de empleo, listados de empleos, una calculadora de salarios, un asesoramiento de carrera y el acceso en línea al diccionario de descripciones de trabajos (*Dictionary of Ocupational Titles*) en www.carrerplanner.com/DOTindex.cfm.

Para más información sobre meditación y técnicas de respiración, ve a: www.meditation-techniques.net/breathing-meditations.htm

Esta página web proporciona varios ejercicios y técnicas de respiración y meditación elaborados para ayudarte a calmarte y sentirte mejor.

LECTURAS RECOMENDADAS

Glasser, William, *Reality Therapy. A New Approach to Psychiatry,* Nueva York: First Perennial Library, 1990.

Heywood, John, *Learning Adaptability and Change,* Thousand Oaks, Calif.: Paul Chapman Educational Publishing, 1989.

Maultsby, Maxie C., *You and Your Emotions,* Appleton, Wisc.: Rational Self-Help Books, 1974.

McGraw, Phillip C., *Self Matters: Creating Your Life from the Inside Out,* Nueva York: Free Press, 2003.

Payne, John W., James R. Bettman y Eric J. Johnson. *The Adaptive Decision Maker,* Nueva York: Cambridge University Press, 1993.

Rathus, Spencer A. y Jeffrey S. Nevid, *Psychology and the Challenges of Life: Adjustment in the New Millennium,* Hoboken, N. J.: John Wiley & Sons, 2002.

Steckle, Lynde C., *Problems of Human Adjustment,* Nueva York: Harper & Brothers, 1949.

Salud: el día que el cuerpo se colapsa

PÁGINAS WEB

EMedicine
www.emedicine.com

El original y exhaustivo libro de texto médico de acceso abierto para todos los campos clínicos. 10 000 colaboradores, 6 500 artículos.

Family Doctor
http://familydoctor.org

Esta página web es operada por la Academia de Médicos Familiares (AAFP) de Estados Unidos, organización médica nacional que representa a más de 93 700 médicos familiares, practicantes residentes de medicina familiar y estudiantes de medicina. Toda la información que encontrarás ha sido escrita y revisada por profesionales médicos y de la educación para el paciente en la AAFP.

Clínica Mayo
www.mayoclinic.com

Las tres principales páginas web de la Clínica Mayo proporcionan información y servicios del primer grupo mundial y el más integrado, sin fines de lucro, de la práctica médica. Con la experiencia de 2 500 médicos y científicos de la Clínica, encontrarás información y herramientas para ayudarte a manejar un padecimiento o una enfermedad crónica. También puedes aprender cómo obtener servicios médicos, encontrar información sobre cómo mantenerse sanos tú y tu familia, y tener acceso al acervo de investigación y educación médicas de la Clínica.

MedlinePlus
www.nlm.nih.gov/medlineplus

Medline Plus, actualizado a diario, reúne información fidedigna de NLM, de los institutos nacionales de la salud (NIH) y de otras agencias estatales y organizaciones relacionadas con la salud. Las búsquedas preformuladas de MEDLINE se incluyen en MedlinePlus y dan fácil acceso a los artículos de revistas médicas. MedlinePlus también tiene listas de hospitales y médicos, exámenes clínicos, información extensa sobre drogas, una enciclopedia médica ilustrada, clases interactivas para pacientes y las últimas noticias sobre la salud.

Merck and the Merck Manuals
www.merck.com/Mmpe/index.html

Los *Manuales Merck* son una serie de libros sobre el cuidado de la salud para profesionales y consumidores. Como servicio a la comunidad, el contenido de los manuales está disponible ahora en una versión en línea como parte de la biblioteca médica en línea de los *Manuales Merck*. La biblioteca médica en línea se actualiza periódicamente con nueva información y contiene fotografías y material de audio y video que no presentan las versiones impresas.

National Center for Complementary and Alternative Medicine (NCCAM)
www.nccam.nih.gov
(888) 644-6226

El National Center for Complementary and Alternative Medicine (NCCAM) es el organismo gubernamental federal que dirige la investigación científica sobre medicina complementaria y alternativa. Es uno de los 27 institutos y centros que componen los institutos nacionales de la salud (NIH) dentro del Departamento de Salud en Estados Unidos.

National Institutes of Health (NIH)
www.nih.gov
(301) 496-4000

Los institutos nacionales de la salud (NIH) son parte del Departamento de Salud de Estados Unidos y constituyen la agencia federal primaria para conducir y apoyar la investigación médica. Entre otras cosas, su website contiene un directorio alfabético en materia de salud y el acceso a una gran variedad de líneas telefónicas gratuitas de información sobre salud en asuntos que van desde sida y cáncer hasta osteoporosis y envejecimiento.

U.S. Department of Health and Human Services
www.dhhs.gov
(202) 619-0257

El Departamento de Salud de Estados Unidos es la principal agencia para proteger la salud de todos los estadounidenses y proporcionar servicios esenciales, en especial para los menos favorecidos. En esta website puedes encontrar consejos de salud, utilizar el índice alfabético, probar tu índice de inteligencia en salud y encontrar vínculos de los recursos que necesitas; por ejemplo, la Health Resources and Services Administration (HRSA), que es la agencia federal primaria para mejorar el acceso a los servicios de cuidado médico para la gente sin seguridad social, aislada o médicamente vulnerable.

LECTURAS RECOMENDADAS

Remen, Rachel Naomi, *The Will to Live and Other Mysteries*, Louisville, Colo.: Sounds True, 2001.

Segal, Irma, *The Secret Language of the Body: The Essential Guide to Healing*, Melbourne, Australia: Glen Waverley/Blue Angel Gallery, 2007.

Siegel, Bernie, *Love, Medicine, and Miracles: Lessons Learned about Self-Healing from a Surgeon's Experience with Exceptional Patients*, Nueva York: First HarperPerennial, 1990.

Simonton, Carl, James Creighton y Stephanie Simonton, *Getting Well Again: The Bestselling Classic about the Simonton' Revolutionary Life-saving Self-Awareness Techniques*, Nueva York: Bantam, 1992.

Simonton, Carl, Brenda Hampton y Reid Henson, *The Healing Journey*, Bloomington, Ind.: Author's Choice Press, 2002.

Salud mental: el día que la mente se colapsa

LÍNEAS DE AUXILIO

National Adolescent Suicide Hotline (800) 621-4000
National Institute of Mental Health (888) ANXIETY (269-4389)
Suicide & Crisis Hotline (800) 999-9999

PÁGINAS WEB

American Psychiatric Association
www.psych.org
(888) 357-7924

American Psychological Association
www.apa.org
(800) 374-2721

La Asociación Psicológica busca el avance de la psicología como ciencia y como profesión y promueve la psicología en todas sus ramas. Esta página web ayuda a los usuarios a encontrar información, a un psicólogo, investigaciones, y así sucesivamente.

Help Guide
www.helpguide.org

Help Guide se compone de un dedicado equipo de gente talentosa que ha colaborado para crear un recurso gratuito, no comercial, para la gente necesitada. Su misión es facultarte a ti y a tus seres queridos para entender, prevenir y resolver los desafíos de la vida.

Internet Mental Health
www.mentalhealth.com

Enciclopedia gratuita con información creada por un siquiatra canadiense, el doctor Phillip Long.

Clínica Mayo
www.mayoclinic.com (véase la página 359)

MedlinePlus
www.nlm.nih.gov/medlineplus (véase la página 359)

Mental Health America
www.nmha.org
(800) 969-6642

Conocida antes como la Asociación Nacional de Salud Mental, es la organización principal, sin fines de lucro, dedicada a ayudar a que toda la gente tenga vidas mentalmente más sanas. Su mensaje es simple: la buena salud mental es esencial para la salud y el bienestar de cada persona y de la nación en su conjunto. Consigue información actualizada según la audiencia, el tema o por trastorno y tratamiento.

Mental Help Net
www.mentalhelp.net

Seleccionado como "Forbes Favorite" el website de salud Mental Help Net es una página web establecida y muy prestigiada, diseñada y mantenida por psicólogos clínicos y dedicada a educar al público con contenidos actualizados sobre salud mental, bienestar y temas y preocupaciones sobre familia y relaciones, al tiempo que mantiene una línea editorial independiente. En la página encontrarás noticias, artículos, vínculos revisados, pruebas interactivas, reseñas de libros, autoayuda, recursos, terapeuta y listados de empleos y videos.

National Alliance for the Mentally III (NAMI)
www.nami.org
(800) 950-NAMI

NAMI es la mayor organización ciudadana de salud mental y se dedica a mejorar las vidas de las personas que viven con una enfermedad mental seria y sus familias. Hay organizaciones de NAMI en cada estado y en más de 1 100 comunidades locales a lo largo del país, además encontrarás información, ayuda y maneras de participar en esta website.

National Institute of Mental Health (NIMH)
www.nimh.nih.gov
(301) 443-4513

El Instituto Nacional de Salud Mental es la organización científica más grande del mundo dedicada a la investigación centrada en la comprensión, el tratamiento y la prevención de trastornos mentales y la promoción de la salud mental.

National Mental Health Information Center, SAMHSA, HHS
www.mentalhealth.org
(800) 789-2647

El Centro Nacional de Información sobre Salud Mental, de la Substance Abuse and Mental Health Services Administration (SAMHSA), proporciona la información sobre salud mental mediante su número de teléfono gratuito, su website y más de 600 publicaciones. Fue desarrollado para los usuarios de los servicios médicos mentales y sus familias, el público en general, los encargados de elaborar políticas, los proveedores y los medios, e incluye recursos útiles, un diccionario de salud mental, un localizador de servicios médicos para tu área y mucho más.

National Suicide Prevention Lifeline
www.suicidepreventionlifeline.org
(800) 273-TALK (8255)

Un servicio gratuito las 24 horas, para la prevención del suicidio, disponible para cualquier persona en crisis suicida.

Psych Central
http://psychcentral.com
(978) 992-0008

La red social de salud mental más grande y antigua de internet, creada y operada por profesionales de la salud mental para garantizar información y por comunidades de apoyo fidedignas y confiables por más de 12 años. La página web ofrece pruebas y juegos de preguntas psicólogicas, recursos y una sección de "pregunta al terapeuta", una biblioteca sobre medicación, bitácoras, noticias, libros, salas de conversación y más.

Suicide Prevention Resource Center
www.sprc.org
(877) 438-7772

Este Centro proporciona ayuda, entrenamiento y recursos para apoyar tanto a una organización como a los individuos para que formulen programas, intervenciones y políticas de prevención del suicidio y para avanzar en la Estrategia Nacional para la Prevención del Suicidio.

MÁS INFORMACIÓN SOBRE TRASTORNOS DE ANSIEDAD

Call (866) 615-6464 para conseguir información gratuita sobre trastornos de pánico.
Call (866) 615-NIMH, para tener información gratuita sobre el trastorno obsesivo-compulsivo que te hayan enviado.
Call (888) ANXIETY, para conseguir información gratuita sobre ansiedad.

Anxiety Disorders Association of America
www.adaa.org
(240) 485-1001

La Asociación de Trastornos de Ansiedad es una organización nacional sin ánimo de lucro dedicada a la prevención, el tratamiento y la curación de los trastornos de ansiedad y a mejorar las vidas de toda la gente que los padece. Entre otras cosas, la página web tiene información sobre terapeutas cercanos, exámenes clínicos, pruebas de autoaplicación, grupos de ayuda, historias edificantes, tableros de mensajes, consejos para ayudar a miembros de la familia y mucho más.

National Center for Posttraumatic Stress Disorder
www.ncptsd.va.gov

El Centro Nacional se enfoca en avanzar en el cuidado clínico y la asistencia social de los veteranos de Estados Unidos mediante la investigación, educación y entrenamiento en trastorno postraumático y trastornos relacionados con la tensión. Esta página web es un recurso educativo sobre el trastorno postraumático y la tensión traumática para los veteranos y también para los proveedores de asistencia sanitaria mental, los investigadores y el público en general.

MÁS INFORMACIÓN SOBRE TRASTORNOS DEL ESTADO DE ÁNIMO

Llama al 1-800-421-4211 para más información sobre depresión.

Bipolar World Web Site
www.bipolarworld.net

Provee muchos recursos para gente con trastorno bipolar y sus familias, incluyendo un vínculo de "pregunta al doctor", información sobre el diagnóstico, los tratamientos y la automutilación, historias personales, información sobre incapacidades y estigma, ayuda a la comunidad y la familia, libros relevantes, un tablero de mensajes sobre el trastorno bipolar y salas de conversación.

Child and Adolescent Bipolar Foundation
www.bpkids.org (847) 256-8525

La Fundación del Niño y Adolescente Bipolar es una organización de familias que crían a niños diagnosticados con, o en peligro de, desorden bipolar pediátrico; es dirigida por padres, sin ánimo de lucro, con membresía por internet.

Depression and Bipolar Support Alliance (DBSA)
www.ndmda.org
(800) 826-3632

La Alianza es la principal organización nacional dirigida por pacientes centrada en las enfermedades mentales más frecuentes con una website escrita en un lenguaje que el público en general puede entender. La Alianza ayuda a la gente cuando más lo necesita: antes del diagnóstico, cuando apenas está diagnosticado y cuando el tratamiento no está funcionando. Cada mes distribuye casi 20 000 materiales educativos sin costo a cualquier persona que les pida información sobre trastornos del estado de ánimo y la vida. Sus materiales educativos son esperanzadores, sin jerga médica o científica y son revisados por los pacientes para asegurarse de que el contenido está pensado para los pacientes y sus familias.

Men Get Depression National Educational Outreach Campaign
www.mengetdepression.com
www.depresionyloshombres.com

Esta campaña busca aumentar el conocimiento, reducir el estigma y promover la exploración y el tratamiento de la depresión masculina, incluyendo la difusión nacional por televisión de "Los hombres se deprimen" y un programa de divulgación por todo el país con el propósito de llegar a hombres y a sus familias dentro de las comunidades latinas y de afroamericanos en la primavera de 2008. La website incluye materiales en inglés y español.

PSI: Postpartum Support International
www.postpartum.net
(805) 967-7636
Helpline: (800) 944APPI) (4773)

La PSI es una organización sin ánimo de lucro cuya misión es erradicar la ignorancia relacionada con los trastornos del estado de ánimo relacionada con el embarazo y promover, educar y proporcionar apoyo para la salud mental maternal en cada comunidad, en todo el mundo.

MÁS INFORMACIÓN SOBRE TRASTORNOS MENTALES GRAVES

Schizophrenia.com
www.schizophrenia.com

Schizophrenia.com es la principal comunidad no lucrativa en la Web dedicada a proporcionar información de alta calidad, apoyo y educación a miembros de la familia, cuidadores e individuos cuyas vidas han sido afectadas por la esquizofrenia.

LECTURAS RECOMENDADAS

American Psychiatric Association, *Diagnostic and Statistical Manual of Mental Disorders (DSM-IV-TR)*, Washington, D.C.: American Psychiatric Association, 2000.
Bourne, Edmund J., *Beyond Anxiety and Phobia: A Step-by-Step Guide to Lifetime Recovery*, Oakland, Calif.: New Harbinger Publications, 2001.
C., Roy, *Obsessive Compulsive Disorder: A Survival Guide for Family and Friends*, Nueva York: Hazelden, 1999.
Castle, Lana R., *Bipolar Disorder Demystified: Mastering the Tight-rope of Manic Depression*, Peter C. Whybrow (introd.), Nueva York: Marlowe & Company, 2003.

DeLisi, Lynn E., *100 Questions & Answers about Schizophrenia*, Sudbury, Mass.: Jones and Bartlett, 2006.

Fast, Julia A. y John D. Preston, *Loving Someone with Bipolar Disorder*, Oakland, California: New Harbinger Publications, 2004.

Gardner, James y Arthur H. Ball, *Phobias and How to Over-come Them: Understanding and Beating Your Fears*, Edison, N.J.: Castle Books, 2008.

Glasser, William, *Defining Mental Health as a Public Health Issue*, The William Glasser Institute, 2005.

Golant, Mitch y Susan K. Golant, *What to Do When Someone You Love Is Depressed: A Practical, Compassionate, and Helpful Guide*, Nueva York: Holt Paperbacks, 1996, 2007.

Goulston, Mark, *Post-Traumatic Stress Disorder for Dummies*, Hoboken; N.J.: Wiley, 2008.

Hilliard, Erika B., *Living Fully with Shyness and Social Anxiety: A Comprehensive Guide to Gaining Social Confidence*, Nueva York: Marlowe & Company, 2005.

Jamison, Kay Redfield, *Touched with Fire: Manic-Depressive Illness and the Artistic Temperament*, Nueva York: Free Press, 1996.

Kingdon, David G. y Douglas Turkington, *Cognitive Therapy of Schizophrenia (Guides to Individualized Evidence-based Treatment)*, Nueva York: Guilford Press, 2004.

Knaus, William J. y Albert Ellis, *The Cognitive Behavioral Workbook for Depression: A Step-by-Step Program*, Oakland, Calif.: New Harbinger Publications, 2006.

McLean, Richard, *Recovered, Not Cured: A Journey through Schizophrenia*, Crows Nest, NSW, Australia: Allen & Unwin, 2003.

Miklowitz, David J., *The Bipolar Disorder Survival Guide: What You and Your Family Need to Know*, Nueva York: Guilford Press, 2002.

Mueser, Kim T. y Susan Gingerich. *The Complete Family Guide to Schizophrenia: Helping Your Loved One Get the Most Out of Life*, Nueva York: Guilford Press, 2006.

National Institute of Mental Health, "Depression: What Every Woman Should Know", Washington, D.C.: U.S. Department of Health and Human Services, 2000.

Newman, Cory F., Robert L. Leahy, Aaron T. Beck, Noreen Reilly-Harrington y Gyulai Laszlo, *Bipolar Disorder: A Cognitive Therapy Approach*, Washington, D.C.: American Psychological Association, 2001.

Schwartz, Jeffrey M. y Beverly Beyette, *Brain Lock: Free Yourself from Obsessive-Compulsive Behavior*, Nueva York: HarperPerennial, 1996.

Strauss, Claudia J. y Martha Manning, *Talking to Depression: Simple Ways to Connect When Someone in Your Life Is Depressed*, Nueva York: New American Library, 2004.

Temes, Roberta, *Getting Your Life Back Together When You Have Schizophrenia*, Oakland, California: New Harbinger Publications, 2002.

Torey, E. Fuller, *Surviving Schizophrenia: A Manual for Families, Patients, and Providers*, 5a ed., Nueva York: Collins, 2006.

White, John R., *Overcoming Generalized Anxiety Disorder. Client Manual: A Relaxation, Cognitive Restructuring, and Exposure-based Protocol for the Treatment of GAD*, Oakland, California: New Harbinger Publications, 1999.

Yapko, Michael D., *Breaking the Patterns of Depression*, Nueva York: Doubleday, 1997.

Adicción: el día que la adicción toma las riendas

LÍNEAS DE AUXILIO

24 Hour Cocaine Hotline
1-800-992-9239

Al-Anon/Alateen Hotline
1-800-344-2666

Al-Anon Family Group Headquarters
1-800-356-9996

Alcohol/Drug Abuse Hotline
1-800-662-HELP

Cocaine Help Line
1-800-COCAINE (1-800-262-2463)

Marijuana Anonymous
1-800-766-6779

National Drug Abuse Hotline
1-800-662-HELP (P800-662-4357)

Poison Help Hotline
1-800-222-1222

PÁGINAS WEB

Mothers Against Drunk Driving
www.madd.org
(800) 438-MADD

MADD es una de las organizaciones no lucrativas más ampliamente apoyadas de Estados Unidos. Su misión es ayudar a las víctimas de crímenes cometidos por individuos que conducían bajo los efectos del alcohol o de las drogas, ayudar a las familias de tales víctimas y concientiza a la población sobre el problema que significa manejar alcoholizado o drogado.

National Association for Children of Alcoholics
www.nacoa.org
(888) 554-COAS

La National Association for Children of Alcoholics (NACOA) es la organización nacional no lucrativa con membresía y afiliación de tipo 501 (c) 3 que trabaja a favor de los hijos de padres alcohólicos y farmacodependientes. Tiene organizaciones afiliadas en el país y en Gran Bretaña, publica un boletín bimestral; elabora videos, folletos, carteles y otros materiales educativos para respaldar a los voluntarios en sus intervenciones de apoyo a los niños; mantiene esta página web con información relacionada y maneras de ayudar a hijos de alcohólicos y de otros padres farmacodependientes; envía paquetes de información a quienes los pidan y mantiene un número de teléfono gratuito disponible para todos.

National Association of Addiction Treatment Providers
www.naatp.org
(717) 392-8480

Dedicada a promover, asesorar y mejorar la administración de los tratamientos para el alcoholismo y otras adicciones que sean éticos, eficaces y basados en la investigación. La NAATP representa a casi 275 proveedores sin fines de lucro y comerciales (programas libres y en hospitales, los cuales ofrecen un rango completo desde el cuidado del paciente no internado hasta los regímenes de hospitalización parcial y de rehabilitación en el hospital).

National Clearinghouse for Alcohol and Drug Information
www.ncadi.samhsa.gov
(800) 729-6686

La primera fuente de información nacional sobre la prevención del abuso de sustancias y el tratamiento a la adicción.

The National Council on Alcoholism and Drug Dependence (NCADD)
www.ncadd.org
(212) 269-7797

Institución dirigida a los consumidores y sus familias, estudiantes, medios, la comunidad médica, los investigadores médicos, los profesionales de la salud pública, los educadores, los niños, los adolescentes y sus padres que quieran información objetiva, incluyendo estadísticas, entrevistas con expertos médico-científicos y recomendaciones sobre la ingestión de alcohol para las principales autoridades sanitarias. Imparte "actividades de concientización" como por ejemplo muestras de comunicados de prensa, avisos de servicio público y actividades sugeridas para incrementar la conciencia en su comunidad. Tiene vínculos con programas de prevención y tratamiento y un Registro de Recuperación de Adicciones.

O llama a su línea de auxilio gratuita que te refiere a un afiliado:
(800) NCA-CALL

The National Institute of Alcohol Abuse and Alcoholism (NIAAA)
www.niaaa.nih.gov
(301) 443-3860

Proporciona la última información y publicaciones sobre alcoholismo y abuso del alcohol. Cuenta con documentos, folletos, fichas informativas y carteles. Ofrece una lista de talleres, reuniones y eventos en marcha y de próxima realización de la NIAAA. Una página web muy completa con publicaciones informativas, datos sobre investigaciones, exámenes clínicos y recursos.

National Institute on Drug Abuse (NIDA)
www.nida.nih.gov
(301) 443-1124

Proporciona información, publicaciones y notas de prensa sobre abuso de drogas, recursos educativos y materiales sobre abuso de drogas para estudiantes y adultos jóvenes; y diversos recursos para padres y profesores, investigadores y profesionales médicos, incluyendo exámenes clínicos, guías para planes de estudio y vínculos con los Centros NIDA de Excelencia.

SI SOSPECHAS QUE TU NIÑO ESTÁ UTILIZANDO...

Children Now. "Talking with Kids About Alcohol and Drugs." Talking with Kids. http://www.talkingwithkids.org/drugs.html (consultado el 2 de julio de 2008).

The National Council on Alcoholism and Drug Dependence. "How to Tell if Your Child May Be in Trouble With Alcohol." The National Council on Alcoholism and Drug Dependence. http://alcoholism.about.com/gi/dynamic/offiite.htm?zi=l/Xj&sdn=alcoholism&cdn=health&tm=84&gps=135–1532–1020–637&f=ll&su=p726.2.152.ip–p284.8.150.ip–&tt=2&bt=O&bts=0&zu=http%3A//www.ncadd.org/facts/parent2.html (consultado el 2 de julio de 2008).

The Partnership for a Drug-Free America. 11 Points for Parents to Protect Their Kids. 9 de junio de 2005. http://www.drugfree.org/Parent/KeepingTabs/11_Points_for_Parents (consultado el 2 de julio de 2008).

————, What to Do if Your Child Is Using Alcohol or Other Drugs. 28 de mayo de 2008. http://www.drugfree.org/Parent/WhatToDo/What_to_Do_if Your–Child–is–Using (consultado el 2 de julio de 2008).

Grupos de apoyo

Adult Children of Alcoholics
www.adultchildren.org
(310) 534-1815

Los Hijos Adultos de Alcohólicos es un programa de 12 pasos y 12 tradiciones de mujeres y hombres que se criaron en hogares con alcohólicos o que eran disfuncionales en otro sentido. Se reúnen en un ambiente respetuoso y seguro donde reconocen experiencias comunes con el propósito de liberarse del pasado y mejorar el presente. Esta página web proporciona literatura, foros en línea, información de reuniones especiales y maneras de encontrar reuniones en su área.

Alcoholics Anonymous
www.alcoholics-anonymous.org
(212) 870-3400

Alcohólicos Anónimos es un grupo de hombres y las mujeres cuyo objetivo es permanecer sobrios y ayudar a otros a hacerlo. El único requisito para hacerse miembro es el deseo de dejar de beber. No hay cuotas u honorarios para integrarse a AA y este grupo no se alía a ninguna secta, denominación, política, organización o institución. Esta página web proporciona información de los medios, servicios para miembros y las herramientas para encontrar al grupo más cercano a ti que cubra mejor tus necesidades.

Centros de tratamiento/intervención

Hacienda del Lago
www.haciendadellago.com
(800) 713-7144

Proporciona tratamiento en hospitales para individuos dependientes de sustancias cuya lengua materna es el español.

Hazel Street Recovery Center
www.hazelstreetrecoverycenter.com
(903) 791-0385

Proporciona una opción accesible de recuperación en la residencia de Texarkana, Texas, desarrollada específicamente para varones adolescentes de 14 años en adelante que están en recuperación temprana y que estén dispuestos a comprometerse con una estancia mínima de tres meses y a participar activamente en un programa de 12 pasos, además de ser médicamente estables. Uno de sus objetivos principales es apoyar al individuo en las primeras etapas de recuperación mientras se asesora en el desarrollo de opciones y decisiones educativas y vocacionales iniciales.

La Hacienda Treatment Center
www.lahacienda.com
(800) 749-6160

La Hacienda ha estado proporcionando tratamiento hospitalario a farmacodependientes y a sus familias desde 1972. El centro de tratamiento de 13 hectáreas está situado a 120 kilómetros al noroeste de San Antonio en el río de Guadalupe en Texas Hill Country. Ofrece a los pacientes un ambiente pacífico y natural propicio para la máxima recuperación del cuerpo, la mente y el espíritu. Las instalaciones están autorizadas por el Departamento de Salud de Texas y por los servicios de abuso de sustancias del Departamento de Servicios Médicos Estatales de Texas (DSHS). La Hacienda está acreditada por la Joint Commission on the Accreditation of Healthcare Organizations y aprobada por la mayoría de las principales agencias de seguros. Esta página web proporciona ligas a diversos centros de tratamiento en todo el país.

Love First
www.lovefirst.net
(888) 220-4400

Intervención para alcoholismo y drogadicción. Tiene miembros, en todo Estados Unidos y en Europa, que viajan en el país y fuera de él para ayudar con una intervención o durante una crisis.

Urschel Recovery Science Institute
www.recovery-science.com
(214) 905-5090

Uno los principales centros del país para el tratamiento de las adicciones especializado en ayudarte a comprender y combatir las adicciones mediante tratamiento personalizado que no trastornará tu vida cotidiana. Ofrece una amplia gama de servicios adicionales que incluye evaluaciones de dependencia a sustancias y asesoría psiquiátrica, asesoramiento y psicofarmacología para adicciones y padecimientos psiquiátricos.

O ve al servicio de terapia en línea contra las adicciones del doctor Urschel.

Enterhealth
www.enterhealth.com

Servicio de terapia en línea contra las adicciones que combina las últimas medicinas y las mejores terapias con aprendizaje a distancia y consultoría.

LECTURAS RECOMENDADAS

Alcoholics Anonymous, *Alcoholice Anonymous. Big Book* 4a ed., Nueva York: Alcoholics Anonymous World Services, Inc., 2001.

Riggs, Randy, *From Darkness to Light: An Inspiring Story of One Man's 25 Year Struggle and Victory over Drug and Alcohol Addiction,* Fairfield, California: 1st Books Library, 2003.

Tate, Philip y Albert Ellis, *Alcohol: How to Give It Up and Be Glad You Did,* Tucson, Ariz.: Sharp Press, 1997.

Tyler, Bob, *Enough Already! A Guide to Recovery from Alcohol and Drug Addiction,* Parker, Colo.: Outskirts Press, 2005.

Crisis existencial: el día que pierdes el rumbo y no tienes respuesta a la pregunta "¿por qué?"

PÁGINAS WEB

Para más información sobre el existencialismo como movimiento filosófico-literario, ve a:

The Existential Primer: A Guide to Nothing in Particular www.tameri.com/csw/exist/index.html

Este sitio proporciona una introducción básica al existencialismo, las figuras literarias y filosóficas principales asociadas a él y las filosofías europeas relacionadas.

Para mayor información sobre Viktor Frankl, ve a:

http://webspace.ship.edu/cgbocr/frankl.html

Este sitio proporciona información sobre el psiquiatra y alguna vez prisionero de guerra Victor Frankl, responsable en gran parte de introducir el concepto de existencialismo en la era moderna.

LECTURAS RECOMENDADAS

Jakes, T. D., *Reposition Yourself*, Nueva York: Atria, 2007.

Keen, Ernest, *Three Faces of Being: Toward an Existential Clinical Psychology*, Nueva York: Irvington Publishing, 1970.

Lev, Julian y Zara Kriegstein, *The Meaning of Life: A Child's Book of Existential Psychology*, Tijeras, N. Mex.: Trans-Limbic Press, 2007.

May, Rollo, *Love and Will*. Nueva York: W. W. Norton, 1969.

McGraw, Phillip C., *The Discovery of Being: Writings in Existential Psychology*, Nueva York: W. W. Norton, 1983.

_____, *Life Strategies: Doing What Works, Doing What Matters*, Nueva York: Hyperion, 1999.

_____, *Self Matters: Creating Your Life from the Inside Out*, Nueva York: Free Press, 2003.

Park, James, *Becoming More Authentic: The Positive Side of Existentialism*, 3a ed., Existential Books, 1996.

_____, *Our Existential Predicament: Loneliness, Depression, Anxiety, and Death*, Existential Books, 2000.

Pausch, Randy y Jeffrey Zaslow. *The Last Lecture*, Nueva York: Hyperion, 2008.

Yalom, Irvin, *Existential Psychotherapy*, Nueva York: Basic Books, 1980.

_____, *Momma and the Meaning of Life: Tales of Psychotherapy*, Nueva York: HarperCollins, 1999.

_____, *When Nietzsche Wept: A Novel of Obsession*, Nueva York: Basic Books, 1992.

LECTURAS MÁS AVANZADAS

Chirban, Dr. John, *True Coming of Age,* Nueva York: McGraw-Hill, 2004.

Evans, C. Stephen, *Existentialism: The Philosophy of Despair and the Quest for Hope,* Grand Rapids, Mich.: Zondervan/Probe, 1984.

_____, *Soren Kierkegaard's Christian Psychology: Insight for Counseling and Pastoral Care,* Vancouver, Canada: Regent College Publishing, 1995.

Frankl, Viktor E., *The Doctor and the Soul: From Psychotherapy to Logotherapy,* Nueva York: Alfred A. Knopf, 1983.

_____, *Man's Search for Meaning: An Introduction to Logotherapy,* I. Lasch, (trad.), Nueva York: Washington Square Press, 1963.

_____, *Psychotherapy and Existentialism: Selected Papers on Logotherapy,* Nueva York: Simon and Schuster, 1967.

_____, *Viktor Frankl: Recollections: An Autobiography,* J. y J. Fabray (trads.), Nueva York: Plenum Publishing, 1996.

Jaspers, Karl, Edith Ehrlich y Leonard H. Ehrlich, *Great Philosophers, The Disturbers: Descartes, Pascal, Lessing, Kierkegaard, Nietzsche: Philosophers in Other Realms: Einstein, Weber, Marx.,* vol. IV, Nueva York: Harcourt, 1995.

Kierkegaard, Soren, *The Sickness unto Death: A Christian Psychological Exposition for Upbuilding and Awakening,* Princeton: Princeton University Press, 1980.

May, Rollo, *Existential Psychology,* Nueva York: Random House, 1988.

Mullen, John Douglas, *Kierkegaard's Philosophy: Self Deception and Cowardice in the Present Age,* Lanham, Md.: University Press of America, 1995.

Tillich, Paul, *The Courage to Be,* New Haven, Conn.: Yale Nota Bene, 2000.